大国文化心态

加拿大卷

丛书总主编 杜青钢　　丛书副总主编 刘军平

主　编 吴　斐

副主编 余诗龙　余泳芳

编　委 王曙明　田艳红　刘　莹　吴　斐

余诗龙　余泳芳　邹小娟　罗　澄

徐丁娟　张　青　唐军俊

WUHAN UNIVERSITY PRESS

武汉大学出版社

大国文化心态

丛书编委会

总　序

国别研究是当今外语界的一大热点，我们一直想写点什么，可久久找不到适当的切入点。或许机缘巧合，或许积念太久，想到“文化心态”几个字，思维便活跃起来，眼前出现一片丽景。接下来，反复论证，集思广益，确定了选题。随后，我们召集了一批学者，邀约国内外名家，三年磨砺，几易其稿，终于写就这套六卷本“大国文化心态丛书”。

依循我们的定义，文化心态乃一个国家内在的民族特征和精神个性，具体而言，涵指一国人民思维言辩、看待世界、为人处世的方式，指一国独有的风俗民情和价值观。

在撰写的过程中，我们始终怀揣两个关键词：软实力、中国崛起。这是我们的责任意识，也是我们的爱国情怀。本书的国外作者，有前任大使，有知名学者，有大学教授，他们都热忱期待东方古国的再度繁荣。中方作者或负笈异域数年，或客居他乡十余载，都经历了国内翻天覆地的巨变，见识颇丰，感受良多。

20 世纪 80 年代，我们初到纽约、巴黎、伦敦、多伦多，但觉高楼宏伟，市场繁荣，满目靓丽，如临仙境；而今，上海、北京的外观与纽约、多伦多已无太大差异，将武汉的某大商场搬到世界名都巴黎也丝毫不亚于当地的“春天”、“老佛爷”。30年前，我们留学国外，常常节衣缩食，厚积薄出；如今，出入巴黎高档专卖店的，大多不是美国人、日本人，而是中国顾客。中国近30年的沧桑巨变乃人类进程中的一大奇迹，的确令人骄傲。

然而，当我们漫步于国内的大街小巷，又会目睹许多不协调的景象：行人随手乱丢垃圾，频繁的恶语代替了西方流行的“你好、谢谢、对不起”；司机们你争我抢，秩序混乱；应试教育、唐僧般的咒语无情地摧残着国人的创造力；苦苦求生的民工与一掷千金的富豪形成刺眼而令人担忧的反差；灯红酒绿，魂不守舍，众多男女“因趋功逐利而不得安宁，因纵情消遣而迷迷惑惑”(海德格尔语)。此刻，我们又发现，与英国、美国、法国、德国、加拿大、俄罗斯等国相比，我们的精神文明还存在相当的差距。“礼失求诸野”，华夏要崛起，亟待取人之长提高软实力。有感于此，我们撰写了“大国文化心态丛书”。

1300多年前，开创贞观盛世的李世民留下一句警世名言：“以史为鉴，可以知兴替，以人为鉴，可以明得失。”我们再加一句：以大国为鉴，可以识路径。民族复兴需要一面镜子。

写“大国文化心态”，我们试图回答以下几个问题：在政治、经济和文化全球化的今天，美国、英国、法国、德国、加拿大、俄罗斯等大国呈现出什么样的文化心态？其历史文化中的哪些价值观值得我们学习？哪些文化糟粕应当剔除？哪些陋习我们必须引以为戒？

我们认为，大国的崛起，除了经济、军事的成功外，还必须吸收世界上先进的文明思想。海纳百川，兼容并蓄。没有西学的浸润，明治维新会黯然残缺；离开了卢梭、孟德斯鸠，美国的《独立宣言》或许会另呈一副模样。任何一个经济贫穷、政治分裂的国家都称不上大国；同样，任何一个文化贫乏、心胸狭隘的民族都不可能崛起。文化是民族复兴进程中的催化剂，心态是综合国力的精神体现。当代中国的崛起，离不开“全球化”的总体背景和文化视野。

心态是一个国家的晴雨表，它左右着国家以怎样的姿态去应对风云变幻的国际形势和五光十色的外来文化。在全球化的今天，我们尤其需要审时度势，更加真诚和勇敢地拥抱世界，以更加开放的心态，探究世界强国的文化发展思潮，与西方文化进行比较、交流和对话，破除狭隘民族主义，走出文化相对主义的封闭世界。中国要在新的世界格局中扮演好和平崛起的角色，首先要在物质层面壮军强国，用邓小平的话说，发展是硬道理。就文化层次而言，一方面要继承发展本土文化优势，另一方面，“欲先超胜，必先会通”，充分认识当代世界，借鉴他国经验，吸取别国教训，走自己的路。东方文化只有与西方文化发生碰撞和交融后才能成为真正的“人类文化”，才能使世界文化走上精神生态平衡的坦途。

这是我们撰写“大国文化心态”的深层用意。

“大国文化心态丛书”分为美国卷、英国卷、法国卷、德国卷、俄罗斯卷和加拿大卷六个分册。具体目录由各语种拟定，但是每个分卷必须设定三个章节：国别简介、该国人眼中的中国形象、如何与该国人交往。后两篇文章大多请国外名家与本院学者合作撰写，以此强化丛书的客观性和实用诉求。学术上，我们提出以下要求：兼顾历史，立足当代，锐意创新，倚重科学精神，重视田野研究，突出应用价值，关注当前文化热点问题。文体则力求深入浅出，活泼有趣，雅俗共赏，理趣兼顾。

“文章千古事，得失寸心知。”追求，如攀高山，属于理想的境界。理想和现实总有距离。每次仰视理想的峰巅，总是诚惶诚恐，生怕眼高手低，败了读者的胃口。然而，通往山巅的路已清晰可见，虽陡峻难行，却遥遥在望，魅惑无限。我们只好斗胆上路，留下一串勤奋的脚印。成效如何，只能由读者评判。不足之处，还望专家、读者们批评指正。

杜青钢　刘军平

武汉大学外国语言文学学院

2014 年 2 月 6 日

于武汉珞珈山

前 言

在普通中国人眼里，加拿大是地球另一边的遥远国度。在地理教材中，加拿大的国土面积比中国略大，是一个不折不扣的大块头。但在国际事务中，加拿大似乎不是一个活跃的主角，喜欢在外交行动中紧跟美国，亦步亦趋，很少发出不同的声音，算得上是一个听话的小老弟。在经济力量上，加拿大鲜有名扬天下、呼风唤雨的巨型公司；在军事实力上，加拿大既没有引以为傲的殖民征服史，也没有令人刮目相看的武器和军队。在人们潜意识中，美国在世界大舞台上属于典型的“高富帅”，英德曾经也是，日本与法国可算“白富美”形象，俄罗斯却是一副酷哥作派，而加拿大与它们都不能相提并论。故此，很多中国人在将“大国”的名号册封给加拿大之时也还会再三思忖它的独特魅力。

可是，我们要想深入地了解一个国家，必须全方位、多视角地对其进行考察。如果只凭大概的印象来看待对方，结果可能是盲人摸象，谬之远矣。加拿大是传统意义上的西方工业国，是八国集团最早的成员之一。2012 年，加拿大 GDP 在世界上排名第 11 位。尽管近些年来，随着多个新兴经济体的崛起，加拿大在世界经济格局中的地位似有下降之虞，体量似乎不够庞大，名声也不太显赫，但凭借其辽阔的地理疆域，海量的自然资源，稳定的政经形势，独特的文化魅力，完善的社会保障以及发育良好的公民社会，加拿大仍堪称世界政经版图中的重要成员。在当今世界“列强”中，加拿大这匹骆驼略显消瘦，但身形还是大过普通的马。如果把经济、军事视作硬实力的话，加拿大的硬实力略显单薄，但其多元文化、社会制度、精神特质等方面的软实力在全球范围却无与伦比。综合多种因素来看，加拿大算得上名副其实的世界大国。

在当今贸易、文化和人际交流全球化的时代，中国与加拿大这两个“大块头”都必须更密切地关注对方，更深入地了解对方。何况，如今在选择移民海外时，很多中国人把加拿大当成首选目的地。加拿大每年接受的海外移民中，来自中国的移民占据最大的份额。这一方面是基于其开放的移民政策和国民心态，另一方面也因为部分华人渴望进入这个地广人稀、充满机遇的新天地。加拿大拥有清洁的自然环境和众多的旅游资源，吸引了大量的中国游客。这种直接的跨文化接触和交流无疑会加深两国人民间的了解、信任和友谊。在中加两国人员交流日趋频繁的语境下，全面、深入地了解加拿大这个国度，了解它的气候、资源、环境、文化、社会、传统、习俗、法律，以文字的形式把这个国家的全貌较完整地呈现出来，不仅直接便利于那些有移民、旅游、留学意向的人们，也能丰富普通读者的异域知识，改变他们的一些刻板印象，从而有助于形成理性的世界观和自信的文化认同。

追昔抚今，在中国和加拿大两国交往的历史上，双方头脑中对彼此的印象总体上是正面的。在加拿大，早期的华人劳工为该国开疆辟土、经济繁荣和社会进步付出了血泪斑斑的努力，遭受了难以言说的屈辱，建立了不可磨灭的功勋。值得庆幸的是，加拿大政府和人民后来对华人的历史遭遇表达了真诚的歉意，对华人的独特贡献做出了公正的评价。当今在加拿大各个领域打拼的华人，更是以自身的勤俭、智慧、坚韧赢得了加拿大人社会各界的好感和尊重。华裔女性伍冰枝（Adrienne Clarkson）当选加拿大总督，更表明了加拿大社会对华人的认可和对外来移民的包容。在中国人的心目中，为支援中国人民抗日战争献出宝贵生命的白求恩大夫占据着神圣的位置，他的国际主义精神永远铭刻在中加关系史的丰碑上。20 世纪 80 年代后期，一位加拿大年轻人（Mark Rowswell，中文名路世伟，艺名大山）来到中国学习汉语，很快热爱上了中国传统文化，并且能娴熟地表演相声。几年后，他竟然做了中国人的上门女婿。从此以后，他穿梭于中加之间，从事各种中加文化交流活动，他的形象在中国深入人心，他的事业和行动也为加拿大人津津乐道。2012 年，加拿大总理哈珀访华时任命他为加拿大中国亲善大使。

由此可见，不论是基于历史，还是着眼于现实，中加两国人民之间没有大的恩怨和过节，有的是交往和友情；中加两国政府之间也没有根本的历史纷争和利益冲突，有的是合作与共赢。在国民心理上，中加两国彼此互不猜疑、互不排斥。在此心理基础上，我们就有必要以欣赏的眼光来审视对方，发现其特色，肯定其优点，赞叹其长处，知晓其然，探讨其所以然。如此的审视和欣赏，于个人而言当然不是崇洋媚外、妄自菲薄、自我矮化，更不是“羡慕、嫉妒、恨”，而是真诚的交友之道；于我们国家而言，也是为了见贤思齐，择善而从，借鉴别国的智慧和经验，结合自身的优势和特点，进而更好、更快地实现国家富强与民族复兴。

加拿大社会和文化的特色和亮点到底有哪些呢？加拿大的文化心态又投射在哪些方面呢？第一章“加拿大文化的立体剖析”从马赛克文化的概念与沿革立论，多维度、多层面地解析了马赛克文化的平面性、垂直性、开放性和矛盾性。加拿大文化的底蕴和特点，是基于多元文化主义国策的马赛克文化。其文化心态，可以概括为坚韧不懈、和平包容、平等公正、谦和有礼。通过直观加拿大文化，检讨平等口号下的不平等，审视社会公义的理念与实践，揭示民族、国家与多元文化主义的冲突，多方位地探讨了加拿大马赛克文化心态的形成与发展。第二章“俯瞰枫叶之国”从不同的角度和侧面立体地呈现了加拿大的“国家档案”：“枫叶与马赛克背后的灵魂”铸造了加拿大薪火相传的民族精神，加拿大人创造的荒原精神价值无疑为人类社会进步留下了弥足珍贵的财富；“陆地与海洋在冰雪中亲吻”描绘了加拿大这片高山林立、平原辽阔、水草丰美、湖泊众多的丰腴之地；“民主政治的基础和空间”通过对国旗、国歌、国花，以及政治体制和司法机构的梳理，呈现出不同文化的民族在相异的自然环境中彼此融合的路径；“加拿大人的英国王室情结”寻根求源，揭示了加拿大文化中浓厚的英式自由主义和保守主义，以及对母国英国的忠诚；“加拿大领导人的平民情怀”讲述了四位加拿大政要人物平凡而又伟大的故事和执政风格，从一个侧面反映了加拿大平民化的文化心态。第三章“马赛克的民族色彩”从历史和社会的角度透视了加拿大风雨四十年的多元文化政策，无论是沉浮于现代与传统之间的“第一民族”、居于主流社会的“建国民族”，还是徘徊于主流民族之间的“第三势力”，他们在现代化浪潮中的生存原则都充分证明了多元文化政策的推行仍是加拿大文明发展史上最辉煌的一页。第四章“魁北克问题：政治文化联姻中的困惑”将目光投向历史的深处和英法两个民族文化的深层结构，寻找解读魁北克现象的密码——文化基因：魁北克问题起源于英法两大帝国在加拿大的霸主之争，国家分裂犹如悬在加拿大人头顶的达摩克利斯之剑，全球化时代的认同与冲击为魁北克的未来带来新的希望，因为文化与文化的联姻从来就不是轻而易举的事。第五章“加拿大多元文化教育”条分缕析地介绍了加拿大多元文化政策下的各种教育模式及其特色，包括多元文化下的主流教育模式，方兴未艾的“全纳式”职业教育和集同化、自治与融合为一体的土著教育，以及加拿大教育政策风格反映的许多有别于其他西方发达国家的复杂的社会和经济因素。第六章“彰显多元的马赛克文学”深刻剖析了具有多元民族、多元文化特征的加拿大马赛克文学。加拿大文学不仅是描绘加拿大自然环境、人文历史、风土人情和文化政治等方面的生动画卷，也是深入了解加拿大文化心态精髓的重要窗口。其探索本土文学之路和自我文学风格，反映的生存、社会公义、文化认同与国家认同等永恒的主题，无不彰显出加拿大多元文化的生命力与多元民族的和谐互容，突出了加拿大人热爱生活、坚忍不拔、向往平等、包容谦和的文化心态。第七章“冰雪王国的体育与艺术”具有浓郁的本土特征。作为加拿大的对外窗口，其自然环境、历史与多元文化主义孕育出的“北国”体育和艺术，在内容和形式上，不仅具有浓厚的马赛克特色，而且是国民团结和国家认同的黏合剂。其中，坚韧不拔、乐观向上、热爱生活、包容友善、勇于求新等精神，更呈现出鲜明的加国风格和文化心态。第八章“加拿大的福利制度”挖掘了加拿大福利制度的历史和文化土壤，并在政治、经济、文化等多个层面上评介了令人称羡的加拿大福利制度，特别是混合型的国家福利保障模式。加拿大相对完善的福利制度使其被誉为世界上的宜居国家，享有和平安宁的美誉，加拿大人也认为自己的福利保障制度反映了人道主义、平等、相互关怀的社会价值观。第九章“加拿大经济”详细解读了加拿大得天独厚的经济资源、经济类型的特点、未雨绸缪的经济行动计划和享誉世界的加拿大金融服务业，加拿大的经济巨鳄让我们领略了加拿大国家经济奉行的实力策略：一个国家并不需要在每一个行业中都有绝对的优势，而是要在某些行业中拥有相对的优势。第十章“加拿大传媒与公民社会”从多元文化和公民社会的视角展示了加拿大纷繁的媒介景观和传媒功能，并点出了新闻媒介与公民权利、廉洁社会的紧密联系。第十一章“加拿大人眼中的中国人”从历史的维度探寻了加拿大人对华人的态度转变，并深描了加拿大人眼中中国人的形象以及复杂的对华心态。第十二章“中国人眼中的加拿大人”通过细致的访谈，归纳出了加拿大人的性格特点，并提出了与加拿大人打交道的具体建议。

总而言之，加拿大人的文化心态可以简明地概括成四个字：坚、和、平、谦，即坚韧不懈、和平包容、平等公正、谦恭有礼。凝结成这种文化心态的原因，有地理气候特征，有历史沉淀，有多民族共存，也有地域性政治、经济、文化影响。而作为加拿大国策的多元文化主义，则集中地体现了加拿大这个枫叶国度中的马赛克文化及文化心态。总体来说，加拿大的马赛克文化是积极向上的，加拿大的多元文化主义政策是一个大胆的政治尝试。他山之石，可以攻玉。了解了加拿大文化和加拿大人的文化心态，我们不单可以在与加拿大人交往时从容面对、不致盲动，而且可以更加深入地了解、研究加拿大社会，从中借鉴有益的成分和经验。

本书的作者都是从事英语和加拿大相关问题研究的学者，其观点都是作者个人的研究所得。第一章“加拿大文化的立体剖析”由罗澄撰写；第二章“俯瞰枫叶之国”由吴斐和邹小娟撰写，其中“枫叶与马赛克背后的灵魂”、“陆地与海洋在冰雪中亲吻”、“加拿大人的英国王室情结”由吴斐撰写，“民主政治的基础和空间”、“加拿大领导人的平民情怀”由邹小娟撰写；第三章“马赛克的民族色彩”由田艳红撰写；第四章“魁北克问题：政治文化联姻中的困惑”由张影撰写；第五章“加拿大多元文化教育”由刘莹撰写；第六章“彰显多元的马赛克文学”由王曙明撰写；第七章“冰雪王国的体育与艺术”由罗澄撰写；第八章“加拿大的福利制度”由张青撰写；第九章“加拿大经济”由徐丁娟撰写；第十章“加拿大传媒与公民社会”由余诗龙撰写；第十一章“加拿大人眼中的中国人”由余泳芳撰写；第十二章“中国人眼中的加拿大人”由唐军俊撰写。全书由主编吴斐、副主编余诗龙和余泳芳担任组织、统稿、修改和定稿工作。我们深知，自身的知识水平和文字功底存在某些不足。书中瑕疵在所难免，请各界专家和读者批评指正。

吴　斐　余诗龙　于珞珈山

2014 年 2 月

目录

CONTENTS

第一章 加拿大文化的立体剖析

民族文化在丰富多彩的世界文化中不是一尊封闭在玻璃罩中的古董，它应以开放的胸怀海纳百川。不同文明之间的交流过去已经多次被证明是人类文明发展的里程碑。

——罗素

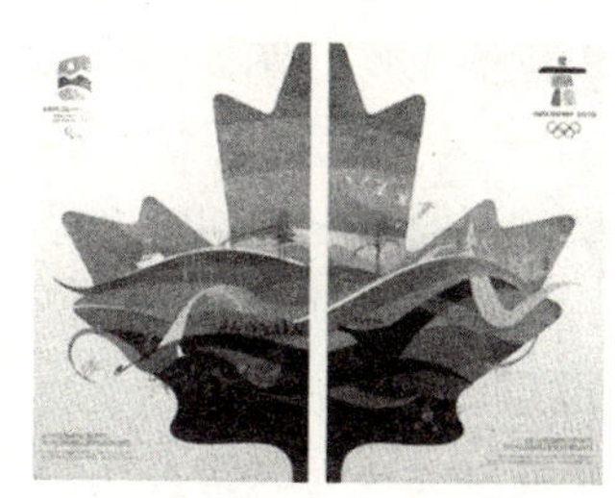

第一节 马赛克文化的概念与沿革

近年来国内对加拿大文化感兴趣的人越来越多，研究加拿大文化的学者也为数不少，加拿大文化研究方面出现了可喜的进展，关于加拿大文化的论著也越来越多。不过，较深入地多方位阐述加拿大文化并解读加拿大人文化心态的论著却寥寥无几。本书正是试图从不同角度系统地解析加拿大文化与文化心态。加拿大文化的最大特征是多元文化，又称“马赛克”文化。“马赛克”一词，是由英语 mosaic 音译而来，原指不同成分和色彩的拼图，喻指不同族裔的平等相处、共存共荣。加拿大的多元文化，是由多重因素经数百年提炼累积而成，其中既包括环境、社会、政治、经济、宗教、艺术、教育、科技等，也受惠于来自世界各地的移民——欧洲和美国、亚洲、非洲、南美、加勒比、中东。要了解加拿大“马赛克”文化，首先就要了解加拿大的自然环境、历史、民族及社会生活的核心要点，如疆域、气候、人口、语言、政治、经济、创新性、英法裔及土著之间的关系和魁北克问题、加拿大与美国的关系，等等。本书将从不同角度和不同层面，向读者展示上述要点。

解析加拿大人的文化心态，既要从概念和发展上动态地诠释加拿大马赛克文化，也要从人类学、社会学、经济学、政治学等角度了解加拿大文化与加拿大自然环境、政治经济之间的关系，从而探知加拿大国民的文化心态和民族认同感。

“文化”一词，源自拉丁语的culturao，本意是“耕种、培育”，后泛指包括知识、信仰、艺术、法律、道德、习俗等的社会集成，用联合国教科文组织的话来概括，即“生活方式之集成”。而加拿大文化，可以大致定义为代表加拿大人思维模式、社会活动和生活方式的价值观与社会实践。随着时间日积月累，加拿大文化逐步发展、积淀，凝练出加拿大人特有的风土人情和人文气质，即马赛克文化特征。“马赛克”一词，可以说是恰当地勾画了加拿大的民族多元和文化多样。众所周知，加拿大是一个疆域广阔、民族众多的国家，几乎包括当今世界各国的主要民族。最近一次人口普查的民族调研表，竟用了近200个不同民族版本。加拿大的民族多元，直接形成了加拿大的文化大拼图现象。不同历史时期的世界各地移民，不仅为加拿大提供了丰富的人力资源，而且带来了自己的文化传统。加拿大的百余民族，从最初渡过白令海峡来到北美的土著（今称第一民族），到后来的英法移民，再到近现代的欧亚等地移民，使加拿大成为名符其实的世界多民族汇聚的移民国家，呈现民族多元的“马赛克”。各民族都致力于保持和传承本民族的语言和文化，使加拿大文化呈现出绚丽的马赛克特色。

从历史上来看，移民的到来，不仅改变了加拿大原有的民族结构，而且造成了加拿大文化的动态多元发展。早在17世纪法国殖民者移居加拿大并称之为“新法兰西”以前，土著民族已在这片广袤的土地上世世代代居住，并发展了丰富的民族语言和文化，包括独特的精神信仰和宗教仪式。从时间上讲，加拿大土著文化早于西方文化的舶来；就结果而言，尽管欧洲殖民者对当地土著实行文化统治、隔离与同化，推行英语和法语，以致后者部分失去了本族语言，但土著文化毕竟大部分保存了下来，没有因为西方文化的强势而消失。相反，今天的土著文化在加拿大多元文化中仍占有重要一席。

与此同时，英裔的大不列颠文化、法裔的法兰西文化、雄踞南方的美国文化、其他族裔移民的亚文化，无不显现在加拿大社会的多元文化中。回溯历史源头，百年来加拿大如同世外桃源，不断吸引着来自世界各地的移民。作为最初殖民者的法国人和英国人，现在已成为加拿大的宪章民族——法裔加拿大人和英裔加拿大人，其中英裔加拿大人因其在政治、经济、人口等方面的优势，主导着加拿大主流文化。尽管早期法裔加拿大人数量可观，且对开拓建设加拿大功不可没，但因英法七年战争（1756—1763 年）的失利以及后来大批移民从世界各地涌入和魁北克省出生率的下降，法裔加拿大人越来越难以保存他们的文化、认同、语言和特有的生活方式。20 世纪 60 年代，魁北克法裔分离主义政治运动勃兴；20 世纪下半叶，随着 1976 年魁北克人党和 1991 年联邦魁北克党团的成立，独立运动愈演愈烈，终于导致了 1995 年魁北克的独立公投，最终分离主义者以微弱劣势（49.5%）失利。从历史和政治上来说，法裔和英裔为解决其政治、语言和文化争端而通过的 1774 年《魁北克法案》，规定了加拿大英法两个民族间实行互容而非主流同化政策。这为日后的多元文化共存奠定了基础，但也为当代加拿大政治和魁北克独立运动埋下了隐患。在多元文化政策的鼓励下，源源不断的来自世界各地的移民，带来了原住地的语言、风俗、宗教信仰、历史文化和生活方式，共同创造了加拿大绚丽多彩的马赛克文化。

加拿大是世界上首倡多元文化主义政策的移民国家，其马赛克文化政策一经问世，便引起各界人士的不同反响乃至争议，见仁见智、褒贬不一。而马赛克文化自身也并非单一层面，而是多棱角的。这种立体视野和波特（1965 年）的“垂直马赛克”的观点，将加拿大马赛克文化进一步发展为四个层面：平面的马赛克、垂直的马赛克、开放的马赛克、矛盾的马赛克。这种多元文化的平面视野、垂直角度、开放定位、矛盾心理，为我们审视加拿大马赛克文化及其文化心态开启了新的视野。

第二节　平面的马赛克

地理、气候与加拿大文化息息相关。从表象上直观加拿大文化，首先要了解加拿大自然生活的核心要点，如辽阔的疆域，寒冷的气候，丰富的资源，人口、语言和文化的多元化，加拿大人的创新性、文化价值观、对生活质量的追求，等等。加拿大社会和生活的方方面面，从衣食住行到宗教文艺和教育经济等，无不与其紧密相连。

首先，加拿大幅员辽阔是世人皆知的。横跨五个半时区、三面临洋的近千万平方公里的广袤疆域，既孕育了无穷的灵感和想象，又令人茫然地惶恐。如此广阔的疆土，其地理气候的多种多样是可想而知的。东部四省的阿帕拉契亚山脉起伏的山岭、肥沃的谷地和曲折的海岸线，处处可见的雾霭、海风、渔村和僻静的海湾，使人恍入英伦岛湾或地中海的恬静。而魁北克和安大略中部低地平原和大湖区的暑热和严寒，又不失里约热内卢、新马泰的暑热和莫斯科的严寒。中西部平原一览无余，秋天的多彩多姿，犹以麦类油菜花那无边无际的金黄为胜。而横贯西部的落基山脉，其气势的雄伟和连绵的壮观，丝毫不亚于阿尔卑斯或喜马拉雅。即便有今日交通之便，这些山脉却依然是多数加拿大人的一道心理障碍，使英属哥伦比亚人不同于其他国民。因此，在某种程度上，这种广袤多样的地理环境，也催生了加拿大丰富的地域文化及不同地区加拿大人之间既大致认同又不时若即若离的文化心态。

然而，对加拿大文化起主导甚至决定作用的，不是其地理地貌差别，而是寒冷的气候。即便在赤日炎炎的夏天，人们头脑里潜在的严冬阴影也常常挥之不去。冰雪严寒无疑对加拿大生活的方方面面有着莫大的影响，并造就了加拿大文化。首先，严峻气候使得80%左右的人口居住在离美加边境一百多公里内的狭长地带，这也解释了为什么加拿大是世界上城市化程度最高的国家之一。其人口主要聚居在多伦多、温哥华、蒙特利尔、渥太华、卡尔加利、艾德蒙顿等大城市，以克服乡村生活的艰辛和偏僻地区的风险。这种气候同时也造就了多数加拿大人言必谈天气的习惯。无论是在电梯里、大街上、停车场、地铁站还是度假屋，最先的话题往往是全民关心的天气。再者，寒冷气候也使加拿大人对身处的这片大地有着复杂的情感。他们一方面热爱这片美丽富饶的土地，热爱不同地貌四季变换的美景和应时而生的娱乐活动，热爱无边无际的疆域和广袤的荒野，特别是由此而生的自由自在。另一方面，不少人内心也不无惶恐，来自缺乏善意的地理地貌及冰雪寒冷的惶恐。这种复杂矛盾的文化心态可以从一些加拿大的文学代表作中看出。作者笔下的加拿大人，常常被描写成饱受大自然欺凌的受害者，是恶劣、残酷的自然环境的猎物而不是猎人。而另一些作家则赋予加拿大人英雄的胜利者称号，赞美他们克服困难、不惧艰辛的优良品质。不管怎么说，对于具有北方文化的加拿大人来说，尽管他们的生存条件在近代已改善许多，“生存”这个永恒的主题却仍具非凡的意义。毕竟，在这片国土上，恶劣天气的动辄肆虐会随时造成食品短缺和交通通信中断，暴风雪会毫无预兆地来袭，狂风会瞬间卷走沃土，路人会不慎冻毙街头。因此，“生存”在加拿大人的脑海中，始终具有异常特殊的意义。正如著名加拿大学者诺·弗莱曾说，对加拿大人而言，“我们在哪儿”这个问题的重要性，甚至超出“我们是谁”。

正是环境和气候，成就了近代加拿大文化在交通和通信等方面的诸多发明创造。许多近代的交通运输和通信发展，都烙有加拿大的印记，如贝尔电话公司、加拿大太平洋铁路、加拿大航空公司、加拿大北方电讯、加拿大广播电视公司，等等。与此相关的是加拿大的世界之最：最长的高速公路（7821 公里）、最长的街道——多伦多的央街（1900 公里）、最高的独立建筑物——国家电视塔（553 米）、最长的休闲小道（15000 公里），等等。据统计，加拿大人均拥有的游艇、车辆、收音机、电话、手机、电视机、打印机、相机、计算机等，居世界之首。无怪乎有人宣称，加拿大文化首先是"通信文化"，舍其不能奢谈加拿大的凝聚力。

除了交通和通信之外，加拿大的经济文化创新还表现在诸如医疗卫生、体育娱乐和教育等其他方面。全民医疗保险、胰岛素、流动血站、信用社、铲雪机、防毒面具、冰球、袋棍球、冰壶、动画、成人教育，等等，不胜枚举，都源于加拿大。需要是发明之母，是加拿大的地理、气候和疆域，使得加拿大人乐观自信、不屈不挠、充分发挥其创造力以生存、发展经济和建立主权独立的国家。

经济、自然资源与加拿大文化乳水交融。加拿大人口三千多万，拥有世界第二大疆土和各种丰富资源。作为首屈一指的资源大国，无论是自然资源的种类和分布还是经济版图，都呈现出马赛克式的多样性和多元化，并影响其文化心态。

加拿大的矿产、能源、森林、水资源、水产资源、野生动物等都位列世界前茅。加拿大的矿产有 60 余种，其中镍、锌、铂、石棉和钾盐的产量居世界首位，铀、金、镉、铋、石膏的产量居世界第二位。铜、铁、银、铅、硫磺、钴、铬、钼等产量丰富。能源方面，已探明的原油储量为 80 亿桶，天然气和煤的储量也非常丰富。近年来大力开发的油砂矿，使加拿大有望超过沙特阿拉伯成为世界最大产油国。加拿大东濒大西洋，西临太平洋，北依北冰洋，有着世界最长的海岸线，内陆河湖星罗棋布，为世界之最。淡水资源占世界的 9%，水电资源和水产资源也极其丰富，盛产鳕鱼、鲱鱼、比目鱼、鲑鱼、扇贝、蟹和龙虾等。加拿大森林覆盖面积达 440 万平方公里，盛产木材，而且素有野生动物大国之称，麝牛、野牛、白熊、灰熊、海象、海豹、驯鹿、水貂以及多种候鸟都生活在此。农业耕地 6782 万公顷，主要农作物有大麦、小麦、亚麻、燕麦、油菜籽、玉米等，是仅次于美国的世界第二大小麦出口国。

从各省/区资源分布来看，纽芬兰的铁矿、离岸石油和天然气，新不伦瑞克的铅和锌，魁北克的森林资源和铝、铁、石棉，安大略的镍、铀、铜、金、银、森林资源，曼尼托巴的水力和钠，萨斯喀彻温的石油、天然气和钾，阿尔伯塔的石油、天然气、钻石，不列颠哥伦比亚的煤、森林、铜以及育空和西北地区的石油、天然气、金、铅、硫、锌、钻石等，构成了加拿大独领风骚的地区资源互生互补格局，成为经济发展的有力柱石。

加拿大作为世界第十一大经济体和第十大贸易国之一，有着高度发达和国际化的经济，其2011年国内生产总值达1.74万亿美元。制造业、矿业和服务业的大幅增长使加拿大从原来的传统农业型国家，迅速转变成高度发达的工业化国家。尽管以服务业为首，第一产业却占经济相当大的比重，农业与石油工业同为加拿大经济的重中之重，使加拿大成为世界最大的农产品出口国和发达国家里极少数能源出口国之一。同时安大略和魁北克的制造业和医药业也在国民经济中占有重要一席。

说到加拿大的资源与经济，不能不提到旅游业。加拿大许多令人叹为观止的自然景观和历史、文化传承，使其成为世界最著名的旅游胜地之一。尼亚加拉大瀑布的雄伟气势、尼亚加拉湖边小镇的欧式风光和肖伯纳戏剧节的浓厚人文气息、班芙落基山脉公园的天上人间、杰斯伯路易斯湖的娟丽秀美、维多利亚布查花园的百花争艳、魁北克城古城的怀旧情怀、哈利法克斯城堡的历史见证、格赫文雷斯特镇白求恩故居的励志精神、北温哥华卡皮拉诺吊桥的惊险刺激、卡尔加里牛仔大赛的激动人心、阿冈昆公园的枫红百里，这一切都引人入胜，令人流连忘返，每年吸引了数百万来自世界各地的游人。随着加拿大2009年加入中国公民出境旅游目的国的行列，每年都有数以万计的国人赴加旅游，而且还有越来越多的趋势。

加拿大的地大物博和人口稀少，也是加拿大国民有容乃大文化心态的基础之一。在一个资源贫乏或地域狭小的国度，生存的压力往往使其国民产生不愿与他人分羹的文化心态。而加拿大地阔人稀，需要大量移民，他们为了与自然环境抗争，必须合作、包容，由此而生的加拿大人宽容和接纳的文化心态就不足为奇了。

民族多样性为加拿大文化增添了丰富的色彩。加拿大的人口具有高度多元性。按照加拿大政府的认定，加拿大为“使用双语的多元文化国家”。多元文化政策的确立不是一蹴而就的，而是经历了不平凡的演变过程。加拿大从18世纪到20世纪一直在稳步进化成多元文化国家，但直到1963年，加拿大政府才在“双语与二元文化皇家委员会”正式提出多元文化问题。对于该委员会认定的以英法裔为基础的双语和双元文化政策草案，许多其他族裔，包括原住民、美缇斯（法国人和印第安人的混血后裔）、德裔、意裔、华裔、日裔加拿大人等都提出了异议。他们认为，即便可以承认英语和法语为官方语言，许多族裔对加拿大的经济发展和文化繁荣，都作出了极大贡献，而这一点并没有为“双元文化”所承认。结果，加拿大政府不得不于1971年宣告加拿大为“双语暨多元文化国家”。尽管官方语言只限于英语和法语，加拿大的多元文化主义国策，却允许国民保留其祖裔语言并资助祖裔语言项目。现今的加拿大，除了英语和法语外，还使用几十上百种其他语言，其中汉语已成为第一大非官方语言，有超过100万人使用。

在当今世界大多数国家都强调求同而非存异，聚焦同一而非多头的形势下，加拿大率先实行多元文化国策和承认“多种文化认同与效忠”，不仅独树一帜地代表了一种倾向，而且还要面对政治挑战和社会风险，包括是否能真正实行多元文化主义、多种文化认同与效忠以及多元政治。这对于世界其他国家和地区日趋增长的民族和文化间互动、移民和迁徙以及文化混合，无疑大有裨益。其风险则在于世界各国都在密切注视加拿大，看其大胆的政治尝试能否奏效。

综上所述，从平面的马赛克视角观察加拿大，我们可以探索和了解其地理气候环境、自然资源、民族成分等与文化心态的关系。这样唯物地观察和分析马赛克文化，有助于深入了解其成因与形成过程。但是，加拿大的多元文化，绝非民族、语言、文化、宗教通过自由拼接和镶嵌而构成美丽图案那么简单和浪漫。马赛克的拼图突兀有致，大小不一，厚薄不匀，因此需要从立体的角度去审视马赛克文化及心理，即垂直的马赛克。

第三节　垂直的马赛克

加拿大近代著名社会学家波特（Porter）于1965年首先提出了“垂直的马赛克”这一概念，表示加拿大的不同民族、语言、区域和宗教人群，由于其社会地位和权利的差异，构成了一种不平等的马赛克。波特从精英治国的角度，检讨机会和权利分配问题，对加拿大是个无阶级、机会面前人人平等的社会这一说法提出质疑。波特指出，加拿大人社会地位的改观和享有的机会平等，比其宣称民主时标榜的程度要低得多。在教育、收入、健康、社会权利和影响等方面，加拿大的各族群实际上分为三六九等，最底层的是原住民（即印第安人和因纽特人），较低层的是有色族裔，其上是东欧和南欧裔，再往上是法裔，最顶层是英裔，后者在经济和政治精英中占有极大比例，从而享有制定政策的最大话语权。例如，加拿大的经济大权，实际掌握在数以百计的一小部分人手上，这个由大公司的总裁、劳工领袖、政府首脑等组成的精英群体，大部分是英裔加拿大人。他们都是同一个俱乐部的会员，上的是同一所私立学校和大学，而许多农民或穷人，则由于教育制度的弊病，根本无法继续求学，以拓展他们的潜质，进入较上层社会。用波特自己的话说："在特别依靠精英阶层来决策，决定社会发展的形式和方向这一点上，加拿大与其他西方国家似乎是如出一辙的。"① 究其根源，波特认为，加拿大理念对地方主义和容许民族差异的多元文化政策过分强调，造成了社会分化，特别是在政治层面的社会分化，使其无法解决作为工业国家面对的一些主要问题。

波特之后关于加拿大社会不平等的研究，大致上可归纳为五点：第一，加拿大的社会不平等，如同波特所说，大多归咎于民族因素，从而基本证实了加拿大基于民族与种族的社会经济阶梯理论。但随着时代的进步，这种不平等现在比波特的时代有所改善，波特当年提出的族裔间经济差距也有所缩小。例如，英法裔群体的收入现今已无甚差别，法裔加拿大人在政治领域和政府部门也占有较大比例，东欧和某些南欧裔的收入已接近或赶上西欧和北欧裔。就受教育程度和收入水平而言，法裔在各个学历层面甚至比英裔要高，而其他欧裔却没有区别。尽管如此，英裔在经济领域依然居统治地位；而在收入阶梯底层的，是一些南欧裔和有色少数族裔群体，其收入水平明显低于同等学历的其他加拿大人。

值得注意的是，随着20世纪80年代的移民潮，社会的注意力逐渐转向来自亚非、加勒比地区和南美等非欧裔新移民的社会经济状况。基于民族的老的垂直马赛克，转化为基于种族的新的垂直马赛克。按照后者的概念，加拿大社会存在两级阶梯：白人群体在上，有色群体在下，因此，民族的不平等转化为种族的不平等。根据加拿大统计局2012年最新移民收入调查报告，过去30年来，非洲、中东、亚太地区等发展中国家的移民，其收入低于全体移民的平均水平；而英国、美国等发达国家移民的收入则大大高于平均水平。以2010年为例，新移民的平均收入为19548加元，来自非洲及中东地区移民的平均收入为16283加元，亚太地区移民为16337加元，而英国和美国移民则分别达到41948加元和48146加元。因此，种族代替民族成为收入不均乃至社会不平等的主因，已成为不争的事实。

第二，20世纪六七十年代的民族不平等研究忽视了女性，特别是非本土出生的女性移民。随着越来越多的女性参加工作，大量女性移民加拿大以及女

---

① John Porter. *The Verfical Mosaic*: *An Analysis of Social Class and Power in Ganada*. University of Torronto, 1965: 558.

权主义运动的兴起，性别已作为一个重要因素，纳入民族不平等研究之中。

第三，是否土生土长在近年来引起了广泛注意，与性别差异一起，成为在民族不平等框架下研究受教育程度和收入水平关系的重要参数。

第四，阶级也成为衡量经济不平等的另一个重要因素。人们常说："工人赚的比经理少得多，妇女比男人少得多，希腊裔比犹太裔少得多。"这表明阶级、性别和族别都是影响收入进而影响社会经济地位的要素。大多数研究只对民族、种族、阶级、性别或出生地单独分析，而 Liodakis（2002 年）则对族裔间和族裔内的收入差别都进行了分析。结果表明，被调查的族裔并非铁板一块，而是由不同成分、不同阶级构成，其收入水平也依性别、出生地和阶级各有不同，甚至性别收入差和阶级收入差要大过族别收入差，而且族内收入差大过族间收入差。这说明，加拿大社会的阶级不平等和性别不平等，也许甚于民族不平等。作者认为，加拿大社会不平等现象是个很复杂的问题，不能简单地归因于民族和种族，而需多层次、多方位地动态看待。只考虑民族而不考虑其他因素而得出社会不公的结论，是片面甚至不准确的。所以，在研究加拿大社会族群经济地位时，既不能把民族看成是单一的，也不能只凭肤色来判定；不仅要在族群间，而且要在族群内根据阶级、性别、出生地等进行分析。

第五，在探求社会不平等的起因方面，从原先着重文化价值和个人努力的心理文化和人力资本，转向着重少数族裔面临的制度障碍和歧视的社会结构。

总而言之，垂直的马赛克所彰显的社会不平等，是加拿大的一种常态，其诱因可能随着人口变化、移民政策调整和多元文化政策的实施力度，而在不同时期有所转移。导致垂直马赛克的因素，除了民族和种族外，还有性别、出生地、受教育程度等方面的差异。由此产生的社会不平等是一个长期现象，而且可以说只要国家存在就不可避免。尽管加拿大政府近年来在缩小社会各阶层的社会经济差距方面做了一定的努力，其在减少社会不平等的道路上还有很长的路要走。

第四节　开放的马赛克

加拿大马赛克文化的开放性，首先体现在宽松的移民政策上。1962 年，联邦政府取消了优等民族的制度，新的条文规定对移民进行教育、培训和技术训练，帮助来自不同国家、不同文化背景的移民融入加拿大社会。1967 年，在法律上取消了种族歧视，移民政策强调移民的教育背景和潜在能力。同年《加拿大移民法》的问世，奠定了当代加拿大开放移民政策的基础。这一点可以从此后的移民大趋势看出。自1976年以来，加拿大的移民人数，特别是有色人种移民人数，呈稳定增长趋势。这种对外开放的移民政策，是广泛吸收世界各国、各民族先进技术和精英人才的法宝。新移民凭借自身优势迅速崛起，发展成为加拿大社会中举足轻重的人力资源。宽松的实用主义移民政策，不仅推动了加拿大经济的快速发展，使其于20世纪70年代就跻身于西方七大经济强国之列，而且孕育了加拿大人开放、包容、友善面对异族及其文化的平和心态。

加拿大是世界上第一个实行多元文化主义政策的国家，其后欧美许多国家相继效仿、采纳，但都没有从法律上予以肯定。1988年《加拿大多元文化法案》(*Canadian Multiculturalism Act*)以法律形式确定文化多元化是加拿大文化发展不可逆转的特征，法案声明：加拿大政府承认族裔和文化多样化之合法性，视多元文化为加拿大民族的基本特征和宝贵资源，保障所有公民保存和分享民族文化遗产的权利，鼓励他们为民族文化的繁荣作出应有的贡献。政府弃盎格鲁化而代之以多元文化主义的政策，不但承认族裔差异的合法性，还进一步推进民族多样性，使多元文化主义政策具有法律效力，足见加拿大人的包容豁达与加拿大政府的顺应民心。

主张保存和发扬多元文化遗产，在保证英语和法语作为加拿大官方语言的同时，不取消或贬低其他种族语言，尊重和承认各少数民族的语言文化、宗教信仰和传统习惯，承认和提倡加拿大在文化与种族上的多样性。在当时乃至当今世界大多数国家都强调求同去异的大环境下，不能不赞叹加拿大多元文化国策的开放和民主。目前，加拿大社会容纳了世界上最多的种族、民族和各种宗教文化，基本上是在法律和协商的基础上解决矛盾和冲突。尤其在联邦政府建立以后，加拿大几乎没有发生过国家与百姓、国家与民族、民族与民族间的流血革命、战争或者动乱，其社会发展之平稳在全世界范围内也是极其罕见的。

加拿大马赛克文化的开放性，还体现在其文化价值观、社会公义和国民福利之中。加拿大的主流价值观是开放的自由主义，主张个人主义和人道主义，这一文化价值观深刻地反映在加拿大的社会福利和新闻媒体事业上。

20世纪70年代，加拿大建立起了完善的社会福利制度，保障了幼儿教育、中小学教育和高等教育的发展。受自由主义文化价值观的影响，加拿大福利自由主义因其广泛的对社会福利的普遍关注和对国家保护下的自由发展的倡导，赢得了社会的普遍支持。目前，加拿大政府加大力度投资教育事业，教育投入占国民总产值的7%，是世界上公共教育人均投入最高的国家之一。加拿大还拥有覆盖全民、待遇优厚的社会保障系统，其中的低收入家庭保障计划针对低收入家庭的不同情况，设有税收减免补贴、儿童福利金、养老保障收入补贴、住房补贴等各种个性化救助项目，同时该计划以政府财政为支付保障，鼓励社会力量参与，基本实现了对低收入人群的全面救助，对加拿大社会和经济的稳定发展起到了重要作用。从20世纪80年代开始，加拿大对社会保障制度进行了一系列调整和改革。联邦政府逐步将老年保障年金降低到中、低等收入水平，减少并最终取消了家庭补贴，缩减失业保险的人员范围和标准等。加拿大人认为自己的福利保障制度反映了人道主义、平等、相互关怀的社会价值观。

人们在赞叹加拿大多元文化民主、和谐且开放的同时，也不难发现加拿大多元文化及加拿大人的心里又充满了矛盾和纠结。

第五节　矛盾的马赛克

与世界上其他国家相比，加拿大是最早倡导并推行多元文化政策的国家。推行这一政策的直接原因是：20世纪60年代，魁北克因其民族主义高涨而走上了脱离联邦的道路。为维护民族间的和谐与国家的统一，1971年，加拿大政府宣布实施多元文化政策。其主要目的是为应对魁北克政治分离主义的挑战并谋求最终化解这一政治难题。在议会声明多元文化时，特鲁多总理明言："不能够对英裔、法裔采取一种政策，对土著采取另一种政策，对其他族裔成员实行第三种政策。"从目标上讲，加拿大多元文化政策是为了协调与解决多民族国家都存在的族裔矛盾、民族文化多样性等问题。但事实上，目标与现实充满矛盾。

詹姆斯·弗雷德里斯曾说："多元文化主义政策从两个对立的哲学理念中成长出来，一是普世主义原则，该原则基于这样一种假设：宗教、种族、民族等特征是相互分离的。二是差异原则，差异原则有如下假设：对于一种传统文化的信任有助于培养一种健康的自我认同和处理群体关系的积极态度，有助于丰富群体之间的共同体验。"① 加拿大多元文化主义政策正如詹姆斯所言，是建立在充满矛盾的哲学理念之上。既要重视、发扬各族裔文化的多样性，又要强调、强化国族文化的同一性：在一个多种信仰、多样行为模式、多种肤色、多种语言的国家或民族内，要达到一种平衡状态，就必须在多样性中寻找同一

① James S. Frideres, et. al.. *Aboriginal Peoples in Canada: Contemporary Conflicts*. Prentice Hall Allyn and Bacon Canada. 1998: 70.

性。① 这是布利维特所思，也是多数加拿大人必经的矛盾文化心理历程。倾向于国家的统一？还是偏爱民族的多元？1985 年民意调查显示加拿大国民热衷于马赛克文化多些；而 1995 年的调查表明他们又更多地倾向于熔炉式文化。未来加拿大人文化心态又会发生怎样的变动呢？万变中不变的是加拿大人乐观地在矛盾中寻找最佳生存方式的文化心理。

在国族与民族认同方面，不同族群有着不同的反应。在多数英裔看来，加拿大人就是加拿大人，他们不应该被看成是英裔、法裔，或者是土著或非土著……②多元文化主义政策强化了不同民族的认同，却弱化了加拿大国族的认同。特鲁多从更深层意义上阐述：国家统一一定要建立在个体认同的信心之上，从这里可以生长出对他者群体文化的尊重，与他者分享理念、态度和责任的意愿。

了解加拿大文化，除了要了解英裔和法裔的关系，还要了解加拿大和美国之间的关系。加拿大的建国之路与美国完全不同，它没有经过战争和流血的洗礼，和原宗主国英国保持长期密切的政治联系，保持公共秩序一直是英国和加拿大当局高度重视的社会政策。美国于 1776 年独立后，加拿大仍然效忠大英帝国，虽然于 1867 年获得自治权、1931 年获得独立外交权、1982 年获得修宪权，却至今奉英国女王为国家最高元首。从文化意义上讲，美国在政治上独立后很快实现了文化上的独立，而加拿大在文化上长期依附英国以及迅速崛起的美国，其文化“具有相当浓厚的后殖民色彩”。加美关系走过漫长和曲折的道路，经历过许多时而痛苦但多数积极的挑战、机会和发展。加美拥有世界上最长的不设防边界（当然“9·11”事件后边界安保大大加强了），便是两国通过和平而非武力手段建立友好关系的一个很好佐证。但是，加美两国也有关系紧张的时候，如殖民时代的英美法之间的冲突、19 世纪 40 年代美国兴起的西进运动、阿拉斯加领属问题引起的纠纷，以及加拿大由于缺乏萨达姆拥有大规模杀伤性武器的证据而不愿出兵伊拉克。鉴于上述情况，有些加拿大人在谈到与美国这样一个世界强国为邻的感受时，往往将美国比做大象，将加拿大喻为老鼠：每当大象抽搐、呻吟或打滚时，老鼠都会感到威胁，怕丢了小命。美国的人口十倍于加拿大；美国在政治、经济、军事诸方面都比加拿大强大得多；美国人在加拿大

---

① Brian Milton Bullivant. *Pluralism: Cultural Maintenance and Evolution.* Multilingnal Matters Limited. 1984: 114.

② Jeremy Webber. *Reimagining Canada: Language, Culture, Community, and the Canadian Constitution.* McGill-Queen's Press, 1994: 142-143.

拥有无数的公司，而许多加拿大公司只不过是美国公司的子公司。1994 年签订的北美自由贸易协议加强了美国的经济统治地位。尽管该协议使加拿大对美国的出口和进口分别达到百分之八十和百分之五十以上，却赶不上美国对加拿大经济、自然资源与文化产业的控制和影响。就后者而言，加拿大人所看的电影和电视节目，百分之八九十来自美国；加拿大的大多数出版发行公司、音像公司和电影院由美国巨头控权或运营。加拿大人平时所看、所听、所读之物，都充斥着美国货。纵观天下，还有哪个国家允许本国的政治、经济、商业、军事和文化领域受到外国如此的掌控？对于大多数加拿大人来说，这种掌控是与强邻为伍、签订自由贸易协议使其产品进入美国大市场所必须付出的代价。

具有讽刺意义的是，民意调查显示，尽管美国对加拿大的、控制和影响在不断增强，加拿大人共享的社会价值、习俗和特有的生活方式却不退反进，不仅没被美国同化反而与其渐行渐远了。其原因在于，首先，加拿大人对他们自身的历史、文化、发展和传统显示出越来越大的兴趣，这可以从下述例子窥见一斑：本土作家和艺术家大受欢迎，加拿大国家广电公司出品的《加拿大：人民的历史》节目获得巨大成功，加拿大文化遗产局和加拿大邮局等部门为推广加拿大历史和当代发展做了大量工作等。其次，对多元文化和多样化的推广也越来越使加拿大文化有别于美国文化。再次，在如何看待同性婚姻、同性恋者权益、因治疗而使用大麻等社会问题上，加拿大比美国开放得多。最后，加拿大政府拒绝派兵入侵伊拉克一事，被许多加拿大人看做一种姿态，即加拿大愿意在必要时直面美国，走独立自主的道路。

平心而论，加拿大和美国相同之处很多：不仅两国地理地形相像，两国的早期和近代移民及移民时间也大同小异，从而使得其他人甚至许多加拿大人和美国人都难以清楚地区分加拿大人和美国人以及加拿大文化和美国文化。尽管如此，加美之间还是存在一些基本差异。从历史上来看，加拿大不像美国那样经历过独立战争和内战；加拿大解决不同族群间及与宗主国间矛盾和敌意的方法，要比美国平和得多。这也解释了为什么加拿大人常常被视为更加温和与友善，因为他们从来不必经受独立战争或内战的苦难和恐怖。再者，两国的宪法也大相径庭：美国宪法的宗旨是“生活、自由、追求幸福”，而加拿大宪法的宗旨是“和平、秩序、良政”。考虑到不同宗旨对于内政外交所产生的影响，这也许是对加美差异的最好诠释。相比于美国，加拿大更注重和解调停、宽容、多边关系、公共事业发展和和谐相处。

第二章
俯瞰枫叶之国

加拿大是个博大的国家——博大的胸襟，博大的情怀，博大的疆土。

——杜鲁门

第一节　枫叶与马赛克背后的灵魂

当你想要抱怨交通拥堵、税收过高、天气恶劣时，如果知道你其实正在被世界上最快乐的人包围着，你会感到些许安慰。根据《世界幸福报告》发布的数据，加拿大在大约150个国家中脱颖而出，排名第五，位列丹麦、芬兰、挪威和荷兰之后，而且魁北克地区是加拿大人最幸福的居所。这份大约持续了25年的调查显示，相对于加拿大其他地区的居民，魁北克的居民，尤其是讲法语的居民的生活满意度在持续、稳定地增长，社会信任度也呈稳定上升的状态。

根据标准经济学理论，你用额外财富能够购买的最重要的商品是选择权。如果你口袋里有20美元，你就餐时可以选择吃牛排或是花生酱；但如果只有1美元，你会觉得家里有一罐果冻就谢天谢地了。在另一个有代表性的调查中，人们被要求对他们的快乐感或幸福感按1—7级排序，1代表“对我的生活完全不满意”，7代表“完全满意”。结果表明：千万富翁的平均幸福指数是5.8，加尔各答那些无家可归的人的平均幸福指数是2.9。意想不到的是，加拿大北部的因纽特人也将自己的幸福指数评为5.8左右！这些因纽特人过着称不上奢侈的生活，却对生活的馈赠保持着一份淡定和感激。

幸福的体验最直接地包含着人们对生命意义的肯定评价。它不是一种零碎和表面的情绪，而是灵魂刻骨铭心的愉悦。“在通常情况下，我们的灵魂是沉睡着的，一旦我们感到幸福或遭到苦难时，它便醒来了。如果说幸福是灵魂的巨大愉悦，这愉悦源自对生命的美好意义的强烈感受，那么，苦难之为苦难，正在于它撼动了生命的根基，打击了人对生命意义的信心，因而使灵魂陷入巨大的痛苦”。① 当最早的原居民跟随驯鹿、麋鹿及野牛穿越亚洲大陆，通过连接西伯利亚和阿拉斯加的地峡，慢慢地占据整个北美大陆时，他们幸福与苦难交织的美丽灵魂就在血与泪的融合中忽隐忽现地撒向加拿大苍茫的原野、辽阔的湖海、茂密的森林、高峻的雪山、蔚蓝的天空和飘浮的白云。大约16000年以前的加拿大古印第安人早期考古遗址，冰川时期狩猎人留下的岩穴片状带凹槽的石器工具和庞大的被屠宰的哺乳动物遗体，至今仍然留存在夏洛特皇岛、老乌鸦洞和竹荚鱼洞。在巴芬岛的开普多塞特郡出土的多赛特文化，是因纽特人的祖先留下的宝贵遗产。

4500年前，因纽特人随着第二轮迁徙浪潮从西伯利亚到达加拿大，留在了这片盛满美味海鲜的晚餐的土地上。然而，阿拉斯加北部猎鲸的图勒人组成的爱斯基摩村落，开始向东往加拿大的北极地区挺进。他们超越了多赛特文化，赋予这片土地古老而绵长的气息：温和的太平洋沿岸分布着海达、努特卡和其他部落独立居住的村庄。温尼伯湖至落基山麓的大片草原，养育着以捕猎为生的苏族和印第安族。现今的安大略南部和圣劳伦斯河沿岸地区是易洛魁语人的家乡。在寒冷的北方针叶森林带，生活着挑战北极、使用陷阱猎杀驯鹿、驼鹿和野兔等动物的因努人。他们造出了雪松木板屋和独木舟，雕刻了精细的图腾柱。而这些会“说话”的图腾柱，从此便成为一段段过往历史的讲述者。海岸印第安人相信，每个家族都与某种动物有着亲属或其他特殊关系，该动物便成为该家族的图腾保护者和象征。他们把图腾形象雕刻在杉树原木上，以显

① 周国平．周国平作品集．武汉：长江文艺出版社，2005.

示自身的血统，也作为崇拜和禁忌的对象，构筑一种灵魂对灵魂的崇拜。

印第安人是对除爱斯基摩人之外的所有美洲原住民的总称，而加拿大一词来源于印第安语中的Kanada，意为“村落、小房或棚屋”。印第安人的族群构成相当复杂，图腾也多种多样。“图腾”（Totem）一词，本来源于北美印第安奥吉布瓦人的方言，意思是“他的亲族”。这些传奇的图腾立柱是当地印第安人世代相传的家谱。图腾崇拜的核心是认为某种动物、植物或其他生物和自己的氏族有血缘关系，是本氏族的始祖和亲人，从而将其尊奉为本氏族的标志、象征和保护神。图腾立柱的顶端，通常冠以一只居高临下的渡鸦或鹰。从顶端往下，一个印第安人能够从中找出立柱主人祖先的生平和他们的功绩。由于海达、济姆希安和克瓦久特尔部落十分看重社会地位，他们的部落首领就用雕、狼、鹰、灰熊和逆戟鲸的立柱来显示他们的家谱以及同印第安神话的种种联系。这些竖立在印第安部落里的图腾，既是印第安部落的守护神，也是他们的精神寄托。

这种精神随着在冰凌上呼啸的寒风颠簸前行，演绎着这片土地厚重悠远的沧桑。当纽芬兰的安斯奥克斯草甸迎来了第一批到达加拿大海岸的欧洲人，建起了修理船舶和储备物资的冬季定居点和车站时，当地部落的土著民族不免心生警惕，冷眼旁观。这批欧洲人最终厌倦了战争，打道回府。此后的三四百年间，欧洲来访者寥寥无几。直到15世纪末期，法国和英国的远征探险才打开了通往北美大陆的门户。法国国王弗朗索瓦一世从栅栏上望过去，捋着胡须看着他的英国邻居，指挥法国探险家塞缪尔在皇家港建立了最早的定居点，建立了新法兰西首府魁北克城。此外，以葛尔伯特为首的英国人借助女王伊丽莎白一世的王室特权，宣布圣约翰的纽芬兰为第一个大不列颠北美殖民地。在短期内，数以百计的船只穿梭于欧洲和肥沃的加拿大新渔场。当时在欧洲备受欢迎的商品鳕鱼，源源不断地进入欧洲市场，而拉布拉多红海湾的港口在16世纪已成为最大的捕鲸港口。萨格奈的传说此时风靡欧洲，白皮肤、金发碧眼的维京人，拥有丰富的毛皮和金属的兰塞奥兹牧草地吸引了一批又一批的欧洲人。位于加拿大纽芬兰与拉布拉多省纽芬兰岛最北端的梅多斯湾国家历史公园仍然在讲述着他们的故事。人们期待在这块满是黄金和白银的土地上发掘财富，找到灵魂的归宿。

然而，神话般的财富仍然遥不可及。后来的拓荒者踏上了前往育空河的采金之旅。奇尔库特小道国家历史遗址至今仍然在凛冽的寒风中保护着通往育空地区的历史门户。它曾是特里吉特原居住地的商人和克朗代克淘金者历尽艰辛踩出的一条小道。在欧洲和北美商人到来之前，沿海的特里吉特印第安人往返于奇尔库特小道，维持与内陆的贸易和物质交换。19 世纪后半叶，随着哈德逊海湾公司和美国商人对特里吉特贸易体系的全面施压，特里吉特的奇尔库特部落对该路线的控制遭到削弱。印第安人开始允许淘金者和探险队有限制地使用奇尔库特路线。正是 1896—1899 年的克朗代克淘金热带来了奇尔库特小道的传说。虽然蜂拥而至的淘金者前往金矿的路线不计其数，但是奇尔库特小道却是到达克朗代克最短、最廉价的路线。奇尔库特路线以通往克朗代克的穷人之路而闻名。它迫使人们依靠自己的力量在这条小道上运送货物。克朗代克发现金矿的消息使奇尔库特小道零零散散的行人变成浪潮汹涌的人流。熙熙攘攘的人潮从沿海的代尔延伸至林德曼和纳特特的帐篷式城市，穿过阴雨绵绵的夏日和暴风雪肆虐的冬季，不间断地挤过奇尔库特隘口。这支队伍拉着大量的食物、设备和其他商品，缓慢而踌躇地向前移动。汹涌的人潮砍掉了小道两边有限的森林，用来建房、造船和生火，逐渐使这条小道遍地泥泞。

长途跋涉、行走在奇尔库特小道的男人、妇女和儿童是北美社会的一个缩影。奇尔库特地区 6 月至 9 月凉爽而湿润，强风一年四季吹过山谷。水路在一年之内约有 5 个月的无冰期，但海拔较高的地区任何季节都可能下雪。奇尔库特是加拿大日照率最低的地区之一，因为夏季的大多数时间被大雾笼罩。奇尔库特小道所在区域的特征是既壮观又崎岖，时有高山从潮水中拔地而起。该地区也有多种多样恶劣的微气候。从代尔、阿拉斯加到班纳特湖、不列颠哥伦比亚，奇尔库特小道跨越了 3 个特征迥异的生态区：美国境内的太平洋西北海岸雨林、加拿大境内较高地段的高山苔原或高山草原带、环林德曼和班纳特湖的海拔较低的亚高山和北方森林带。人们满怀移居和致富的梦想来到这里，他们看上去面容憔悴、筋疲力尽，但仍然坚毅地烧开永久的冻土层，寻觅几百万年的地质运动在其中储存的“漂沙”金粒。他们在一处遥远的原木小屋里做荞麦饼，自己把鞋底缝到地道的矿工靴子上。几乎每一位淘金者都带着成吨的给养进入育空地区。这里的气候干燥，因此淘金热中具有永久性纪念意义的物品都被保留了下来。易拉罐、雪撬、废船、瓶子、皮靴和火炉等许许多多的杂物在奇尔库特小道沿途俯拾即是。旧时矿井边的空地上，还有当时遗留下来的水桶和生锈的铁罐。林德曼的帐篷遗址、班纳特基督教长老会的墓地和骨架至今还矗立在奇尔库特小道，永久地守护着土地与灵魂的记忆。

拓荒者的定居和发展是一个引人入胜的故事。他们的历史交织在一起形成了加拿大现今的社会结构和独特的文化传统价值。开拓加拿大边界的殖民地家庭为这片土地贡献了更多的遗传物质。翻开魁北克市夏洛瓦沙格奈河地区居住者的家谱，人们发现居住在扩张边界的家庭比居住在拓居地中心的家庭多20%的孩子。换言之，他们为这个地区的现有人口贡献了多达四倍的基因。扩张新领土给那些占领欲强烈的人提供了进化的优势。自1608年创立以来，魁北克地区经历了数次扩张浪潮。当这些北美的移民发现他们自己处在文明边缘的时候，生命的适应性必然会经历一些重大的变化。这种变化犹如灌木和树木缓慢地生长（儿童长到成年期要经历10年以上的时间），并且是资源的高效消费者。处在扩张群体中的松树，成熟的时间较短，长得较小，种子更分散。而富有侵略性的千屈菜植物比珍珠菜长得更快，繁殖得更早。人类的殖民地行为，与松树和野草的生长行为近乎一致，同样受“物竞天择、适者生存”的自然法则支配。这种纯净而朴素的泥土精神使早期的殖民者获得了足够的营养和能量，繁衍出当代加拿大公民的生存力和竞争力。

每个普通人灵魂的结晶都是一段美丽的传说。在加拿大西部门户温哥华市区的瓦特大道与卡罗尔大道的交叉路口，耸立着一尊“喋喋不休的杰克”的雕像。在盖士镇最热闹的枫叶广场，这位曾经的船长脚踩橡木酒桶，头戴一顶西部牛仔帽，身穿长夹克，面目苍桑却风度翩翩。

这是一片被称为盖士镇的地方，它曾经是掩映在茂密的枫树林中的土著人渔村，也是温哥华淘金的发源地。19世纪中期，温哥华的第一个定居者，英国水手杰克·戴顿（Jack Deighton）来到此地，盖了一个木造的沙龙酒吧，供四面八方来的拓荒者休息，这就是温哥华的第一家饭店。杰克·戴顿喜欢在他的酒吧里不停地与顾客聊天，经常讲他绝地冒险的故事，如从悉尼码头虎口脱险的惊魂一刻、美国西部公路上的牛仔、墨西哥土匪以及偶遇大灰熊等令人魂飞魄散的经历，于是，当地人便戏称他为“喋喋不休的杰克”。当年，黄金的诱惑吸引杰克·戴顿历尽艰辛来到这里，却发现找到“金矿”的希望渺茫。杰克·戴顿在给朋友的信中写道：“当我第一次到达这个荒凉之地的时候，我被印第安人包围了。天黑以后我不会朝门外看。一公里外，我的一个朋友被印第安人抓住，吊死在树上，头被砍成两半。”但定居的举动最终让他成为这一地区真正的“奠基人”。他看到了枫林蕴藏的潜力以及如何发展和建设它的未来。他常把老矿工威廉·麦凯的话挂在嘴边：“你和我可能永远看不到它成为最美丽的港口，但总有一天，它会成为一个港口。”杰克在枫树林边买地造房，建起了戴顿酒店，开辟了枫树广场。在搬入戴顿酒店以后，40岁的杰克失去了妻子。但是，妻子在去世之前，安排他同比他小12岁的侄女马德琳在一起。在盖士镇定居期间，杰克经历过抢劫、打架和刺伤，也见证了民族的融合和小镇的繁荣。他在加拿大的西部荒野渐渐老去，化作盖士镇的一抹泥土。这片土地真诚地迎接了杰克儿子的降临，也永久地承载着杰克不朽的灵魂。

现在的盖士镇保留了淘金时期的风貌：维多利亚式的建筑，铺着圆石的街道，露天咖啡座，以及古董店、精品店和餐厅。著名的蒸气钟（Steam Clock）利用地底的蒸汽带动时钟发条，每15分钟蒸汽会从地底冒出，使钟盖发出呼呼的汽笛响声。杰克·戴顿曾经是这儿的第一任市长，盖士镇就是根据他的名字“喋喋不休的杰克”（Gassy Jack）命名的。人生有迹，岁月无痕。尽管枫林的树荫遮住了酒店的走廊，但岁月的轮回却将杰克的奋斗史雕刻在人们的心中：在未来的某一天，温哥华将成为太平洋海岸的大商场。历史学家们会找到第一个永久定居的移民的名字，他和许多因此而残疾甚至牺牲了生命和财产的人一样伟大。然而，这个在当地人人皆知的杰克却从未追求过名利，也从未认为自己是英雄。

加拿大荒原上的英雄主义铸造了国家薪火相传的民族精神。作家、诗人、画家都在试图寻找最恰当的形式，再现这块冰雪覆盖的土地上的灵魂。加拿大文学女王玛格丽特·阿特伍德虽然没有达到常人难以望其项背的程度，但是天赋和际遇造就了她非同寻常的灵魂。玛格丽特的父亲是一位昆虫学家，长年受政府雇佣运营着一个森林昆虫研究站。为了这项工作，玛格丽特全家每年有大半的时间不得不呆在安大略和魁北克北部的荒野中。就这样，加拿大北部荒凉的原野永久进驻了玛格丽特的心灵，放纵的丛林生活在她的笔下诗意化地流淌。她的小说《浮现》就是一个很好的例子。《浮现》的女主人公是一位匿名的年轻女画家，她和情人及两位朋友回到童年生活过的魁北克，试图调查父亲的神秘失踪。然而，乡村生活勾起了女画家童年的记忆，独自面对旷野和大自然时敌意全无。野性四伏的荒野随着时代的转变一派恬静，也使她开始重新解读加拿大的民族传统和民族精神。加拿大科幻小说教父罗伯特·索耶同样具有一点旧有灵魂的精气神。基于对加拿大广袤荒野的爱，他的科幻小说的写作处方是将人类的内心世界和宏大的宇宙联系在一起。

《贝尔维尔以北的乡野》是公认的加拿大诗歌史上最伟大的诗篇之一，在加拿大安大略地区几乎人皆传诵。诗人阿尔·珀迪通过追索那些隐没在乡野的古老灵魂和原始秩序，让人们获取了心灵与这片土地的交汇与默契：

可这是失败的乡野
那里西西弗斯滚着一块巨大的石头
年复一年滚上古老的山峦
野餐的冰川留下散落的
世纪的碎砾

诗人在此将西西弗斯的激情和他所经受的磨难与在北美的这块荒原上建立家园的伟大工程形象地联系在一起。诸神处罚西西弗斯不停地把一块巨石推上山顶，而石头由于自身的重量又滚下山去。诗歌向人们展示了这样一幅画面：一个紧张的身体千百次地重复一个动作，搬动巨石，滚动它并把它推至山顶；一张痛苦扭曲的脸，面颊紧贴在巨石的上面；落满泥土、抖动的肩膀；沾满泥土的双脚；完全僵直的胳膊以及一双满是泥土的大手。世界上再也没有比进行这种无效无望的劳动更为严厉的惩罚了。西西弗斯以自己的整个身心致力于一项收效甚微的事业，而这是对大地的无限热爱必须付出的代价。

阳光下的日子
当认识缓缓地渗透到中间
没有宏大或自欺
在作为一个傻瓜的
高贵的挣扎中——
一个乡野的静止和寂静的距离
一块贫瘠的土地
不肥沃
几寸黑土

诗中的土地在余韵连绵的荒原上裸露着加拿大人的情怀，告诉人们庄严的神灵与颂祷从未离开过信仰它的人们。诗歌书写着加拿大人的淡定和朴实，他们在冰天雪地里跋涉，把串串脚印、仆仆风尘留给岁月的苍茫和人世的沧桑。

人类20世纪初的“荒原”也曾出现在诗人T. S. 艾略特的笔下。但在那片“荒原”上，历史成为支离破碎的堆砌，现实演绎着荒凉干枯的沙漠。“荒原”上土地龟裂，石块发红，树木枯萎，“荒原人”精神恍惚，死气沉沉，他们处于外部世界荒芜、内心世界空虚的荒废境地。观星占卜取代了神灵启示，象棋游戏代替了严肃的生活。T. S. 艾略特利用神话建立人类不分时空的宇宙意识，随意地对现代荒原上的人物和情景作各种比较和对照，通过迂回曲折的隐喻，不仅影射了西方现代文明的堕落和精神生活的枯竭，而且揭示出一种病态心理的精神荒原。与之相比，加拿大人创造的荒原精神价值无疑是人类社会进步的弥足珍贵的财富。

“七人画派”是第一个加拿大人主动发掘加拿大原始美的艺术团体。他们的作品和精神鼓励了后来者，激起了加拿大人对自己广袤土地的兴趣和热爱，是加拿大作为一个独立国家成长所需精神力量的重要组成部分。古希腊诗人索福克勒斯在《安提戈涅》中谏言，“最罕见的奇迹创造者”必须面对“灰暗的大海、伴随冬日的寒风”。七人画派中的亚历山大·扬·杰克逊的画作《荒野之地》真正表现了加拿大北部粗糙荒芜的土地，杰克逊的创作将这种未经梳理的、原始的大自然用艺术的语言表达出来。他的画幅视野开阔、慑人心魄，阴沉凝重的画面给人一种压迫感。杰克逊有效地调动光线，运用金黄色云团映照大地荒野的灵动，不仅再现了独具特色的加拿大自然风光，更象征着在这片土地上饱受压抑的生命的绽放。阿瑟·利斯麦尔的油画《暴风雨的天空》则用狂放的笔触和强烈的色彩对比，表现出加拿大原野上暴风雨来临前的恐怖情景：漫天的乌云从天际挤压过来，仿佛要吞噬整个大地。荒芜的岩石和沼泽沉默地迎接着暴风雨的鞭笞，只有拓荒者的灵魂在云海翻腾的天空中挣扎和摇晃，既宣泄着孤独，也带着激烈抗争的情绪和一种生命力的坚韧顽强。暴风雨“骇浪惊涛”的镜面，映照出旷野幽暗遮蔽的人性，贪欲催促开拓者榨取一切，一如农人榨取大地，宁静恬美的隔绝世界因此而碎裂、巨变，依榨取者意志重新拼贴加拿大的版图。“七人画派”在群星灿烂的世界美术史上可能算不上最耀眼的一组，但他们却摆脱了欧洲守旧的学院派风格，从绘画的角度让世界认识了真正的加拿大和编织着新生活的加拿大人。

正如尼采在18世纪80年代所预言的：“我们曾经被最神秘的客人拜访过。”这里的“客人”即他所谓的“虚无主义”。在虚无主义的境况下，较高的价值会自行贬值。我们可能宁愿把这里的“客人”称为后现代式的反讽，善意地看待它，尽管它意味着艺术不能像过去一样被严肃地对待，或者使之承载尽可能多的精神重量。但《沃尔夫将军之死》这幅油画却运用古典主义的构图方法和写实的手法，再现了英国司令官詹姆士·沃尔夫在征战加拿大的殖民战争中“就义”的场面。画面上出现了许多军官，围在仰卧着的沃尔夫两侧，

几个军人扶着沃尔夫中弹的身体，他的枪支与军帽已被抛掷在地上。在他后面，有人拿着卷拢的英国米字旗，用这种构图来衬托沃尔夫就义的壮烈。远处弥漫着战火的硝烟，地平线上只有一片红光和团团的乌云。在左边一簇军人的前面，有一个作探子的美洲印第安人。场面显得具有美洲特色，成为一幅不朽的历史画卷。

詹姆斯·沃尔夫（1727—1759 年）非凡的胜利和勇敢的行为在加拿大被广为流传，他原是英国海军陆战队的军官，在殖民地战争中屡建军功，于 1759 年升任远征魁北克的司令官。这场攻打魁北克的战争，遭到敌方的顽强抵抗。为了攻占魁北克，他让他的部队在半夜沿河而下，然后悄悄攀爬悬崖，在天破晓时抵达亚伯拉罕平原。法国军队在完全没有防备的情况下遭到攻击。在这场仅仅持续了 15 分钟的战斗中，沃尔夫三次负伤，但他不下火线，继续指挥战斗，直到城池被攻克，才奄奄死去，将自己的鲜血挥洒在魁北克硝烟弥漫的战场。英军在魁北克的胜利，连同两个月后在比斯开湾的基不伦湾的海战，是英国能在北美洲取得最终胜利的转折点。在那次海战中，法国舰队被彻底击败。沃尔夫帮助英国赢得了在加拿大本土对法国战争中最重大的一次战役。魁北克的胜利最终奠定了大英帝国在加拿大的基础。沃尔夫不朽的名声激励着一代又一代的英雄。英国历史上的杰出名将纳尔逊就曾激动地表示：“我希望我也在下一场战争中死去。”他的确那样做了，1805 年在特拉法加战役中阵亡。

早些年前，作为准备攻击巴斯蒂亚的科西嘉港口远征队伍的一支部队，当时的指挥官纳尔逊曾犹豫地自言自语：“不朽的沃尔夫会怎么做呢?”然后他回答了自己：“像他一样，击败敌人，即使在战争中死亡。”时间也许可以使纳尔逊的名字像沃尔夫的名字一样产生众多的共鸣。实际上，沃尔夫将军和英雄的死亡艺术是加拿大这块土地创造的奇迹。英法在加拿大的战争历史全面展现出人类最本质、最极端的秉性，而沃尔夫作为战争的参与者也经历了人生命运的求索和精神世界的涤荡。占领这片土地的血腥与残酷同样撕裂着胜利者血脉深处的灵魂。他们或许是魁北克地区的法裔加拿大人往往更愿意选择遗忘的历史人物。

加拿大的每一寸土地都由一个灵魂守护，他们为这个多元文化的马赛克国度作出了无法估量的贡献。土著民族在这片土地上创造了光辉灿烂的农业文明，他们培植的玉米和土豆仍然是现代人餐桌上的主食。法兰西民族很早就在魁北克实现了农业现代化，他们一直为遥远的美国提供水力和风力发电。不列颠人将他们先进的政治制度和意识形态带入加拿大，使“马赛克”的色彩有别于美国的国家"大熔炉"。苏格兰人、爱尔兰人、日耳曼人、乌克兰人、意大利人、波兰人、犹太人、华人……当一批又一批的移民在这块"垂直的马赛克"上持续不断地书写壮丽篇章之时，加拿大悄然间华丽地转身，向世人袒露出枫叶与马赛克背后的灵魂。

第二节　陆地与海洋在冰雪中亲吻

19 世纪末捷克作曲家德沃夏克创作了其最著名的九部交响乐，其中以美洲黑人音乐和印第安民乐为素材的名曲《自新大陆》，是作曲家以欧洲人的眼光打量"新大陆"之后所产生的总印象。该交响曲表现了丰富、强烈、新奇的内容，洋溢着浓郁的异国情调。"新大陆"是欧洲人在 15 世纪末发现美洲大陆及邻近群岛后对这片新土地的称呼，包括北美和南美，但在殖民历史上特指北美大陆，主要包括加拿大和美国。

如果说南美的总体印象是热带雨林和一望无际的热带沙漠，那么北美应该是高山林立、平原辽阔、水草丰美、湖泊众多的丰腴之地。位于北美北边的加拿大国土占据北美洲的一半，面积达 9984670 平方公里，占全球面积的 6.7%，其水域面积达 890632 平方公里，占全国总面积的 8.92%，是世界上仅次于俄罗斯的第二大国家。它横跨大西洋和太平洋，北部面向北冰洋。具体来说，加拿大横跨西经 52°—141°，处于北纬 41°—83°，与横跨欧亚大陆的世界面积第一大国俄罗斯隔洋相望。俄罗斯处于北纬 54°—70°，基本属于一个纬度。加拿大与美国的阿拉斯加地区为邻，阿拉斯加主体纬度在北纬 60°—70°，经度大致为西经 140°—170°。在南边，加拿大与美国共享长达 8891 公里的国界线。在北边，北极群岛深入北极 800 公里，越过北冰洋，加拿大的邻国是俄罗斯。加拿大和俄罗斯所处的纬度差不多，但俄罗斯的西伯利亚地区比加拿大地势高，而且大陆面积广，比相同地区大部分是海洋的加拿大散热快，所以俄罗斯北部更冷，但还有人居住，而加拿大北部人烟稀少。① 正因为加拿大所处的特殊地理位置，它以陆地与海洋在冰雪中亲吻的浪漫形象展现在自然界中，以开阔、壮美的自然风光让无数英雄叹为观止。

加拿大因为其土地广阔，很难以一个准确的词语概括其地貌特征。通常来说，加拿大被划分为七个地区，每个地区都有不同的风光和气候，因此也造就了加拿大人不同的气质。七个地区从北向南、自西向东分别是：北极地区、太

① 吴斐．加拿大社会与文化．武汉：武汉大学出版社，2011：24-37.

平洋海岸、科第勒安山脉、大草原地区、加拿大地盾、五大湖—圣劳伦斯低地区和大西洋省区—阿巴拉契亚地区。

地理意义上的北极圈内的地方一定是严冬漫长、冰天雪地，没有温度的阳光与洁白的冰雪格外耀眼。加拿大的北极地区确实有着这样的自然风光，虽说也是一片广阔的冻土，常年冰雪不化，但不再是难以接近的边缘地区。位于麦肯齐三角洲的因纽维克，可以经由公路直接到达，每个社区都有航空服务。大多数社区有发电厂、商场和公共医疗卫生服务。每年北极地区都会吸引成批的冒险者来此挑战自然。人们在夏季可以看到美轮美奂的“极昼”风光，享受凉爽而略带寒意的舒适，没有白天和昼夜的区分，可以 24 小时尽情狂欢，而在冬天，则会被漆黑的“极夜”带来的安详所感动。

加拿大大陆北面有许多错综复杂的海峡和长而宽大的海湾，被分割成迷宫似的小岛。其中最著名的小岛连接成传说中的西北走廊，许多早期探险者曾试图由此到达东方。他们的梦想是否实现不再重要，促使他们梦想产生的这片神奇的土地曾经让这些探险家在此产生过强烈的挑战自然的欲望。北极地区的自然条件相比其他地方更为恶劣，不太适宜人类居住，但并不是说这里杳无人烟。西北部育空地区的内陆森林里仍然居住着阿萨巴斯卡族人，以皮毛贸易和小规模的渔业为主。他们在极端的气候条件下形成了坚强勇敢的民族气质，与大自然和谐共处，保持着独特的土著文化。

太平洋海岸地区顾名思义涵盖离太平洋最近的地区，包括部分育空地区、不列颠哥伦比亚海岸、温哥华岛、从不列颠哥伦比亚到艾伯塔边界东部的陆地和落基山脉。不列颠哥伦比亚海岸沐浴着太平洋暖湿气流，深峡海湾构成锯齿状的海岸，温哥华岛屏蔽了太平洋风暴的侵袭，这里有着加拿大最温和的气候，适合人居住。温哥华岛西海岸的大降雨量使其形成温带雨林气候。虽然这里不存在热带雨林多样性物种，但岛的西海岸却有着加拿大最古老和最高的树：西部铅笔柏树龄长达 1300 年，花旗松高达 90 米。太平洋沿岸的不列颠哥伦比亚省主要居民是英国人的后裔。19 世纪中期后，华人来到此地为北美铁路建设作出了极大的贡献并定居下来。土著人相对较少，所以这里的移民文化氛围浓厚。相对于其他地区，亚洲人在此定居人数比较多，形成了没有民族认同感的加拿大人。

科第勒安山脉包括从不列颠哥伦比亚到艾伯塔边界东部的陆地是原始初期的崎岖山脉和高原、落基山脉和不列颠哥伦比亚内陆。这一地区地形各不相同，从高山雪域到类似沙漠地貌的深山峡谷随处可见。例如：山脉背风处发生雨影现象，迫使奥卡纳根山谷的农民引水灌溉他们的果园和葡萄园。位于不列颠哥伦比亚南部的加里波第省立公园和北部爱迪扎山，可以看到近代火山活动的迹象。落基山脉、海岸山脉和其他山脉，由北向南延伸，成为横跨大陆的铁路和高速公路修建者们主要的工程问题。然而，加拿大最高的山峰不在落基山脉，而在圣艾利亚斯山脉——由科第勒安山脉向北延伸至育空和阿拉斯加地区。加拿大的最高点——洛根山（5959 公尺），位于育空地区西南角的巨大冰带中，构成北极圈南部最大的冰帽。高空鸟瞰，洁白的雪镶嵌在碧蓝的大海之上，让人难以忘怀。这一地区大山雄伟，被冰雪覆盖的群山孕育出的民族也是不同一般，零散居住于这一地区的居民相对来说人口稀少，在艰难的环境中形成了勇敢、爱冒险的特性。

走进大草原地区，也就是进入了加拿大的粮仓，碧空如洗，沃野千里，平坦的土地散发着麦子的香味。艾伯塔、萨斯喀彻温和曼尼托巴的平原是世界上最富饶的产粮区，保证了加拿大粮食的出口。艾伯塔省除了西南部的一部分被山脉和山麓小丘所覆盖外，90% 属于大平原。萨斯喀彻温省 1/2 是森林、1/3 是耕地，1/8 被水覆盖。曼尼托巴省据说是加拿大阳光最充足的地区，省内有众多湖泊，北部有冰川地貌。然而，即使这儿也常给人惊喜。从布鲁克斯和艾伯塔向北延伸，就会进入红鹿河谷。那里地貌类似沙漠，水和风将沙石雕塑成奇形怪状，人们称之为“石林”。侵蚀的力量使得世界上最大的恐龙化石群袒露无遗。艾伯塔省的农业经济发达闻名于世，占加拿大农业产量的 25%，还有大量未开垦土地用于牲畜饲养。不仅如此，此地区还是加拿大国家能源最为丰富的省份，原油和天然气储量占到全国的 65% 和 80%。正因为地肥物美，这一地区的人是加拿大生活得最为惬意的人群。他们讲求自然，为人平和、宽容，讲究平等和实干，绝大部分人是使用英语的英国后裔，聚集在城市里。萨斯喀彻温省是加拿大唯一的一个人口非英裔或法裔的省份，是一个多民族居住的地区，除了欧洲移民的后代外，还有印第安人。曼尼托巴省的人群以法语为主，还拥有乌克兰之外的乌克兰文化中心，以及土著人。大草原地区的人虽然富有开拓和创新精神，但仍然不缺乏艺术的修养。艺术和文化活动在艾伯塔省的卡尔加里市成为重要的文化特征。艾伯塔省的省会埃德蒙顿市享有“加拿大节日之城”的美誉，各种各样的国际戏剧节和艺术节在这里举办。

加拿大地盾地区为哈得孙湾的巨大内陆海延伸至加拿大的中心地带，在海湾周围有一个岩石地貌区，地盾被认为是北美大陆的中心地区。这一加拿大最大的地理特征区，东至拉布拉多，南至安大略湖畔的金斯顿，西北远至北冰洋。这一地区的片麻岩和花岗岩有35亿年的历史，相当于地球年龄的3/4。由于受冰川进退的侵蚀，地盾只剩下一层薄薄的土壤，所以这一地区多石头和冻土，仅有的土地也十分贫瘠，生长着云杉、冷杉、落叶松和松树等北方林木，但蕴藏着丰富的矿产资源，包括金、银、锌、铜和铀。由于特殊地貌，居住人口非常稀少，有因纽特人居住。

五大湖—圣劳伦斯低地区包括南魁北克和安大略省南部。该地区最大的地理特征是湖泊，五大湖区中的四大淡水湖都位于此地区。众多淡水湖泊为该地区的工业发展提供了充足的水资源，因此加拿大的工业腹地也在此，包括加拿大两个最大的城市多伦多和蒙特利尔。50%的加拿大人住在这一狭小的地区，生产加拿大70%的产品。这里气候温和，土地肥沃，占到加拿大农耕地面积的一半。加拿大首屈一指的农业产地尼亚加拉半岛也在该地区。广阔的伊利湖和安大略湖在此形成漫长的无霜期，因此能够种植葡萄、桃子、梨子和其他水果。

五大湖区和圣劳伦斯低地区是糖槭生长的地区。秋天，糖槭树叶——加拿大的国家标志，变成闪亮的红色、橙色和金色。北美洲土著居民在春天收集糖槭树叶，脱水后制成枫蜜和食糖，成为必备的精美烹饪调料。安大略省是一个英国移民聚居区，也是加拿大移民首选之地，60%的加拿大移民定居于此。多伦多市享有世界上最富有多元文化的城市之一的光荣称号，境内有100多种语言，一半居民都是移民的后裔。英语是该省的官方语言。多伦多人体现着加拿大的文化和语言群体特征，形成了加拿大文化马赛克的现象，不同种族可以保持其独特性。魁北克省内的圣劳伦斯河将五大湖区和大西洋连接在一起。圣劳伦斯河低地湖泊星罗遍布，覆盖着大面积的森林。80%的魁北克人口居住在这一地区，蒙特利尔是魁北克的省会。该地区81%的人讲法语，是法国殖民者的后裔，而8%的人是英国移民的后裔，所以魁北克省实行的是“双语制”。蒙特利尔是一个高度工业化的城市，人口多样化，是现代意义上的国际化大都市。虽然其移民文化多元性的特点随处可见，但同时还保留着优美典雅的法兰西文化。

大西洋省区是古老的阿巴拉契亚山脉的延伸部分，该地区地貌多样化，大部分地区都是低矮崎岖的丘陵、高原和犬牙交错的深度海岸线。这一地区还包括肥沃的河谷——新不伦瑞克的圣·约翰河谷、新斯科舍的安纳波利斯河谷，以及绵延起伏、拥有肥沃红土的圣·劳伦斯海湾的爱德华王子岛。这个富饶的岛屿是加拿大最小的省，仅占加拿大陆地面积的1%。这一地区包括新不伦瑞克、新斯科舍、爱德华王子岛和纽芬兰，是欧洲移民的首批定居地。纽芬兰的大浅滩一直被称做“麦田”。浅滩大陆架自东海岸延伸400公里，海洋气流的混合使这里成为世界上最富有的渔业基地之一。浅滩曾一度被认为有着取之不尽、用之不竭的鱼类储备。

虽然加拿大的六大地区的地理风貌有明显的不同，但在大西洋、太平洋和北冰洋三大海洋的环抱中显现出共同的特点，那就是闪耀着圣洁光芒的冰雪之地。即使在气候相对温暖的南部地带，冬季也是寒光闪闪，寒意难耐。与同纬度的俄罗斯相比，加拿大的山川、河流更具有几分灵动和妩媚。这种独特的地貌养育了加拿大人不同凡响的民族气质。

无论是加拿大的土著人还是移民，都和这个国家的自然风光一样，呈现出多样性和丰富性。由于气候寒冷的缘故，加拿大人没有美国人那样热情奔放，也不会像英国人和法国人那样唯自己的民族文化独尊而趋于保守，他们在冰雪上与狼共舞，在陆地上与海洋亲吻。不同文化的民族在加拿大可以长期保持自己的民族特色，不同种族在相异的自然环境中彼此能很好地融合，接受并尊重各自的文化传统，以自由、平等、温和、宽容和坚韧的整体国民形象在世界舞台上展现自己独特的风采。

第三节　民主政治的基础和空间

土地广袤的加拿大，似乎是上帝搁置在地球边缘的一颗闪亮、硕大的明珠，以其灿烂的民族特色点亮了这块冰雪大陆。世界地理版图位居第二的加拿大与邻居美国一样，是一个建立在殖民地历史之上的国家，所以，国家的各项制度明显带着欧洲殖民者的深深烙印，尤其与英国有着密切的历史渊源，其实行的政治制度明显带有英国的血脉，但略显陈旧的血管里流淌着具有自己民族特征的鲜红血液，凸显出加拿大民主国家的个性和特质。

加拿大的民主程度在全世界位居第二，仅次于美国，这与北美殖民历史有关。300多年的漫长殖民历史使得这块土地免受封建专制的独裁统治，但更迭交替的殖民统治让加拿大频繁陷于“水深火热”的泥潭。一部“殖民”和“反殖民”的历史，使得加拿大人更加珍惜来之不易的“民主”。以民主为基石，加拿大迈开了现代化的发展步伐，以昂首阔步的姿态活跃在世界大舞台上，也因为民主，社会拓宽了发展空间。本节以加拿大民主的建立、发展过程为脉络，从殖民历史的角度阐述加拿大民主化进程。

15 世纪末，哥伦布发现了“新大陆”。从此，新大陆成为欧洲殖民者与美洲本土居民争夺的目标。这片宁静的土地变得喧嚣起来，铁骑下的风尘让新大陆蒙上了挥之不去的阴霾。然而，居住在新大陆的土著人以其强大而坚韧的生命力与从欧洲大陆迁徙而来的殖民统治者进行了坚持不懈的英勇抗争。

欧洲列强包括英国、法国、西班牙以及俄国。这些中世纪之后的欧洲人从神权中得到解放，人的欲望也开始无休止地膨胀。他们先后对新大陆进行疯狂瓜分和野蛮殖民。一部殖民史就是一部无法忘怀的血泪史。据记载，最早到达加拿大的殖民者是法国探险家布列塔尼海员雅克·卡蒂埃。他在 1534 年至 1543 年曾经三次到加拿大探险，他的探险精神可嘉，但后来上升为对新大陆的抢夺和占有。1541 年，他受法国国王的委托，在加拿大建立殖民地，但受到本土印第安人的强烈反抗，建立殖民地没有成功，却获得了对东部海岸、圣劳伦斯湾和圣劳伦斯河谷地理知识的了解并且有所著述，为后来的殖民者准备了极有价值的文字资料，揭开了加拿大地区神秘的面纱。16 世纪中后期，欧洲商人开始与北美大陆的土著印第安人在魁北克进行毛皮贸易，17 世纪初法国殖民者的魔爪伸向了魁北克地区，并在魁北克城建立了商栈。1612 年法国商人尚普兰经法国国王授权，成为新法兰西的总督。1618 年，他向国王提交向加拿大殖民的计划，企图以魁北克为中心，建立殖民地新法兰西。从此，法国商人和殖民者占领了圣劳伦斯河流域，对其他地区也进行了不同程度的探险和开发。这片富饶的新大陆沦为法国的殖民地。

1668 年 6 月 5 日，得到英国国王查理二世支持和皇室资助的英国人格罗塞椰尔和拉迪松的两艘探险船从英国的泰晤士河启航，9 月 29 日到达詹姆斯湾的南部。1669 年，另一艘船到达哈得逊湾，不仅在此进行毛皮贸易，而且获得了哈德逊湾水域沿岸的殖民权，英国人称此广大地区为鲁伯特地区，这一地区成为英国的殖民地。

18 世纪初，英国和法国展开了对北美殖民地的争夺，结果法国对北美的殖民地做出了让步，新法兰西的地域缩小了很多。殖民地政治制度沿袭法国本土的全部制度，实行以总督为首的绝对君主制，宗教信仰推行天主教。18 世纪中期，英法发生战争，被称为“七年战争”，英国以其强大的殖民势力获得胜利，最终夺取了新法兰西，法国的殖民地归属于英国，新法兰西进入英殖民时期。英国取代法国，开始推行一系列的殖民统治政策，在殖民地建立英国式议会和司法制度。

18 世纪中期第一次工业革命在英国发生，英国的生产力得到了极大的发展。英国以其强大的经济和军事力量，在本土外的地方侵占大量殖民地，攫取更多的原材料，占有广阔的商品销售市场，同时在殖民地国家推行本国的文化。英国在北美的殖民地势力之强大、范围之广达到空前的程度。英国在北美大陆的东北部占有 13 个殖民地，从法国手里抢夺到新法兰西，版图急剧扩大，强权势力无处不在。18 世纪末期，英国的殖民势力在北美大陆受到重创。1776 年，美国经过独立战争获得独立，这对于长期驻扎在北美的殖民势力是当头一棒。

美利坚合众国的建立在某种程度上激励了加拿大人争取民族独立的意志。但与美国独立战争不同，加拿大并没有选择运用武力来解决殖民问题，也没有出现像美国“乔治·华盛顿”式的领袖人物，将殖民者直接赶走，而是表现出趋于温和、保守的英国人的民族气质，采取了近似英国皇权的政治制度，所以加拿大政治民主化的进程是缓慢的，但民主的基础是坚实的。

1867 年，加拿大脱离殖民地，成为独立的自治领，但还是英联邦国家，相对于 19 世纪中期以前饱受欧洲诸多殖民者的野蛮统治，民主自治弥足珍贵。300 多年的殖民历史没有使得 19 世纪中期蜂拥而来的加拿大移民真正意识到民族国家民主自由的紧迫感和必要性，所以加拿大自治领并没有像美利坚合众国一样，制定一套独一无二的制度，而是承袭英国殖民者政体的特点，直接服从英国的政策。国家主权归英国国会所有，总督代表英帝国在殖民地的最高王权，下设行政委员会和司法委员会。委员会成员由英王指定；殖民地设有经过选举产生的议会，代表殖民地利益，总督有否决立法和解散议会的权力。实际上，因为权力有限，其往往不与议会对立。在这样的政体统治下，加拿大因其广袤的国土和丰富的自然资源，仅仅作为英帝国发展经济所需要的原材料输出国和商品倾销地而存在，没有真正开始独立发展，而且难以形成具有本地特色的政治、经济等体制。从这一层面上来判断，加拿大民主的发展是缓慢而稳妥的，发展空间很大。

加拿大人争取真正的自由和民主权利与其邻国美国不同。美国以战争的形式将殖民者驱逐出境，以杰斐逊等人起草的《独立宣言》为基础，确立了“三权分立”的政体，充分保证国家和人民的平等、自由和民主。相比之下，加拿大的独立经过了漫长的“和平”谈判，采取了“温和主义”的策略。

1867 年 7 月 1 日，加拿大各联邦代表起草的《不列颠北美法案》正式生效，加拿大成为自治领，但还是依照英国政治制度确立了加拿大政治制度，一直沿用到现在。1931 年，英国政府颁布了《威斯敏斯特法》，加拿大取得了与英国的平等权，总督仅仅代表英王，而不代表英国政府。但是，加拿大修改宪法的权力还掌握在英国议会手里，司法权还受英国控制，这说明加拿大还没有真正完全摆脱英国人的殖民统治。虽然没有完全摆脱英国殖民者的束缚，但加拿大人积极寻求独立自主之路，以枫叶国旗和盾徽为例，可以充分说明加拿大人积极参与民主国家的建设。

1965年2月15日，新加拿大国旗的官方启动仪式在渥太华国会山举行，总督乔治斯·范尼尔、总理莱斯特·皮尔逊，内阁成员和成千上万加拿大人出席了典礼。正午时分，带有英国国旗和加拿大皇家卫队标志的加拿大英国商船旗徐徐下降，一面崭新的枫叶国旗冉冉升起。人们唱起国歌《啊，加拿大》，随后唱响皇室颂歌《天佑吾王》。在这个重要的日子，参议院发言人晨里斯·伯尔盖特阁下，指出了国旗的深层象征意义："毫无疑问，国旗是国家统一的象征，它不分种族、语言、信仰或信念，代表全体加拿大公民。"

寻找新加拿大国旗的诚挚决心始于1925年。当时，枢密院的一个委员会开始研究设计国旗的可能图案，然而委员会的工作无果而终。后来到了1946年，一个选举产生的议会委员会被委以相似的使命，征集国旗图案并收到2600多个方案。加拿大议会仍然没有正式开会投票，以从中挑选一个设计图案。1964年年初，莱斯特·皮尔逊总理通知下议院，政府希望采用一个有特色的国旗图案。毕竟，1967年联邦百年庆典在即。结果，参议院和下议院组成一个委员会，再次征集国旗图案。

1964年10月，委员会对各式各样的方案进行了筛选，最终确定三个备选图案：一个是带有鸢尾花形纹章的红色英国商船旗和英国国旗的组合；一个是由三片红色枫树叶并在一起的图案；一个是白色方框内镶嵌一片简单而有特色的红色枫叶的红旗（皮尔逊本人喜欢两条蓝色边界夹带三片红色枫叶的设计）。两位纹章学专家都喜欢三片树叶的设计方案，这在国旗的选择过程中起着决定性的作用：一位是已退休的海军上校和加拿大皇家海军的御用顾问艾伦·贝德尔，另一位是植物学家和历史学家福特斯库·杜古伊德上校。

约翰·马瑟逊先生和乔治·斯坦利博士在加拿大新国旗演进的故事中声名显赫。来自多伦多的议员马瑟逊先生，也许是新国旗最坚定的支持者之一，扮演着关键性的顾问角色。斯坦利博士是金斯敦皇家军事艺术学院的院长，他提请委员会注意这样一个事实：学院指挥的旗帜——红白背景映衬铁腕徽章——十分醒目。斯坦利博士的设计基于对加拿大历史的深刻理解。红白红组合首次出现在维多利亚女王颁布终身成就勋章的仪式上。随后，国王乔治五世1921

年宣布红色和白色两色为加拿大国色。早在三年前，陆军少将尤金·菲赛特爵士曾经建议：加拿大的标志应该是白底映衬一片红枫叶——自1904年以来的加拿大奥运会运动员的服装设计。

委员会最终决定推荐单片树叶的图案，1964年12月15日下议院通过该设计，1964年12月17日参议院投票赞成，英国女王伊丽莎白二世批准，1965年2月15日宣布生效。雅克·圣西尔先生完成枫叶的最后定位，乔治·贝斯特先生提出红色、白色的精确维度，冈特·怀斯奇博士勾勒了精确红颜色的技术说明。加拿大国旗终于诞生，这主要归功于几位杰出的加拿大人：莱斯特·皮尔逊阁下，他主张采用特色鲜明的国旗作为促进国家团结的一种载体；约翰·马瑟逊，他确立了与国旗相配的概念框架，然后努力将各种合适的元素结合起来创造国旗图案；乔治·斯坦利博士，他提供设计过程中的精髓，即红白红相间条纹的中心———片枫叶。

1964年深秋一个周五的下午，总理莱斯特·皮尔逊的一份紧急命令放在肯·多诺万的桌上。多诺万先生时为加拿大政府展览委员会采购部副经理，这一委员会后来并入供应服务部。总理要一面国旗的提案样品，第二天上午送交他在哈林顿湖的新住宅。桌上的三份提案包括单片枫叶设计方案，但仅有画在纸上的设计样品，因此，多诺万先生和他的设计团队必须想方设法完成这项不可能的任务。国旗样品仅在几个小时内就组合起来。周五晚上，绘画艺术家、丝绸印花家吉恩·德斯诺西尔斯和约翰·威廉斯被召集在一起工作。因为找不到针线工，请来肯·多诺万的女儿——年轻的琼·多诺万缝制。

在庆祝国旗诞辰30周年的仪式上，琼·奥马雷回忆了她的经历："我真的没有意识到，1964年我接到父亲电话时就走进了历史。我只是给父亲帮个忙，无意参与历史。老实说，我真的不属于贝特西·罗斯型。缝制国旗不容易。我不是专业裁缝，之前，我只是缝过一些我自己的衣服。我的缝纫机并不能用于这种厚重的材料，但我终于缝制完成一面国旗。那时，这并不是我想要的度过周五晚上的最佳方式。实际上，在整个过程中，我父亲都比我激动——因为是他将这件样品送到皮尔逊先生的家中。尽管当时我并没有意识到我被吩咐做的这件事有多么重要，但我缝制国旗时感觉不错。人们并不是每天都能遇到这种要求。"

"从海洋到海洋"，这句表示加拿大的地理位置——西濒太平洋、东临大西洋的标语，被加拿大民族视为民族箴言。加拿大国徽，英文名称是 Coat of Arms of Canada，这里涉及欧洲古老的盾徽文化。Coat of Arms，字面意思是"武器的外衣"，汉译是盾徽，也译纹章，指一种按照特定规则构成的彩色标志。这个标志中心部分为盾形，其他有盔、翎、斗篷等。

据说，盾徽最初的起源是罗马人穿在铠甲外、遮匿武器的战袍，带着起标志作用的徽章。逐渐地，在欧洲战场上，这种徽章用于识别因披挂盔甲而无法辩认的首领——贵族。战争中的贵族都被认为是骑士，其实骑士不过是欧洲封建制度中最末一级贵族。这也是盾徽被视为贵族专利的由来。加拿大国徽于1921年制定，图案中间为盾形，盾面下部为一枝三片枫叶；上部的四组图案分别为：三头金色的狮子，一头直立的红狮，一把竖琴和三朵百合花，盾徽之上有一头狮子举着一片红枫叶，狮子之上为一顶金色的王冠，盾形左侧的狮子举着一面联合王国的国旗，右侧的独角兽举着一面原法国的百合花旗。

随着现代国家概念的出现，欧洲各王室的家族盾徽演变成国徽。一些新兴国家，特别是欧洲以外的国家设计的各种国徽，已经完全没有盾徽文化的影子，但以简洁抽象图案进行象征的手法已经普及。现代商标设计中的一些思路，仍有这种传统的影响。

加拿大盾徽的左边是维多利亚女王陛下的皇室徽号，维多利亚女王是加拿大十三州联邦的第一任最高统治者，在1867年7月1日被委任为加拿大自治领的最高首领。英国皇家徽章是该时期20世纪加拿大皇权最显著的标志。在联邦州成立之前，除了17世纪准予新斯科舍和纽芬兰的纹章以外，没有任何一个纹章模型被分配给英国和北美各殖民地。虽然如此，每个殖民地都有一个国玺，而且它们都包含着与众不同的象征性意义。

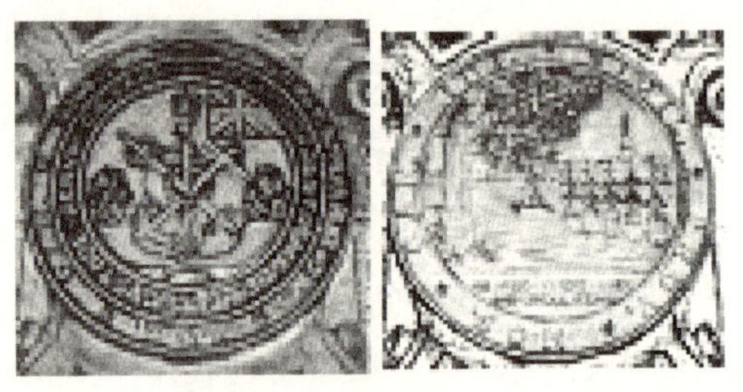

上面的两幅图是从1792年到1832年持续不断使用的印章，分别代表着国玺，委任于上加拿大（右图）和下加拿大（魁北克地区，左图）。这两幅图现在被雕刻在渥太华的议会大楼。

越来越多的人对这种杂乱无章的安排日趋不满。因此，1921年加拿大皇家自治领正式宣告使用经过精心设计的国徽。加拿大盾徽和英国国徽十分相似。这个盾徽被分为四块，其中三块和英国一样：红色背景下露出全脸正在行走的金色狮子代表英格兰；全身冠以红色鸢尾形花纹装饰、昂首阔步的狮象纹章代表苏格兰；蔚蓝的银质弦乐器竖琴，代表爱尔兰。英国国徽上的这四个区域，昭示这些领土是大不列颠及北爱尔兰联合王国的组成部分。当它们出现在加拿大国徽上，也就说明了加拿大的国民是由这三个国家的民族组成。第四个蔚蓝部分代表法国皇室，标志加拿大的法兰西民族和文化根基。

加拿大盾徽的组成基础用三片枫叶图案代表加拿大。三片相互依赖的枫叶在理论上分别代表法国、英国和美洲原住民。但更确切地说，这三个优美排列的图案在盾徽上分别代表三地的子嗣。

在当时，人们对枫叶颜色的设计却有着不同的意见。首相波登认为，叶子应该是红色，因为枫叶变红的时候独具加拿大风情。而国徽协会则认为最好用绿色装点枫叶，因为绿色预示着一个年轻、蓬勃向上的国家。各派最终相互妥协，枫叶被描述成“自身的”颜色，即回归枫叶的本色。因为根据时令，枫叶可以呈红色、绿色或者金色。这也从某种程度上满足了所有人的意愿。

国徽的顶饰以英国国徽为基础，加上一头举着枫叶的狮子。同时，代表绝对地位的最高主权的象征——皇家金冠也被置于顶端。

国徽最后以四个联邦州的州花为基础进行分隔：英国玫瑰、苏格兰大翅蓟、爱尔兰三叶草和法国百合。它们表达的意思是：从海洋到海洋。这个典故出于圣歌第七十二章，“他将会掌握从这片海洋到那片海洋的主权”，也与加拿大的地理位置——西濒太平洋，东临大西洋——十分吻合。

无论是在国旗还是国徽的设计上，都甩不开殖民者的影子，一方面加拿大人愿意以欧洲文化为精神故地，另一方面他们又想建立一个属于自己的独特的国家，所以，心态是矛盾的。到了20世纪，北美大陆迎来了移民大潮，改变了加拿大稳重、缓慢的政治局面。

20世纪初大量移民来到加拿大，随着移民潮的到来，大量移民在整个民族结构中占到了非常重要的部分，他们以多元化的文化身份与不同民族相处，求同存异，以更加宽容的文化心态与其他移民融合。没有来自哪一个地区的移民在加拿大国家事务中长期占有主导地位，种族问题在加拿大没有像在美国那样尖锐。移民本身来到加拿大就是为了寻求更加宽松的环境、更适合自我发展的空间，民主的国家无疑能满足广大移民的政治诉求。所以移民会关注那些适合他们或有利于他们生存的实际问题，更加关注国际形势以及与自己民族有关的政治事件，使得各政治党派开始关注新移民的政治力量。在不同的省区，移民在地方政治中发挥的作用都不同。以蒙特利尔为例，法国后裔和英国后裔的新教派联合起来，意大利天主教徒和法国后裔天主教徒形成同盟，限制犹太人参政，但犹太人联合起来选举代表进入地区联邦议会。各个政党为了得到更多人的支持，开始重视移民。到了20世纪50年代，加拿大非主流的移民已经积极参与到政治中，他们往往能突破传统、陈旧的思想观念，给加拿大政治注入了新的活力。很多非英语和法语语言的移民在加拿大政治舞台上获得了巨大的成功。

加拿大的政治民主发展进程在近半个世纪以来加大了步伐，民主政治得到了很大的发展，尤其在近年来活跃在世界政治舞台上，使得加拿大步入世界强国之列。加拿大出现了一位推动民主进程的总理，那就是特鲁多。他在任期内，多次与英国政府沟通收回修改宪法的权力，1980年终于修得正果。1982年4月27日，英国女王伊丽莎白二世代表英国抵达加拿大渥太华，正式签署《1982年宪法法案》，加拿大收回了修改宪法的所有权力，标志着英国议会对加拿大行使权力的终结，一个独立、自主的国家正式产生。加拿大经过一个多世纪的不断努力，终于获得了实质上的独立。虽然习惯上她还是被认为是一个英联邦国家，但实质上加拿大完全拥有自主权，是屹立在西方的一个拥有绝对主权的国家，在国际事务中能产生较大影响力的西方国家。

正因为文化多元化的社会背景，加拿大政治民主化特征凸显。区别于美国国家各部门严格的互相监督的“三权分立”制，目前加拿大实行的是英联邦国家的政体形式，是君主立宪的民主议会制。这种政体与英国也不同。加拿大政体相对于美国政体更加宽容和民主，能接受不同的政治观点，政府官员自主性较强。英国的君主立宪制更能体现出英国具有悠久历史的“皇室”的特色，英国的政治反映出英国人保守的心态。

具体来说，英国女王为加拿大国家最高元首，指派总督实行其行政权力，英国女王也许是英国殖民者在加拿大唯一的殖民文化残留，只代表着曾经辉煌一时的历史。在以移民文化为背景的加拿大人眼中，女王除了保持其高贵的皇室血统之外，并无更重要的实际意义。总督由总理推荐，并且由英国女王正式任命，任期一般为5年。名义上，总督享有英国皇家特权，但实际上仅仅是一种象征性的职位，并无实权，更不可能参与国家大事的决策，总督的职位在很大程度上是一种媒介或公共使者角色。总督的职责包括：召集或解散议会，主持总理、最高大法官、内阁和枢密院的就职仪式，统帅三军。实际上总督的权力受到宪法很大的限制，根据加拿大宪法，总督召集或解散议会必须在总理的提议下进行，其职责的履行必须遵循各有关部长的建议。20 世纪 50 年代之前，总督由英国人担任，之后，由加拿大人担任总督。在历任的总督中，有黑人、华人，还有女性。他们政绩突出，充分表现了加拿大政治民主化的特点。

1916 年火灾之前的议会大楼中心区域，建于 1866 年，最高的建筑是维多利亚塔。

加拿大政体的另外一个特点是议会民主制，这种政体也打上了英国政体的烙印，体现“权力集中”的民主政治特点。联邦政府权力高于地方政府，政府实权掌握在内阁及总理手中，总理领导政府工作。总理的产生由议会的众议院决定。加拿大的议会是国家的立法机构，由女王、总督、参议院和众议院组成，真正参与立法的只有参议院和众议院，女王和总督只是具有象征意义的角色。而总理是核心，是该国的直接领导人。

参议院具有拟定除了全国财政事务议案之外的任何议案的权力，可以修改、否决任何议案，任何法律成文之前，必须经过参议院的同意。参议院的工作由各个不同的委员会负责。参议员由总督根据总理的提名来任命，代表所居住的省区，共有 105 名。

众议院是加拿大议会的核心所在，对加拿大立法起着决定性的作用。总理和内阁成员都由众议院产生。议员直接由各个选区的选民直接投票选举产生，体现了政治民主性的特点。308 名议员从 308 个选区产生。代表了加拿大各个民族、各个地区的利益。他们负责选拔内阁成员，并监督内阁工作。众议院权力很大，关系着加拿大政府的工作方向，并起着监督作用。政府各部门要定期向众议院委员会汇报政府工作，有解散政府的权力。所以说，加拿大的议会不仅是国家立法机构，而且还具有行政机构的权力。

总理是加拿大的最高行政长官，不是由大选直接产生，而是由众议院推举产生。总理通常是多数派政党领袖，必须获得众议院信任。在议会中总理必须靠大多数议员支持。总理的主要职权是领导议会中的多数党，制定和执行国家内外政策，与内阁一起领导加拿大政府。总理有非常广泛的决定权，可以建议解散众议院，任命内阁成员、各省的代理总督、参议院议员、法官、各委员会的成员和重要部门的官员等。

内阁由总理组阁，是加拿大政府部门最重要的机关，加拿大的政权实际上是由总理和内阁掌握，内阁成员全部由总理在众议院范围内任命，并负责政府各部门的工作。

加拿大的政党制度与英国政党制度相似，也实行两党制：自由党和保守党。两党最大的特点是结构松散。① 政党的目的仅仅为了参加选举，组织起来以尽量赢得更多的席位。两种不同的党派并无很大的差异，却具有诸多共同的特点。政党制度体现的是一个民主国家的价值。除了这两大党，还有诸多小党，如农民党、工党、合作联合党等。加拿大的政党制度在相关政治制度的互动中形成，承认反对党的价值，反对党领导人的待遇与内阁部长相当，每个党派有自己的活动空间，各政党代表的是群族和地区利益。加拿大两大党分别代表了中上阶层对地方利益和语言文化的政治关怀。各党派纲领无明显的区别，为竞选而制定，目的是拉到更多选票。

政党选举所获得的席位是它赢得的选区数，而不是赢得选民选票的比率，赢得席位多的政党未必就是选票最多的政党，但席位数决定该政党是否为执政党，另外的党则成为反对党。

加拿大的政党制度虽然具有竞争性，但相对稳定，都是围绕加拿大宪法而进行竞选，有利于联邦政府的稳定发展，推动了国家政治民主性。自由党是规模最大、最有力的两大政党之一，加拿大的总理有2/3来自于该党领袖。该党主要代表垄断资产阶级的利益，兼顾中小企业利益。其实行国家干预经济的政策，利用征收私营企业税和国家投资来刺激国民经济，扩大就业和推进社会福利。保守党由前加拿大联盟党和进步保守党合并而成，代表银行保险业、铁路运输业、能源工业垄断资本和大农场主的利益。其倾向于低税、小政府，对犯罪采取强硬的态度，主张军事化，反对同性婚姻及卖淫。

加拿大的选举制度基本承袭英国的选举制度，联邦和各省区的选举大致相

---

① Johnston Richard. *The Oxford Handbook of Canadian Politics*. Oxford University Press, 2002: 209.

同。由于地域辽阔，人口不断增长，地区和语言的差异等因素，整个选举过程显得十分复杂，但表现出极大的民主性。

任何一个加拿大公民年满 18 周岁，包括犯人，都拥有选举的基本权利，也都可能成为候选人。每一个选民必须在所属选区为本区候选人进行投票，而且只能投一票，得票最多的候选人获胜。加拿大现有 301 个单一选区。

加拿大选民往往会以党派为基准，为候选人投票，无党派候选人很难获得最后的胜利，所以候选人要赢得最后的选举，必须首先成为该党党魁，而且该党在众议院要获得多数席位，这样才有可能获得最终的胜利，成为加拿大联邦政府的总理或地方各省区的最高首脑。

联邦、全国大选会在同一天举行，每一个选举人会有充裕的时间登记、投票，行使其政治权利。1996 年之前，由专人负责走访到户统计选举人的名单，但后来由于频繁选举、人口增加和语言的差异，这种方式被迫改变。减少开支、缩短选举周期成为众人所望。后来各联邦和各省实行电子自动统计选民信息的办法，但这种方式受到质疑和指责。

加拿大选举的特点在于竞选的灵活性和媒体的影响力。一半的加拿大选民只关注在大选过程中他们投票的方式。研究表明，加拿大的选举可信度高于美国，采取同一时间投票的方式，这是控制竞选效果的关键，选民会全力支持他们的党派。竞选宣传也会影响选民的决定，因此，候选人会通过媒体尽力拉拢选民，以获得最高的支持率。媒体对于竞选的间接影响力不能被低估。媒体大量的信息会间接告诉选民应该支持哪位候选人。候选人也会亲临选举现场，直面选民，选民可以做出合理的判断，在某种程度上保证了选举的相对公平性和透明度。

政党竞选的花费很高，包括去全国所有地方参与角逐的开支、候选人准备竞选演讲的材料费用和通过媒体做必要的宣传等，除了少部分由政党基金提供，其余都需要筹款。在 20 世纪 70 年代，竞选的费用据选举委员会初步估计，大约需要 800 万加元，可见竞选的成本之高，而且还不能保证竞选成功。①

总的来说，在西方诸国中，加拿大政治民主化排名仅次于美国，位居第二。但近年来，加拿大公民对民主政治满意度有所下降。约克大学社会学研究所收集到的 1993 年竞选研究的民意测验结果表明，所有公民的平均满意度达

---

① Mallory J. R.. *The Structure of Canadian Government*. St, Martin's Press, 1971: 212.

到67%。[①] 这也说明随着社会的发展和世界全球化，加拿大政治体制的稳定性受到挑战，公民对政治体制的态度有所改变。存在的问题正是加拿大政治改革的关键所在。

第四节 加拿大人的英国王室情结

公元2011年4月21日，英国女王同意威廉王子迎娶凯特·米德尔顿的官方文书发布。这份由女王亲笔签署、用花体字誊抄的详尽准许通告，正式宣布同意“我们最为至爱的皇孙威尔士王子、嘉德骑士威廉·亚瑟·菲利普·路易斯，和我们信任的深受喜爱的凯瑟琳·伊丽莎白·米德尔顿结为连理”。

英国威廉王子大婚，触动了不少英裔加拿大人的思乡情怀与对祖国的骄傲。在加拿大居住已20年、目前担任英加企业咨询服务公司总经理的前伦敦人丽娜·埃玛特，在家中仍珍藏着她在英国旧货市场买来的100年前的毛织英国国旗。埃玛特在她公司的网站上毫不讳言，她热爱英国所有的东西，也以身为英国人而感到骄傲。埃玛特还在网站上贴出一封来自白金汉宫的信件。

多伦多圣乔治协会（St. George's Society）主席黛安·莫特里·贝莉表示，她虽已是加拿大人，但一直保有英国的传统，而且身为英国人的骄傲永远不会消失。黛安·贝莉数年前曾参加过一次白金汉宫举行的皇家花园派对。每逢新老朋友聚会，她总会眉飞色舞地重复令她终身难忘的经历。

母亲是英格兰人、父亲是苏格兰人的莎拉·琼森在移民加拿大前，曾在英国剑桥居住3年。她现在仍与英国的朋友保持联系，并不时浏览英国海外人士网站。

移民加拿大已30年的英国人戈登·托马斯，至今每天还要阅读英国《每日电讯报》(*Daily Telegraph*)和《卫报》(*Guardian*)。他和妻子也喜欢看英国制作的电视剧及纪录片。

几个世纪以来，英伦文化深深渗透在加拿大人的血脉之中。他们是高加索种白人的分支，具有英伦人种基因所赋予的体魄和外貌特征。他们的先辈来自欧洲，带来了欧洲文明的历史背景和价值取向。他们移居加拿大时对未来满怀期待和憧憬，为加拿大的经济和发展作出了不可磨灭的贡献。当他们幸福地生活在这块土地上时，对英国王室的感恩之情往往溢于言表。

---

① Nevite Neil. *Value Change and Governance in Canada*. The University of Toronto Press, 2002：46.

于是，英国威廉王子大婚牵动了加拿大政府的神经。加拿大皇家造币厂于2011年4月6日发行了两枚英国威廉王子和凯瑟琳·米德尔顿结婚纪念币，加拿大总督戴维·约翰斯顿出席了结婚硬币的发行仪式。硬币中间雕刻着英国威廉王子和凯瑟琳·米德尔顿恩爱的头像，两人之间的下方镶有蓝色水晶，与威廉王子送给米德尔顿的定情物——一枚蓝宝石镶钻戒指交相辉映，而这钻戒正是威廉王子的母亲、已故王妃戴安娜的订婚戒指。加拿大政府以这种独特的方式，表达对英国王室的崇敬。

普通加拿大人也有自己心仪的庆祝方式。不少加拿大人在英国威廉王子和凯瑟琳·米德尔顿婚礼当日，凌晨1点起床，边吃英式早餐，边观看这对幸福情侣的皇家婚礼。由于英国王室婚礼是在加拿大时间周五清晨举行，多伦多许多餐馆和酒店意识到，这可能是电视史上收视率最高的盛事之一，都在当日提前开门。位于多伦多金融区国王街的典型英式酒吧“大象与城堡”，当天在清晨5点半开门，为客人们准备了传统的全套英式早餐，包括水果、酸奶和添加了干果蔬等的松脆熟燕麦片。而位于多伦多登打士西街3289号的Rebas咖啡厅和画廊，有兴致观看皇室婚礼的顾客，可在清晨5点半穿着睡衣前往欣赏直播。餐厅老板同时为他们提供了烤饼和电视大屏幕投影。

消费行为随着时间的推移而在行业间进行着转变。一些专售英国食品和纪念物品的加拿大商店，受英国王室婚礼的推动，在皇室婚礼期间出现了从未经历过的购物高潮。商店生意兴隆，店员们忙得不可开交。传统的英式宴客食物，各式各样的王室婚礼纪念品和印有英国国旗的新奇玩意儿供不应求。

与其说在这场加拿大人瞩目的英国王室婚礼中，英国王室图的是名，加拿大政府图的是利，加拿大民众图的是乐，还不如说加拿大人更愿意透过这场婚礼的狂欢，回味他们的英国传统。崇拜盎格鲁-撒克逊人这样一种文化现象，是很多加拿大人对英国怀有的一种非常复杂的感情。这种感情聚焦在英国王室，因为除了中间的克伦威尔时代之外，英国既是世界上第一个民主国家，也是一直保留着王室血脉的一个国家。因此，这样一种复杂性使得英国对加拿大人特别有吸引力。英国王室的婚礼凸显了它的贵族色彩，但同时有一个平民的主角——凯瑟琳·米德尔顿在里面，这种英国身份的复杂性体现得越明显，这对于身处英语文化圈的加拿大人就越有吸引力。如果不是因为有英国王室，可能英国就是一个普通的欧洲国家，加拿大人对英国的关注度就远不如现在这样突出。如果不是因为有英国王室，就很难有英联邦。英联邦仍然是大英帝国影子下的一个松散的国家联合体，与英国在文化、经济、政治方面有着千丝万缕的联系。从这个角度来说，加拿大人非常愿意看到一场隆重盛大的婚礼，让他们感受到当年他们是英国的一部分。

人们普遍认为，全球对于戴安娜王妃的怀念，是威廉王子大婚受到加拿大人重视的主要原因。当年，戴安娜去世时，一首词曲优美的《风中之烛》颂歌随风飘过大西洋，飘到无数钟爱戴妃的加拿大人心中。加拿大总理克雷蒂安深为震惊地说："我希望能表达我对戴安娜王妃家庭，以及所有在这场毫无意义的事故中遇难者的深深哀悼。戴安娜王妃的官方地位和她的个人能力使她不仅对她的国家，也对这个世界作出了卓越的贡献。在这样一个极其艰难的时期，所有加拿大人民都会为她的儿子和其他家族成员祈祷。"如同《风中之烛》歌词中所唱的，"你就生长在我们的心中，在那些生灵涂炭的地方，你优雅地独自绽放，你召唤着我们的国家……"，在加拿大人的心里，戴安娜已经成了一个时代的标签，成了心中永不熄灭的烛火。她不是政治家，却是英国最好的大使；她不是富甲天下的大富翁，却涉足了100多个慈善基金会；她不是专业的时装模特，却领导了世界时装的潮流。她曾经有过人间罕有的幸运，但这种幸运随即带来的却是婚姻的不幸。她并没有被这种不幸所压倒，而是勇敢地放弃了王室的富贵，冲破了深宫高墙中窒息般的禁锢，去追求平民的但却是幸福的婚姻生活。这使人们深感惋惜而后又油然生敬。戴安娜王妃的平民化倾向和人道主义情怀与她的幸运与不幸的生活形成了鲜明的对比。更能打动人的似乎并不是她贵为王妃，而是她自身的魅力，以及真诚、勇敢和爱心等优良品质。戴安娜王妃增添加拿大人对英国皇室的贵族气质新的解读。2007年6月30日，肯辛顿王宫特别为戴安娜王妃举办大型生平展——"戴安娜：记忆里的王妃"，展出她生前的照片、录像片断和其他纪念品。来自加拿大的特蕾西·麦克劳德在展览现场的留言板上写道："1983年6月，查尔斯王子和戴安娜王妃来到我的家乡爱德华王子岛访问，我永远不会忘记戴安娜王妃停在人群中的我的面前，和我握手并和我交谈，那一刻富有魔力。我至今仍记得所有细节，每次想起我都会会心地微笑。"

自光荣革命确立英国君主立宪政体后，英国王室逐渐走下权力的最高殿堂，然而它却成为立宪联邦各国间的纽带，素来有"英国最好的大使"之称。大英帝国解体后，为了维系各独立国同宗主国之间的联系，建立了英联邦。许多独立的国家先后加入了这一组织。女王充分利用自己的影响，强化各成员国（如澳大利亚、加拿大、印度、南非等）之间的团结，不断发挥积极作用，受到人们的尊重。尽管英国女王只代表着一种名义，但是作为“英格兰、威尔士、苏格兰和北爱尔兰”及英联邦国家的共同象征，英联邦国家只要一提到英国女王都是致以很高的敬意。曾经辉煌一时的大不列颠和日不落帝国让全球的各个角落插满大不列颠的国旗。这种影响力对人们心理上的冲击，远远超出其他国家君主制的光环。

加拿大政府是英联邦中的一个君主宪法联邦国会主义政府。虽然英国的伊丽莎白二世是“加拿大女王”，是加拿大的元首，但其实没有实际行政权力。加拿大政府经常用“皇室”或“皇家”来代表加拿大皇室的权力。例如司法部控告任何人，他们都会称自己为“皇室”，而且加拿大的国企都叫“皇家”公司，连军事学院也称为“皇家军事学院”。因为加拿大的元首并不是居住在加拿大，英国王室“委任”一位总督来代表它。英国王室委任的人选都是由加拿大总理“推荐”的。英国王室实际上不可以否决加拿大总理的“推荐”。如果王室否决加拿大总理的决定，后果将是一场政治危机。所以，如果王室听从政府的“建议”，它就不需要为政府的任何决定负责，从而间接地保护了王室。每一位总督任期五年，但任期也可以延长。大多数的加拿大总理都可以说英语和法语。自 1951 年起，首都渥太华苏塞克斯街 24 号成为历届总理官邸。加拿大头 8 位总理接受了英国王室颁发的头衔（Sir），即获得英国王室的爵士爵位。直至到 1919 年加拿大国会立法，要求英国王室不再将头衔授予加拿大人。

在陆续有英联邦国家要求退出英联邦、脱离女皇庇护的今天，美国的邻居加拿大依然态度坚决地扛起效忠英国王室的大旗。加拿大向来坚定地自称“大英帝国的忠实臣民”，因为效忠英国王室是加拿大的立国基础，否则很容易被美国吞并。加拿大与美国同文同种，都是英国的北美前殖民地，居民都以欧洲的白人移民，特别是最初的英国移民居多。他们通用英语，以盎格鲁·撒克逊文化为主体。当年美国独立战争取得胜利后，美国境内的大量效忠英国的“保皇党”纷纷逃入加拿大，其中抵达魁北克定居的多达 7000 人。这批讲英语的美国人大多是在美国生长的隔代英裔人。加拿大就是北美的英裔保皇党建立的国家。如果加拿大放弃“效忠英国王室”这个招牌，那么除了魁北克的部分法裔势力外，其他就与美国这个北美邻居没什么区别了。

2010 年 7 月 1 日是加拿大建国 143 周年的国庆日，加拿大人在首都渥太华聆听了英国女王在国会发表的演讲。这位加拿大名义国家元首说：“很高兴，我回家了。”在英联邦成员国中，女王出访最多的就是加拿大，这是女王对加拿大的第 22 次正式访问。在北美这块广袤的土地上，处处都留下了女王的足迹。加拿大人对女王的每次来访都激情澎湃，记忆犹新。伊丽莎白公主与菲利普王子1947年结为连理，庆典引起了加拿大人在战后的黑暗年代里的关注。政府向新婚燕尔的夫妇赠送了一艘独木舟。公主和她的丈夫于1951年来到加拿大，在枫叶园首次观摩了曲棍球赛，在总督府参加了方块舞聚会和其他的一些活动。1953年6月2日，女王在威斯敏斯特教堂加冕，加拿大总理和其他主要公民也是其中的英联邦代表。1953年冬，女王陛下结束了英联邦之旅。她作为一名“普通加拿大人”访问了加拿大所有的省份和领土。这次旅行最重要的事件之一就是圣劳伦斯航道的正式开通，伊丽莎白女王与德怀特·D.艾森豪威尔总统一道，在安大略省的普雷斯科特市第一次通过加拿大电视荧屏举行现场直播。伊丽莎白二世1990年在王室旅行中重返加拿大。这次旅行的特别计划本是让女王在《米其湖条约》后的宪法修订案上签字。然而，《米其湖条约》未能成功，人们普遍担心加拿大的联合问题。加拿大国庆日，伊丽莎白二世在国会山向庆祝聚会的人群发表演说宣称：“在这个加拿大国庆日，我衷心希望加拿大人联合起来，保持团结，而不是在有可能进一步分裂加拿大的争论上踌躇徘徊。我和我的家人在这个国家的许多特别的日子里一直在一起。我尤其难忘另一次7月1日，就在这儿的国会山举行的加拿大百年纪念。我当时说过，今天再重复一遍：加拿大收到的祝福超越了世界上的很多国家。这是一个值得人们为其奉献的国家。”是的，加拿大人乐于听到女王真诚的声音：“担任加拿大女王近60年来，我对这个国家的自豪丝毫没有减退。”

英国王室对加拿大总是带着一种特殊的喜爱。英国威廉王子夫妇婚后的第一次正式出访，就从加拿大这个有着浓郁英伦风情的国家开始。威廉王子和凯特王妃又专门选在2011年7月1日加拿大国庆日前夕到访，并出席加拿大国庆庆典，足以看出英国王室那种非同一般的加拿大情结。而加拿大人对王子和王妃的喜爱，也在夹道欢迎的人们脸上洋溢出的笑容和此起彼伏的尖叫声中展露无遗。加拿大总理哈珀表示，威廉王子及凯特婚后选择加拿大为第一个访问的国家，显示出加拿大与英国王室的密切关系，加拿大人应为此感到骄傲。

进入新千年，加拿大仍然在本国保持着王室家族的地位。王室除了继续在加拿大国内行使职责外，还代表加拿大在海外承担了更多的义务。首相斯蒂芬·哈珀在作为政府首脑的第一次讲话中，开篇就向女王表达了敬意，颂扬了女王“对职责的终身奉献和自我牺牲”。女王作为加拿大特定的国家元首，与前任政府不同，置总督于其称号之下。哈珀评论说，加拿大和澳大利亚分享“与王室永久的姻亲关系”，指出在加英商务议会之前，加拿大和英国是由“王冠的金环将我们与辉煌的过去联系在一起，把我们带回到都铎王朝、金雀花王朝、大宪章、人身保护令、权利请愿书和英国习惯法时代”。

自 1926 年加拿大成立联邦以来，英国的国王一直是加拿大的国家元首。甚至连加拿大皇家卫队和皇家仪仗队的服装、礼仪也与英国皇家卫队和皇家仪仗队一模一样。这说明了加拿大民族文化对英国传统文化的崇敬和包容。“为国王和国家而战”，这是英国皇家卫队和加拿大皇家仪仗队共同的誓言。加拿大总督府前传统的皇家仪仗队的换岗仪式已经成为加拿大最为广泛认可的象征之一，它的气场丝毫不逊于白金汉宫前英国皇家仪仗队的换岗仪式。服饰华丽的加拿大皇家仪仗队吹奏音乐的表演是加拿大和海外民众所喜闻乐见的。他们一直保持着英国几百年不变的传统、不变的服饰、不变的礼仪、不变的作风。这传统就是几个世纪来延续不变的换岗、骑行和目不斜视的严肃神情；这服饰就是红制服、熊皮帽；这礼仪就是皇家卫队彬彬有礼的风范；这作风就是在战斗中冲锋在前、英勇顽强的战斗作风。这一切无疑使加拿大皇家卫队和皇家仪仗队成为加拿大军中的贵族，也使观光客们有幸回溯英伦的远古遗风，并抑制不住内心的惊奇。下面这两幅图，你能分辨出哪一幅是加拿大皇家仪仗队，哪一幅是英国皇家仪仗队吗？

加拿大皇家仪仗队

英国皇家仪仗队

加拿大人的生活方式主要受英、法两个国家的影响。加拿大在历史上曾经是这两个国家的殖民地。因此现在的加拿大，既有英国的贵族遗风，如清高、保守、慢条斯理、尊重历史、尊重文化，又有法国的那种消闲、享受、浪漫。在中国，有钱人被人羡慕，而加拿大人欣赏和羡慕的不是有钱，而是“有闲”，这就是一种英国贵族遗风。周末，有身份的加拿大人要看你皮肤黑不黑，是不是晒了，是不是去玩了。你要是工作了，没有去度周末，他就会说，你真像个中国人。或者说，你真像个犹太人。在加拿大人的生活词典里，像中国人或是像犹太人属于贬义词。他们不认为勤劳是人的优良品德。他们欣赏的是像英国王室那样，享受一种贵族的生活方式：骑马、打保龄球，或是从早到晚在花园里喝酒、下棋，或是在草地上铺张毯子，篮子里装上美食和葡萄酒，老婆孩子在草地上吃啊、玩啊、滚啊，丈夫去打高尔夫球。加拿大人认为，以这样优雅而有闲方式生活着的阶层才是真正的贵族。《围城》里的赵辛楣，骨子里就有贵族病，坐言立行中，有的是一个世家子弟的轩昂、悠然，一个聪明人的自得、骄傲，还有一个自我期许极高者在理想与现实落差前的自嘲。

两种不同的文化背景，勾勒出两种完全不同的思想观念轮廓。英国贵族文化的熏陶，体现在加拿大社会生活的方方面面。加拿大国徽曾是20世纪加拿大皇权最显著的标志，彰显加拿大的英国贵族气质。加拿大国徽为盾徽。1921年制定，图案中间为盾形，盾面下部为一枝三片枫叶；上部的四组图案分别为：三头金色的狮子，一头直立的红狮，一把竖琴和三朵百合花，分别象征加拿大在历史上与英格兰、苏格兰、爱尔兰和法国之间的联系。盾徽之上有一头狮子举着一片红枫叶，既是加拿大民族的象征，也表示对第一次世界大战期间加拿大的牺牲者的悼念。狮子之上为一顶金色的王冠，象征英女王是加拿大的国家元首。盾形左侧的狮子举着一面联合王国的国旗，右侧的独角兽举着一面原法国的百合花旗。底端的绶带上用拉丁文写着“从海洋到海洋”，表示加拿大的地理位置——西濒太平洋，东临大西洋。没有哪个国家的国徽与英国如此亲密，威尔士的韭、英格兰的玫瑰、苏格兰的蓟和爱尔兰的三叶草永远是加拿大人梦回萦绕的记忆。

如果能够穿越时空，人们会发现加拿大展现在国际化舞台上的形象已经深深地打上了英国烙印。1968年，加拿大武装部队被统一更名为海陆空三军，皇家头衔被去掉。时隔43年后的2011年，联邦保守党政府做出决定，重新恢复空军和海军的“皇家头衔”。海军和空军司令部（Maritime and Air Commands）分别称为皇家加拿大海军（Royal Canadian Navy）和皇家加拿大空军（Royal Canadian Air Force），地面部队称为加拿大陆军（Canadian Army）。军人的制服也略作改变，例如肩部的徽章加上“R”（皇家）字眼。所谓“不忘历史辉煌”只是一种说辞，里面的内涵则需要做更深入的解读。加拿大目前的社会制度、意识形态、文学艺术，无一不是建立在不列颠人的传统之上。从1763年英国统治开始，到1867年加拿大自治领成立这段历史时期内，不列颠人的影响是最明显的。这段历史时期为加拿大的后期发展打下了基础。世事变迁，但万变不离其宗，加拿大文明总是离不开不列颠的文化根源。工农兵学商，加拿大各行各业都以冠名“皇家”二字为荣：加拿大皇家造币厂（Royal Canadian Mint）、加拿大皇家牧场（Farm Royal Canada）、加拿大皇家骑警（The Royal Canadian Mounted Police）、加拿大皇后大学（Queen's University

Canada)、加拿大皇家银行（Royal Bank of Canada），皇家安大略博物馆（Royal Ontario Museum），等等。如同中国人的王朝情结，体现在对二月河的鸿篇巨著《康熙大帝》、《雍正皇帝》、《乾隆皇帝》、《光绪皇帝》的狂热拜读以及电视荧屏上一个接一个王朝连续剧收视率的居高不下。君不见，旗袍和唐装今天仍然是中国人追逐的时尚；满汉全席今天仍然是中国人乐于品尝的佳肴。

迄今为止，北美大陆曾出现过三种民族政策或三种思潮，即盎格鲁化思想（Anglo-conformity）、"熔炉"思想（Melting-pot）和多元文化思想（也称为"马赛克"（Mosaic）或"色拉碗"（Salad Bowl））。在第二次世界大战结束前，盎格鲁化思想在加拿大占绝对统治地位①。这种思想主张对非盎格鲁民族的人和全体移民实行同化政策，强迫他们放弃自己的文化和语言而尊崇盎格鲁文化和英语。这个时期，特别是20世纪30年代以前，没有人对盎格鲁文化是"人类文明的顶点，所有人都应努力遵循它，并向它靠拢"这种看法提出质疑。在大英帝国仍然处于巅峰状态的时候，盎格鲁白人优越论被看做天经地义。加拿大人熟谙的盎格鲁文化随着历史上的许多贸易摩擦、争夺土地的冲突、扩张和渗透，走入城市生活。当年英法争夺的重镇魁北克市，至今保留着法式浪漫风情，而西岸最古老的城市维多利亚，在建筑、文化、风俗习惯上，却散发着"永恒自由"（维多利亚市格言）的迷人魅力——英式的王室生活风范处处点缀着这座城市。雄伟的维多利亚市市中心议会大厦，是古代英国式风格。英国人喜欢喝茶，维多利亚市的女王饭店就以其英式下午茶闻名；英国人热爱园艺，维多利亚市也有花园城市之称，尤其是布查特花园22公顷的花卉世界使世人流连忘返。维多利亚市的空气中弥漫着一种温文尔雅、内敛娴静的英式气氛，如同一朵开在加拿大国土上的英伦玫瑰。历史与现代文明如此完美地融入了这座既古典又现代的都市。所以，加拿大人的自由主义是英国式的，加拿大人的保守主义也是英国式的。加拿大的文化具有浓厚的保守主义和对母国英国的忠诚。

对加拿大人来说，英国王室是一种存在了将近一千年的情结，代表了一种从古代延续至今的制度与文化。英国王室就是一个活生生的历史博物馆，是他们珍藏在心底的文化活化石和活招牌——随时涅槃重生，永远挥之不去。

① 储建国．加拿大政治体制．兰州大学出版社，1998：11-21.

第五节　加拿大领导人的平民情怀

如果说世界是一个大舞台，各国政要就是活跃在该国政治舞台上的明星。这些政治明星们的表演直接关系着一个国家的命运，决定着国家的发展方向。在镁光灯的聚焦下粉墨登场之时，他们的身上不光展示着个人的政治魅力，还汇集着选民们的厚望。台上，他们文韬武略，指点江山；台下，他们或依旧风度翩翩，谈吐文雅，或贴近民众，融于平常生活，高贵的气质与一颗平常心让他们魅力四射。

然而，政治是严肃的，容不得半点戏谑，虽然加拿大以其政治民主化闻名于世，政要们打败竞选对手，层层过关，荣登舞台的过程却是极其艰辛的。这也是对一个人政治能力和综合素质的检验。民主化的政治舞台，选择了政治明星们的多样化社会背景。也就是说，无论政要们出身如何，他们都有机会展示自己的风采，以自己不可复制的政治魅力赢得选民的支持。

加拿大的选举和其他西方国家并无很大差异，程序基本相似，保持着良好的民主性，使得每一位有政治才能和政治抱负的人都有可能登上发挥个人才能的政治舞台。无论出身、种族、性别、年龄和教育背景如何，只要勇于挑战自我，都可能被历史青睐。加拿大民众也以一颗包容之心理性地选出真正有才干的领导。与21世纪之前的邻国美国相比，加拿大的政治舞台更为宽广，凸显出其民主化和多样化的特点。

如果说2008年，美国首位有非洲血统的黑人巴拉克·奥巴马总统大选获得成功标志着一个“劣势”种族在新移民国家的崛起，那么他在2012年11月份击败对手白人罗姆尼，顺利连任下届总统的成功则充分展示了他个人的政治才能。美国选民不再因为他的肤色而怀疑他的能力。台下的观众有的欢呼，有的流泪，他们无法抑制内心的兴奋，祝贺这位成功的黑人总统在大选中再次获胜。奥巴马连任总统的成功例子让每一个黑皮肤的美国人感到骄傲与自豪，尤其对几个世纪以来一直刺痛美国人心脏的种族问题给了个圆满的答案。种族歧视和种族隔离虽仍不同程度存在于美国社会之中，但时势造就了诸如奥巴马这样的民族领袖，改写了黑人不能享受和白人同等待遇的历史。作为非洲后裔，他能连续受到美国社会精英和民众的支持和推崇，不仅仅是他个人魅力和才能的体现，也应该归功于几百年来美国黑人长期不懈的政治斗争。奥巴马总统使黑人低下的政治地位有极大提升，这不能不说是美国社会和政治的巨大进步。无独有偶，加拿大的有色人种登上政治舞台要比美国早10年，而且女性从政的时间也比美国前国务卿赖斯和希拉里更早。她们是加拿大华人女总督伍冰枝（Adrienne Clarkson）和黑人女总督米歇尔·让（Michaelle Jean），在1999年和2005年分别担任过加拿大第26任和第27任总督。作为有色人种的加拿大移民，又是女性，而且从平民的家庭背景中走出，能得到加拿大政要人物的认可，获得民众的极大支持和欢迎，站在代表着英王的高贵位置上，实属不易。她们的成功之路充满了自强不息的奋斗，她们是命运的主宰者，两位女性政治上的成功无疑轰动全国，成为有色人种的骄傲和女性的自豪。

伍冰枝是加拿大历史上第一位华人总督、第二位女总督、第一位移民总督。米歇尔·让改写了黑人从政的历史，成为第一位黑人总督。她们的成长故事和成功的经历体现了加拿大政治宽容的特点。出身并不能说明什么，一个人只要勤奋上进，最终可以取得成功。

1939年，伍冰枝出生于中国香港，祖籍广东台山。从祖父开始，伍家就是澳大利亚移民。父亲伍英才18岁时因为澳大利亚经济萧条，从澳洲回到中国找工作，后在香港受聘于加拿大商务局，负责推销加拿大商品，为加方驻大连代表，后来返回香港为驻港代表。抗日战争爆发后，加拿大官方以交换人口的方式将伍家带往大洋彼岸。作为家庭的第2个孩子，3岁的伍冰枝随家人离开战火纷飞的家乡。父亲挑着几个箱子，带领柔弱的妻子儿女，漂洋过海，最终以难民的身份来到加拿大。他们一家人颠沛流离，一路上受尽各种折磨和歧视，克服重重困难，来到异国他乡，虽为合法移民，但第一代移民仍然面临生活的艰难。伍冰枝从小就能感受到生活的艰辛，但父亲的鼓励让这个意志坚强的小女孩下定决心，以自己的能力改变苦难的生活。苦难的童年生活让她明白努力的重要性和紧迫性。她与家人住过难民营，但父母和哥哥对她的关爱让她没有丧失奋斗的信心。这段不同寻常的生活经历让她亲身感受到奋斗的必要性。由于勤奋好学，伍冰枝中学阶段已经表现相当突出，以优异的成绩进入加拿大多伦多大学三一学院英国文学系，获得学士和硕士学位，后又去法国大学深造。1965年，她放弃学术事业，出任加拿大媒体CBC（加拿大广播公司）节目主持人，时尚、知性的她很快成为家喻户晓的公众人物。1982年，伍冰枝离开媒体，担任安大略省驻巴黎的全权代表。不久，她又出任某出版公司的总裁，之后又重返媒体主持节目。1999年10月7日，就任加拿大第26任总督。加拿大人评价伍枝冰："她聪慧而正直，热情而仁慈，优雅而平易近人，没有党派政治背景。她虽来自异国，但却深深热爱着接纳她的第二故乡。”

伍冰枝正是以个人的魅力赢得了民众的认可。她从政之前，1975 年至 1982 年采编和主持“第五阶层”节目，成为加拿大新闻界的名人。通过从事媒体工作，她向加拿大观众展示了个人的独特魅力。她的亲和、优雅、高贵等独特气质受到加拿大人的喜爱。所以说媒体为她搭建了一个很好的平台，将她推向公众，而她又以自己的人格魅力和卓越才能赢得公众的支持和鼓励。伍冰枝适合充当公众人物这个角色，所以她从此走上了仕途，1982 年至 1987 年她作为安大略省第一任总代表派驻巴黎。1988 年至 1989 年她重新回到加拿大广播公司主持“克拉克森夏季节日”和“克拉克森报道”，受到广泛的关注。她荣获了系列殊荣，获得加拿大 4 所大学的荣誉博士学位。1992 年，她被授予象征最高荣誉的加拿大勋章。从此，她找到了一条更适合她个人发展的道路。作为加拿大行使女王权力的代言人，伍冰枝无疑与加拿大总督的形象气质最为接近。她华贵而不骄奢，优雅而不木讷，以端庄的仪表、知性的气质，很好地完成了总督的责任。任职期满之后，她仍然活跃在国际舞台，继续从事“形象大使”这类角色，为加拿大诸多方面的良好发展起到了积极作用。伍冰枝虽然作为“和平团结”的形象大使，不允许带有过多的自我政治立场，但她在工作之余仍然保持自己的政治思想和观点，并没有丧失应有的判断力，并且在各种报刊上发表文章，阐述自己的政治立场。这充分说明她并非女王的傀儡，而是能结合实际灵活发挥自我特长的智慧女性。

除了她的政治才华外，伍冰枝还具有很高的文学素养，共出版过 4 本著作，这估计与其第二任丈夫的作家身份有关。出版物为：《哀婉情人》（1968 年）、《新女性》系列（1970—1972 年）、《饥饿之痕》（1970 年）、《我对你是真情》（1971 年）。① 伍冰枝在电影行业也颇有影响力：1995 年她拍摄的电影《他眼里的诱惑》被当年戛纳艺术电影节作为开幕式播放的电影之一。②

伍冰枝在加拿大的特殊身份和光环以及多才多艺的内在修养，表现出她独特的文化气质。回顾她走过的历程，不难看出她的文化心态：她以自强不息的平民心态将自己打造为加拿大杰出的风云人物。她出身虽然贫寒，但父亲对她的教育和鼓励从来没有停止过。她的父亲深受中国传统儒家文化的影响，相信“君子以自强不息”的观点，鼓励她从小树立远大的志向。伍冰枝本人得益于

---

① 钱立伟. 加拿大首位华裔女总督阿德里安娜·克拉克森（伍冰枝）. 国际资料信息，1999（11）.

② 胡美玲. 加拿大首位华裔女总督的传奇人生. 人民网，2011-02-27.

父亲的传统教育，勤奋好学，不断追求与奋斗。她一步一步，扎扎实实，迈向更高、更宽广的社会舞台，并且在这个充满着贵族气息的舞台上，得到了高层政界人士的认可和赞赏。曾强烈提名她为总督候选人的加拿大总理克雷蒂安赞誉说："最重要的是，她热爱她移居的国家和人民。她被委任为总督，反映了我们社会的多元化和包容性，也显示我们国家随着时间成熟了。"①

对于伍冰枝这样的个体来说，荣誉和曾经的辉煌并不意味着什么，而对于她所代表的一个阶层来说，具有开创性的意义。作为第一位非加拿大本土出生的加拿大高级官员，伍冰枝不仅以出色的表现为第三世界移民的领导才能做出了有力见证，而且为在她之后接任的另外一位有色人种女总督开辟了道路。

另外一位使加拿大乃至世界震惊的是加拿大第27任黑人女总督米歇尔·让，2005年9月当选。米歇尔·让的成功让困惑于种族歧视问题的非裔们看到了光明。较之端庄、知性的伍冰枝，米歇尔的公共形象看起来更让人感受到女性甜美、干练、生机勃勃的气质。

1957年，米歇尔·让出生于海地首都太子港。11岁随父母和姐姐逃离海地总统的独裁统治来到加拿大，也是以难民的身份定居加拿大魁北克省。米歇尔与伍冰枝家庭环境迥然不同。伍冰枝的父亲总是鼓励自己的孩子自信自强，树立更远大的目标，追求人生价值，而米歇尔的父亲脾气暴虐，家庭暴力常常发生，弃母女不管，米歇尔的母亲以辛苦的劳动支撑着这个支离破碎的家。不仅如此，米歇尔还经常遭受同伴的种族歧视。她在逆境中学会了求得生存的本领，她没有轻易受到出身的影响，而是勇往直前，以优异的成绩完成了学业。她先后进入欧美不同大学，在意大利获得艺术学士学位，在加拿大蒙特利尔大学获得文学艺术硕士学位。1984年至1986年，她在蒙特利尔意大利文学院任教师，并懂得多种外语，为她后来在加拿大广播公司（CBC）的成功打下了良好的基础。1988年，她在加拿大广播公司法语网络加拿大电台当地区记者，随后开始主持节目，逐步成为公众关注的对象。

米歇尔·让从不幸的童年走出，迈步走进欧美名校，后来进入高等学府任教。然而，三尺讲台并不能支撑起丰富的她。她必然要为自己寻求更广阔的舞

---

① 钱立伟．加拿大首位华裔女总督阿德里安娜·克拉克森（伍冰枝）．国际资料信息，1999（11）．

台和空间，使得自己能充分发挥才能，展现独特的魅力。从三尺讲台走向公共媒体，再由公共名人进入政治舞台，米希尔·让就是一朵开放的奇葩。

2005 年 9 月 27 日，加拿大赫赫有名的电视主播黑人女性米歇尔·让接替华人总督伍冰枝，成为加拿大第 27 任总督，改写了加拿大黑人和女性参政的历史。

米歇尔·让与伍冰枝的出身同等低下，也是靠个人的努力获得成功。她似乎比伍冰枝更加受到命运的考验，不幸的童年给予了她精神的历练，造就了她精明能干、多才多艺、内心强大的特点。伍冰枝与米歇尔·让两位女性的成功经历足以说明加拿大多元化文化的包容性、加拿大政治的开放性，个人的奋斗决定最终的成功。虽然总督的职位并无很大的实权，但以礼仪和社交为主要活动的总督代表了一个民族的荣耀，体现了非英语和法语移民政治地位的提升。

我们印象中的政要人物总是西装革履、不苟言笑、正襟危坐，在政治舞台上时而如履薄冰，时而春风满面。而在加拿大的历史上曾经出现过这样一位总理：长相帅气，穿着颜色鲜艳的服装，跳着节奏明快的舞步，穿行在热闹的竞选现场。他演讲的时候表情丰富、口若悬河，赢得选民掌声连连，仿佛是从好莱坞走出的某个电影明星，他就是皮埃尔·特鲁多，加拿大第 15 任总理。他被誉为最受尊敬的总理，在历任总理中任职时间也最长，长达 16 年之久。他以卓越的政治才能和独特的人格魅力在加拿大历史上留下了光辉的一页，如维护国家统一，推行双语制政策，建立活跃的外交关系等。

1919 年 10 月 18 日，皮埃尔·特鲁多出生在加拿大蒙特利尔富豪之家。父亲是法国人后裔，加拿大富商，从事律师行业，而母亲有法国和爱尔兰血统。他是上帝的宠儿，享受父母所带来的一切恩赐。他受到了最好的教育，先后就读于蒙特利尔大学、哈佛大学、巴黎政治学院和伦敦政治经济学院。良好的教育背景铸就了他杰出的品格。他没有沉浸在父辈所创造的温柔乡里，而是关心普通人的疾苦，理解和同情底层人的困境。

从 20 岁至 40 岁这个阶段，皮埃尔·特鲁多的活动范围仅仅在家乡蒙特利尔，但这位有志青年参与、支持过 1949 年加拿大魁北克石棉工人大罢工，并于 1956 年出版了一本关于此次大罢工的书籍，提出了大罢工的意义。难能可贵的是，他能深入大众劳动者当中，为他们争取权益。出身高贵的他不仅仅拥有一颗同情心，而且具有普世的平民情怀。后来他又创办了《自由城市》杂志，公开反对保守政府，在当时名噪一时。所有这些需要的是独特的价值判断力和主持正义的勇敢精神。

1961 年至 1965 年，他在蒙特利尔大学任副教授，倾向于自由主义，加入自由党，当选议员，被任命为皮尔逊内阁的司法部长，从此开始了他的仕途。1967 年，加拿大建国百年，皮尔逊总理辞职，特鲁多参加了自由党党魁的竞争。大选中，他深受年轻选民的欢迎，支持者人数飙升。年轻人之所以青睐他，是因为他身上具备了其他人所欠缺的气质：敢于打破传统，善于创新，敢于挑战。

皮埃尔·特鲁多不仅具有明星式的个人魅力，而且为加拿大作出了具有划时代意义的重要贡献。加拿大从英国议会得到了宪法的修订权，标志着加拿大真正成为一个完全脱离英国政府控制，拥有完整的主权的独立国家。取得这样的政绩，他没有理由不被加拿大人所尊敬。2004 年在加拿大广播公司举办的“最伟大的加拿大人”观众投票中，他名列第三名，还被加拿大新闻界评为该国的世纪人物。

特鲁多总理不仅活跃于国际舞台，而且以宽广的视野拓宽了加拿大的独立自主的国际关系。在 20 世纪 60 年代，他抛开西方国家对中国的政治偏见，肯定中国在国际上的重要作用，并且积极谋求加拿大与中国之间建立正常的外交关系，推动中国恢复其在联合国的合法席位。1969 年 10 月 10 日，加拿大夏普外长在加拿大的议会上宣布加中两国政府达成建交协议。1970 年 10 月 10 日，加中双方结束长达 21 个月的谈判，双方大使在建交公报签字，两国正式建交。1973 年 10 月 10 日，特鲁多总理应周恩来总理邀请访华，标志着加中两国关系正常化。这对于中国走向国际舞台起到了至关重要的影响。特鲁多卸任后，与儿子在 1990 年 7 月又一次来华访问，积极推动加拿大恢复与中国正常交往的步伐。特鲁多为加拿大政府带来了巨大的政治活力，他对待中国的政治态度反映出他具有创新的特质。他并不以集团划分政治取向，而是站在更高更远的角度看待一个国家的发展前景，凸显了他杰出的政治才能。

此外，让·克雷蒂安自强不息的奋斗精神在加拿大诸多总理中也称得上是独树一帜。向来自称为“小人物”的让·克雷蒂安 1993 年在政坛上成功击败保守

党领袖坎贝尔，成为加拿大的总理。1997年再次连任，总共执政10年。

让·克雷蒂安1934年出生在加拿大魁北克省威尼根镇的一个平民之家，是家中第19个子女中的第18个，父亲是工人出身。在艰苦的成长条件下能跻身于加拿大政界30多年并取得不凡的业绩，对他来说实属不易。除了不减的政治热情和不懈的努力外，他一无所有。克雷蒂安的成长之路是崎岖的。上帝没有给他一个快乐的童年，而是用苦难来练就他的忍受能力和坚忍不拔的精神。

让·克雷蒂安不同于一般的孩子，幼年时候因为患病，导致左脸局部麻痹，嘴角歪斜，他还有严重的结巴，一只耳朵听力也有些障碍。所有的不幸似乎都降临在他的头上，但他没有向命运低头，而是以自强不息的努力改变了自己的不幸。小时候，他为自己的口吃而进行艰苦的锻炼。为了练习正常说话，他将小石头含在嘴巴里朗诵，口腔和舌头被小石头磨得红肿。他就这样坚持下去，以肉体的疼痛提醒自己改掉口吃的必要性和重要性。他靠这种毅力慢慢克服了口吃的毛病。后来在政坛上，他口齿清楚，说话幽默睿智，深受民众的支持和喜爱。他的成功就是不断战胜自我的典范。

因为出身贫寒，让·克雷蒂安靠勤工俭学完成了他的大学教育，而且主修法律。他边工作边读书，以坚强的毅力克服了生活上的困难，以刻苦的精神完成了繁重的学业。他毕业于拉瓦尔大学，获得法学博士学位。毕业后，他从事过短暂的律师职业，以非凡的辩才赢得同行的赞誉。这也为他日后参与公共辩论打下了基础，让他更有信心参与竞争。1963年，他代表自由党荣幸地当选为议员，在国会里座次为后排，他下定决心一定要坐在前排，以此来激励自己不能落后，积极向前辈学习。他以此方式让自己在这样的环境中不断学习和提升。在他的不懈努力之下，“小人物”终于跻身于加拿大政要行列，成为“大人物”，身兼要职，其政治生涯达到顶峰。

在让·克雷蒂安任职期间，加拿大的经济获得了稳步增长。他执政后的四年，力挽狂澜，加拿大财政赤字的局面得到扭转。到2002年，加拿大是唯一一个经济上有结余的西方国家，经济开始复苏、发展。比起债务累累的邻国与在全球金融危机中一蹶不振的欧洲国家来说已经是非常了不起的政绩。

不仅如此，让·克雷蒂安还是胸襟宽广的外交家。他不同于很多西方政要，以不同意识形态来看待国与国之间的关系，或者以意识形态来划分不同集团。在任期间，他重视与中国的关系，认为中国为其亚太政策的重点。他曾明确表示，在加中关系中“要把人权与贸易分开，不能让人权问题阻碍两国的贸易关系，更不能对中国指手画脚，要维护友谊，保持良好关系”。继1998年访华后，让·克雷蒂安再次率高官团访华，以促进加中关系的发展。中国从2002年开始连续10年成为加拿大第二大经济贸易伙伴。2003年，中加贸易额度首次突破100亿美元，后来以50%的速度增加。2011年，加拿大向中国出口169亿美元，增长26.9%，同期从中国进口482亿美元。两国之间经济来往非常活跃。从这些数据可以看到，中国对于加拿大的经济发展非常重要，而决策者具有正确的前瞻眼光。

让·克雷蒂安的成功经历让我们想起了与之非常相似的19世纪中期美国著名总统亚伯拉罕·林肯。林肯与克雷蒂安的区别在于：林肯总统为美国废除了奴隶制度，长期受到压迫和剥削的美国黑人获得了个人的自由权利，而林肯总统为之付出的是宝贵的个人生命。林肯总统没有克雷蒂安这么幸运，他不光出身贫穷，而且受到的教育非常有限。同样，上帝没有赋予这位穷小子一个漂亮的相貌，但却给了他一个可以改变美国历史的良机。他自学成才，以勇气和智谋见长，看到了美国南部庄园主蓄奴制对于整个美国发展的强大阻力。同时他真正能从关注百姓的角度出发，发现失去人身自由的人的悲惨命运。

与美国的林肯一样，让·克雷蒂安在加拿大受到平民的欢迎，并被视为有作为的国家领导人的典范。他们都是寒门出身，靠自己的奋斗立足于政界。他在执政期间，以有效的方法抵挡住了经济危机，这是解决国家的实际问题，关系到老百姓的日常生活，自然而然地受到老百姓的称颂。这些都与他的出身有关，因为他更能了解底层人的疾苦，所以会以平民的心态治理国家。

四位加拿大政要人物平凡而又伟大的故事和执政风格从一个侧面反映了加拿大平民化的文化心态。无论是多才多艺的女总督还是带领加拿大走向政治独立、经济繁荣的总理，他们之所以能在加拿大这个舞台上从微不足道的平民成长为众人关注的政要，是因为社会环境充分肯定了个人努力的重要性，也说明了加拿大文化与政治的包容性。我们得到的启示是：任何一位有志向的人只要做出努力，都可以在加拿大成功地给自己寻找到一个合适的舞台。心有多大，舞台就有多大。

第三章 马赛克的民族色彩

我认为我们的身份应该是部分英国人、部分法国人、部分美国人，还有一部分来自形形色色的各类人，他们因为数量太多，所以无法归类。

——尤金·福塞，加拿大政府议员

第一节 沉浮于现代与传统之间的"第一民族"

加拿大有100多个民族，除了土著民族和建国民族之外，其余都是先后进入的移民。就加拿大的现代居民而言，大体可归为三大民族文化集团：土著民族、建国民族以及号称第三势力的其他族裔移民。加拿大的土著民族约占加拿大人口总数的3%，主要包括"第一民族"（First Nations）的北美印第安人（North American Indians）、梅蒂人（Metis）以及因纽特人（Inuit）。建国民族（Founding Peoples）是从政治意义上讲直接参与了加拿大国家创建的民族，包括成为加拿大主流民族的法裔（Francophone）加拿大和英裔（Anglophone）加拿大人。他们的先辈来自欧洲，带来了欧洲文明和文化，为加拿大的开拓和发展作出了不可磨灭的贡献。然而，这两大建国民族之间一直存在着矛盾和斗争。这种矛盾不是基于意识形态和经济发展道路的分歧，而是基于历史的纠葛、围绕民族文化和语言的认同的斗争。第三势力（the Third Force）是指非法裔、非英裔和非土著人的其他族裔移民。

陷入两难、苦苦挣扎的土著民族是欧洲殖民者到达北美大陆之前就已经在这片土地上生存的本土居民。根据加拿大1982年宪法的界定，“土著人”是指“加拿大的印第安人、因纽特人和梅蒂人”。2006年，加拿大人口普查登记的土著人口已突破了百万大关，达到117万人，约占加拿大总人口的3.8%。其中，印第安人是加拿大土著中人数最多的，占全国总人口超过2%，占土著人口总数接近60%。梅蒂人是法裔加拿大人和土著人通婚生下的混血儿，因纽特人则一直生活在北极地区和阿拉斯加。加拿大法律一直不承认梅蒂人和因纽特人的土著身份，1982年颁布的宪法法案首次确认了梅蒂人和因纽特人为土著民族，改变了他们的权利长期遭到忽视和压制的局面。

沉浮于现代与传统之间的印第安人曾经是加拿大这片土地的主人。在提到加拿大印第安人时，我们往往把他们统称为印第安人，但印第安人自己却非常反感这个称呼，他们觉得这是一种侮辱，是在暗示其并非土著居民，应该以对方具体所在的部族之名相称，或者用比较中性的原住民（Aboriginal People）或是第一民族（First Nation）来称呼他们。

在欧洲人来到加拿大之前，印第安人遍布整个加拿大，发展出极其复杂和光辉灿烂的语言和民族文化。印第安人不仅有多达五十多种语言，而且各个地区的印第安人的文明发展程度也存在很大差别。即使属于同一语种，彼此之间的差别也很大，交际极为困难。他们依靠自然环境过着游牧或定居的生活，他们中有猎人、渔夫和农民；有人好战，有人爱好和平。他们与土地和它所养育的一切生命之间存在着深厚的、心灵上的联系。土著民族的文化包含独特的精神信仰和仪式，其中许多是由先人一代一代口头流传下来的，如著名的印第安汗屋仪式（Sweat Lodge Ceremony）。

欧洲人来到加拿大之后，法国人和英国人先后在加拿大建立殖民地，对印第安人实行同化教育，推行英语和法语。联邦政府成立后，对土著人也实行强制同化政策，试图摧毁其传统文化，使其完全融入主流社会。同化政策包括禁止印第安人举行传统仪式、强制将印第安儿童送到政府资助的寄宿学校接受天主教式教育、在印第安学校推行英语教学。由于印第安语言的复杂性和差异性，英语现已成为印第安人的主要交际工具，甚至连印第安人办的报纸也主要是英文的。实际上，这导致了部分印第安人失去了本族语言，失去了本族文化，其原有的生活方式也受到了极大摧残。

第二次世界大战以来，印第安人进入了重建民族文化和争取平等权利的新阶段。印第安人意识到自己所处的不公正的社会地位，提出要实现土著民族的基本权利：土地所有权、民族自决权和保留自己生活方式的权利。经过长期斗争，他们取得了初步胜利，获得了选举权。为了更好地保护印第安人的合法权利，成立了全国印第安人兄弟会（National Indian Brotherhood），后更名为第一民族联合大会（Assembly of First Nations）。他们积极投入为平等而斗争的运动中，在要求更多土地的同时，要求更多的权利，并要求在教育、文化和经济方面享有和其他民族同等的权利，提出并促使联邦政府采纳“印第安人管理印第安人教育”，通过教育加强对传统语言和文化的学习，实现印第安人自治。

尽管拥有历史悠久、光辉灿烂的民族文化，可由于几百年来的殖民主义和现代化的同化与冲击，印第安人感觉既不属于现代社会，也不属于传统社会。他们带着其他加拿大人所没有的茫然感，苦苦挣扎于两个世界之间。同其他民族相比，加拿大印第安人经济贫困，教育落后，社会地位低下，如在招工、受雇、录用、提升等方面，都存在事实上的不平等。由于长期遭受民族歧视，印第安人文化水平低，不懂专业技术，在高度现代化的加拿大社会中很难有立足之地。他们对前途失去信心，造成了很多社会问题。根据官方材料，印第安人的离婚率、自杀率、犯罪率、凶死率、坐牢人数都比全国平均数高两至四倍。如今，加拿大印第安人正面临着应对21世纪高科技、高竞争的现代化社会的强大挑战。

弘扬民族文化是获得民族自尊和民族生存的重要手段。印第安学校正在实行土著语言、文化和历史发展计划。全国各地都设有旨在促进土著文化、语言、传统信仰和实践活动的中心，并以此应对和解决社会问题。为数不少的土著人报纸和广泛的土著广播服务网用本民族的语言为其社团提供各种服务，土著艺术家的作品也越来越多地被加拿大和国外艺术界所接受。2003年6月21日“土著节”这一天，加拿大第一民族大学在萨斯喀彻温省里贾纳市宣告正式成立。加拿大第一民族大学的使命是提高第一民族的生活质量，保存、维护和解释其历史、语言、文化和艺术遗产。

传承民族文化是构建民族认同的最佳途径。民族认同是一个民族存在与发展的基础，宗教信仰的实践是民族维系与发展的标志。19世纪至20世纪上半叶，由于殖民统治与同化教育，印第安人所有的传统宗教仪式均被禁止。随着土著民族文化复兴运动的蓬勃发展，加拿大土著民族发起了争取和维护自身权益的运动，文化寻根的热情也日益高涨。在许多保留地，民族语言与传统文化成为社区成员学习的重要内容。20世纪60年代以来，许多土著居民为了寻找更好的教育与工作机会，离开保留地，移居到城市中。他们中的许多人挣扎在社会的边缘，陷入受教育程度低、失业率高、犯罪率高的困境。为了使土著民族摆脱生存困境，更好地了解悠久的民族历史，重视传统文化，加强民族认同感与自豪感，加拿大城市中的一些大学、中学与小学都将汗屋仪式作为土著传统文化教育的一种途径，定期举行这种仪式。

汗屋仪式是印第安人具有重要宗教意义的一种桑拿浴仪式。汗屋仪式一般由巫师或德高望重的人主持。仪式通常在黑暗狭窄的屋里开始：火种看护者把烧热的石头放进火坑里，主持人一边在滚烫的石头上撒甘草与烟草，一边用鹰的羽毛将烟雾扇到四周，以净化参与者。大家唱起赞歌，向神灵祈祷，祈求祖先佑护自己、家人及族人幸福安康。伸手不见五指的黑暗，使人浑身湿透的热气以及庄严的鼓声、歌声，营造起庄严的气氛。保留地的成员在举行汗屋仪式时，都要尽量遵循传统的方式，城市里的汗屋仪式则更开放一些。汗屋仪式有助于传承土著民族文化，巩固土著社会联盟，以及构建民族认同。今天，对许多印第安人来说，包括汗屋仪式在内的信仰与实践是民族认同的重要组成部分，是满足精神需求、治疗身心疾病与传承民族文化的重要方式。

因纽特人被公认为雪域中的勇士。千百年来，因纽特人在北极冰原上逐驯鹿群而迁移，随鲸群海豹群而游弋。在广袤的雪原冰海上追猎鹿群、捕鲸捕鱼不仅是因纽特人的传统的生活方式，也是他们生命的真正意义所在。即使现代文明不可避免地渗透进他们的社会，传统生活方式受到冲击和深刻影响，因纽特人也会尽量腾出时间到远离定居点的雪原上去捕猎。这不仅是对传统的执意坚持，更是他们内心情感的需要。

与印第安人的语言、文化的复杂情况不同，加拿大因纽特人是单一民族，在民族意识、社会情况、语言和风俗习惯方面基本相同。尽管居住分散，但民族意识相同，都自称因纽特人；尽管有方言差异，但语言相同，可以互相交际。因为民族和语言文化的同一性，也因为居住在北极地区，和欧洲人接触得很晚，因纽特人传统技艺和艺术得到了良好的体现和保存。因纽特人人数在6万左右，大部分居住在加拿大努那武特地区、西北地区、育空地区和魁北克省。努那武特是加拿大第一个因纽特人自治的区域。这里是加拿大人口密度最低的地区，面积200万平方公里，只有3万多人口，茫茫冻土苔原上找不到一棵树，却有着全世界将近一半的北极熊。

因纽特人旧称“爱斯基摩人”，在阿尔衮琴语中意为“吃生肉的人”，因纽特人极其反感这个侮辱性名称，坚决要求使用他们的自称“因纽特”（在因纽特语中是“人”的意思），他们称自己为“真正的人”。大部分因纽特人居住在河湾或海湾地区，主要以捕捉北极鱼、海豹和鲸鱼为生。他们把冰雪覆盖的海面比做大地，出去打猎就如同种地，因此他们常把打猎说成“下地去了”。尽管因纽特人不喜欢“爱斯基摩人”这个称呼，但在他们最地道的传统食物中，新鲜的未经烹饪的驯鹿肉和海豹肉确实是最受欢迎的佳肴。在缺少蔬菜的北极地区，含有维生素等营养的生肉可使人免于患上坏血病等疾病。因此，直到现在因纽特人还在吃生肉，不过他们将其含蓄地称为“乡村食品”。虽然许多当地人在政府上班挣钱，平时也到超市购物，但“乡村食品”仍占据他们日常饮食的一大半。许多去南方工作的人则把“乡村食品”冷冻在冰箱里，随时拿出来“解馋”。

不过，因纽特人的饮食习惯也正受到快餐食品、北极气候变化和环境保护的影响。《努纳武特新闻报》曾讨论过是否该引进蒂姆霍顿快餐店（加拿大一家以甜点著称的快餐店）。与此同时，由于气候变暖，因纽特人的传统的渔猎生活，如猎捕海豹、鲸鱼、海象、北极熊等，都变得越来越困难。环境保护运动更是使因纽特人的传统生活方式雪上加霜。加拿大总督访问努纳武特时，在欢迎仪式上咬了一小口海豹心脏，结果被国内外的动物保护团体强烈抨击为“支持残忍举动”，这让因纽特人感受到了巨大的压力。因纽特人传统的狩猎地盘也在不断缩小，拉布拉多地区的因纽特人与纽芬兰和拉布拉多政府签署了一份被称为《新黎明》(*New Dawn*)的协定，规定拉布拉多地区的因纽特人可以在34000平方公里范围内捕猎驯鹿。然而，魁北克省的因纽特人对此表示不满，声称他们的祖先曾世世代代在该区域生活捕猎，这是他们的传统地盘。一些因纽特人因为固执于传统的生活方式而获罪，比如魁北克警方曾发出逮捕令，拘捕并正式起诉两名枪杀驯鹿的捕猎者。

近年来，由于加拿大政府在北极地区建立军事基地和开发经济，因纽特人原有的生活方式受到巨大的冲击。1999年4月1日，根据《努那武特土地所有权协定》，联邦政府与代表因纽特利益的NTI公司达成了一致，正式成立新的自治的努那武特地区。在因纽特语中，努纳武特是“我们美丽的土地”之意。从此，居住在努那武特的20000多因纽特人拥有了合法的公民权，在选举、住房、受教育、工作等各方面有了保障，在资源开发利用等方面也享受更多的优惠政策，有利于当地因纽特人的社会发展，有助于提高其生活水平。努纳武特地区的成立，尤其是《拉布拉多因纽特人宪法》对民族文化保护的规定，使因纽特人的民族文化受到更高程度的保护，也为因纽特人民族文化的继续发展提供了地域条件，将促进因纽特人民族文化的进一步发扬光大。

但与此同时，社会剧变使得因纽特人心理格外脆弱。努那武特是整个加拿大自杀率最高的地区。1991年到2001年，因纽特人的平均寿命由64岁增加至67岁，几乎没有多大提高。而加拿大人2001年平均寿命达79.5岁。许多因纽特年轻一代已经会上网，电视也成了每家的必备之物。透过电视、网络，他们看见了与传统完全不同的生活方式，挣扎在传统和现代的矛盾中，承受着心理上的巨大落差，却又无能为力。年轻人越来越依赖新的生活方式，然而就业机会太少，失业率高达22%。他们的自信心逐渐丧失。基督教信仰取代了原始宗教，猎枪取代了鱼骨制成的长矛，电雪橇和摩托也取代了传统的狗拉雪橇，丢弃的可乐罐、塑料袋、汽油桶以及其他垃圾随处可见。尽管因纽特人颇为注重对自己文化的保护，可是由于学校从一开始就教英语，并且电视、网络的普及使得英语成为通行的交际工具，有些孩子已经只会说而不会写自己的母语了。

像所有正在受到现代化浪潮冲击的传统文化一样，因纽特人一方面不愿意被排除在现代化进程之外，坚持自己对土地自然资源的权利，希望能创造更舒适、美好的生活。另一方面，这些曾经的极地勇士们，依旧留恋在冰原和海洋上驰骋追猎的自由自在的生活方式，时不时就要离家到野外的兽皮帐篷或冰屋里住上一阵子。一些本来因为不满家乡的落后现状而到城市求学、打工的因纽特青年，最终又回到了家乡，发现只有这里才是真正适合自己的地方。

第二节　居于主流社会的“建国民族”

加拿大的“建国民族”是现代社会的主流。法裔加拿大人是“新法兰西”的缩影。当你在魁北克的街头徜徉时，仿巴黎圣母院的教堂和仿巴黎的香爱丽谢大街和歌剧院，会让你恍然有身在法国的感觉。街道两旁是用法语书写招牌的商店，市政府办公大楼的墙壁壁洞里立着法国历史人物的雕像，道路上奔跑的汽车牌照上镶嵌着百合花徽——法国旧日王室的象征。显而易见，法裔加拿大人的文化在长期的生存繁衍过程中并未与北美其他文化包容和融合，在很大程度上倒好像是“新法兰西”的缩影。

法裔加拿大人都来自法国，是最早定居加拿大的欧洲人。目前，法裔加拿大人占全国人口的26.7%，大多是早期法国殖民者的后裔，大部分定居在魁北克省，或靠近魁北克省，如新布伦瑞克省、爱德华太子岛省、新斯科舍省和安大略省等地，在法国移民最先到达的地方形成了法裔加拿大人的主要民族区域。法裔加拿大人十分注意保持内部的团结，很少与其他民族的成员通婚，精心地维护着自己的民族语言和文化。他们具有着极强的地域认同感、政治认同感和共同的文化心理。

魁北克省的法兰西情调随处可见，而根深蒂固的法兰西影响则是他们的宗教和语言。在法国移民殖民加拿大时，天主教会起了极其重要的作用。在新法兰西被征服之后，天主教会享有的权威地位有增无减，他们帮助受压抑、被排斥的法国移民们度过社会巨变，提供心灵的安抚和精神的支持。直到现在，法裔居民们依然在教会学校里接受着传统宗教的熏陶。天主教在保持法裔居民的生活方式与文化方面起着极大的推动作用。

语言在法裔加拿大人中发挥了很强的纽带作用，是反击英裔加拿大人及其文化的坚强武器。然而，法裔加拿大人在加拿大总人口中所占的比例越来越少，说法语的人也日趋减少。在法裔加拿大人比较集中的地方，说法语的机会比较多，而居住在魁北克省以外的法裔加拿大人难免会面临语言被同化的问题。尤其到20世纪后半期，人口出生率下降，法语人口萎缩，如何保留他们的文化及语言便成为法裔加拿大人面临的最大的问题，因此他们充分利用各种手段保护自己的语言，包括使用立法的方式。魁北克当地语言法规规定：所有户外标志均应使用法文书写。曾经有个加油站老板因使用不规范的书写词序被罚款8000加元。他的招牌上写着：La Breque Auto Service（拉卜拉克汽车加油站）。乍看之下，这个招牌并无不妥，在英语和法文中Auto（汽车）和Service（服务）这两个词都通用，但正确的法文词序应为“Service Auto La Breque”，所以他不幸被罚。

法裔加拿大人对自己辉煌的历史和繁盛的现实一直充满自豪。他们聚居的魁北克省迄今仍是加拿大经济贸易中心，但魁北克省毕竟是被征服的土地，法裔是被打败的民族，现又置身于英式政治制度和文化影响之下，其建国民族的地位可谓徒有虚名。因而，他们对加拿大现状表现出深刻不满，与英国族裔之间也存在着深刻冲突，以至不断引发脱离加拿大的独立运动。魁北克问题长期存在，棘手、复杂，既有历史渊源问题、民族情绪问题、语言文化和传统问题，也有当前的谋求政治独立的问题。

为了挫败魁北克长久以来的独立呼声，加拿大国会于2006年11月27日表决通过总理哈珀提出的议案，正式承认魁北克“升级”为加拿大联邦内的一个“民族”（Nation）。魁北克省闹了几十年的独立，终于换来了一个“国中之国”的称谓。根据哈珀的说法，所谓的“Nation”并非“政治和法律意义上的国家”，而是具有“文化和社会意义的代名词”。它既解决了魁北克总是要求独立的问题，也承认了它在加拿大的特殊地位。哈珀的“国中之国”议案，在一定程度上抵消了魁北克人党积极鼓吹魁北克独立的诉求。

如今魁北克人的“独立情绪”已逐渐趋于理性化。尤其对于年轻一代来说，独立并不意味着脱离加拿大，而只是为魁北克争取更多利益的一种手段，希望无论任何党派执政下的联邦政府都关注他们的利益。但是魁北克人对于英国和英裔加拿大人的反感和敌视仍很强烈。2011 年 7 月，英国威廉王子和王妃访问加拿大时，一直接受排山倒海般的赞美和拥戴，但一踏入魁北克，他们立即遭受了截然不同的反应，嘘声一片。

英裔加拿大人，或称为说英语的加拿大人，在加拿大现代社会扮演着重要的角色。加拿大心理学家曾做过一个实验：实验前，心理学家告诉学生们，这次实验是在不见面的情况下，通过录音带的声音来判断一个人的性格特点。录音带上是 10 个人朗诵同一篇文章的声音，其中 5 人用的是英语，另外 5 人用的是法语。学生们并不知道，实际上是 5 个人分别用两种语言朗读。结果心理学家发现，同一个人用英语朗诵时，人们说他个子高、有风度、聪明、可靠、亲切、有抱负，而用法语说时，人们的评价就没那么高了。为什么会有这样的不同呢？因为在加拿大，英裔加拿大人的社会背景通常好一些，人们自然而然对他们的印象和态度也就比对法裔加拿大人好。而正是这种已经形成的刻板印象，影响了人的正确认知。

英裔加拿大人作为加拿大的“建国民族”之一，移居加拿大的时间要晚于法国人，但其移民速度大大超过法国人。1611 年，英国人在纽芬兰建立了第一个殖民地。1763 年，英国统治了加拿大，随后采取了有利于英国移民的措施，使移民更加迅猛。如今，英裔加拿大人是人数最多的居民。

自在这个国家安顿下来之日起，英裔加拿大人就在经济上占据了主导地位。在平均收入、职业地位和资本占有上都是居于领先地位，在社会的各个阶层，包括政府、科学界、教育界、医学界、法学界、农场及矿区也都占绝对优势。WASP（White Anglo-Saxon Protestant，盎格鲁-撒克逊血统的白人新教徒）是加拿大的精英群体，拥有庞大的经济、政治势力，构成上流社会和中上阶层的绝大部分，其文化、习俗和道德行为标准，在很大程度上影响着整个加拿大的文化。实际上，英裔加拿大人在除魁北克省的整个加拿大形成了优势文化，许多新移民以及土著居民都不得不调整自己以适应“盎格鲁加拿大”（Anglo Canadian）文化。

值得一提的是，法裔加拿大人是同一民族，有共同的民族认知，而英裔加拿大人并不是一个统一的民族概念，更多的是一个语言意义上的说法，常被称为“盎格鲁音”（Anglophone）或“盎格鲁加拿大人”（Anglo Canadians）。英裔加拿大人来自于英国、不列颠群岛（包括不列颠和爱尔兰两岛以及附近约 5000 个小岛），其民族成分不同，有英格兰人、爱尔兰人、苏格兰人和不列颠其他岛国居民。尽管说英语的人民族不统一，但必须承认他们在一定程度上精诚团结。这种团结是基于政治原因，而非文化原因，因为他们都来自英联邦，有共同的语言和政治需求。这种团结在和法裔加拿大人的冲突与争斗中体现得淋漓尽致。但是，这种团结是相对的，加拿大相对和平的环境没有为这种有限的团结提供更多的生长土壤，反而使它不时因为母国的矛盾和缺乏共同的利益追求，而陷于派别政治斗争中。这无疑是英格兰人同化其他讲英语的加拿大人的最大障碍，所以英裔加拿大人至今还未形成真正意义上的民族。在他们中间只有统一的语言概念，或许还有同一的族源概念，但没有统一的民族概念。

早期英裔加拿大人利用自己的统治地位，试图推行“盎格鲁化”的同化政策。加拿大第一任总理麦克唐纳就曾宣称，盎格鲁-撒克逊人确立起来的伟大道德准则，将传遍整个文明世界。然而，民族同化政策首先遭到了法裔加拿大人的强烈反对，随后又遭到土著民族和少数民族不断抵制。由于英裔加拿大人未能在政治、文化和人口上占据绝对优势，不得不实行以英法为主的多元文化政策，但他们接受这个政策的前提是承认他们是加拿大的中流砥柱，认可他们的重要地位。

早期的英裔加拿大人对英国有很深的“不列颠情结”，年轻一代对“母国”的认同感则已大大淡化。在同化和融合其他文化的过程中，英裔加拿大人对于民族融合和民族认同的态度逐渐变得宽容，不再像法裔加拿大人不与其他种族通婚，维护语言和宗教的完整，尽量保持自身“纯洁”，英裔加拿大人逐渐以英格兰、苏格兰和爱尔兰人为核心，通过婚姻、教育等多种途径，不断吸收和融合欧洲其他国家移民的语言、文化，逐渐形成了一个新的人数众多的英语民族。英裔加拿大人的地域观念不强，当然这也是和他们处于政治、经济和文化的优势地位分不开的。他们散居于加拿大各地，除魁北克省之外，在所有其他省份都占有人口上的优势。即使在魁北克省的各大城市里，他们所占比例也很大。他们的影响和活动范围甚至已超出本国，有 67 万英裔加拿大人居住在美国，另有一部分住在欧洲。

第三节 徘徊于主流民族之间的“第三势力”

加拿大是一个民族众多的国家，几乎包括当今世界各国的主要民族。同时，它又是一个移民国家，除土著的印第安人和因纽特人，其他民族都是从 17 世纪开始从世界各地来的移民。最早是以法国移民为主。1763 年之后，英国移民大量涌入。第二次世界大战之后出现了新移民浪潮，从南欧、亚洲、南美洲以及加勒比海地区涌入大量移民。最终，加拿大成为世界各种族的汇合之地，成为一个典型的民族马赛克。

不同历史时期的移民不仅为加拿大提供了人才和劳动力，并且也带来了自己的文化和传统。据统计，大约有 80 种文化共存于加拿大。魁北克有着浓郁的法兰西味道，始建于 17 世纪的古老教堂和城堡、皇家广场上路易十四的半身铜像以及艺人的法语演唱，充满了老派法国风情；在中西部草原地区，胡特尔派信徒们经营集体农场，不与社会相通，也不参与政治。在新斯科舍，我们不难发现苏格兰的传统文化，不少当地居民仍保留苏格兰方言 Gaelic 的口音。走进唐人街，汉字招牌、汉字路标、中国货乃至华语、太极拳、武术会使人恍若回到中国。加拿大的民俗风情和传统节日活动也富有多民族、多元文化特色。最具特色的多元文化节汇聚了加拿大 100 多个民族的文化传统。此外，还有加勒比海节、莎士比亚戏剧节、枫糖节、西部牛仔节、万圣节等。除了这些大型节日外，各地还有地区性节日活动，比如土著人、法兰西人、犹太人的特殊节日等。

“第三势力”是一个笼统的说法，泛指除了土著民族和建国民族之外其他种族和民族的移民。加拿大有 100 多个民族，除了土著民族和建国民族之外，其余都是先后进入的移民，比例约占总人数的 16%，但是超过 90% 的移民集中居住在安大略省、不列颠哥伦比亚省、魁北克省和艾伯塔省。最近几年出生在亚洲的移民增加了，但是欧洲出生的移民依然超过一半。移民多居住在大城市中，文化素质高，大多经营商业、从事服务业，或是技术工人，或从事科研教学工作。

加拿大不同族裔的社会地位和关系取决于对社会资源的接近和控制程度以及社会业已形成的有利于或不利于某些特殊群体的各种规则、条件，包括来到加拿大的社会历史环境、族裔群体的规模、种族肤色、自身文化素质和社会组织性、原籍国家在国际社会中的地位等。由于上述原因，各个移民族群的居住地相对集中，从事的职业也比较近似，文化风格和政治诉求基本一致。族群与族群之间的交流和交融很少，当然在很多国际化程度比较高的大城市情况会好很多，但在相对偏远的西部和北部地区，“垂直的马赛克”的说法看起来仍然非常准确。民族众多，文化鸿沟，利益目标不同，再加上彼此之间的隔阂和疏离，“第三势力”只能停留在称呼上，而不可能像土著民族和建国民族那样成为真正的势力集团。

许多日耳曼、乌克兰、荷兰、波兰、挪威、犹太人后裔住在大草原各省（曼尼托巴省、萨斯喀彻温省、亚伯达省）以及加拿大主要城市多伦多、安大略、蒙特利尔、魁北克、温哥华和英属哥伦比亚。虽然同属欧洲白人移民，但他们以相对集中的形式聚居在全国各地，民族文化得以相对保留。然而，各民族之间的文化根基迥异，无论过去和现在都存在一种相互排斥现象。欧洲非英法裔移民人数最多的是日耳曼裔加拿大人，大约占加拿大总人口的5%，迁入时间比较早，分布也很广泛，主要集中定居在中西部草原各省。虽然绝大多数日耳曼裔加拿大人都能使用英语或法语作为交际语言，但仍有一半以上的日耳曼人称德语为他们的母语。日耳曼人比较注意保持自己的语言和文化，采取措施保存自己的语言，进行德语教学，出版德语刊物，开办德语广播和电视。相比之下，荷裔加拿大人是加拿大意识较弱的民族，不大注意保持自己的语言和文化，只有三分之一的荷裔加拿大人认为荷兰语是他们的母语，是加拿大移民集团中母语保有率最低的民族。安大略省是意大利裔加拿大人居住最集中的省，超过60%的意裔居住在此。意大利裔加拿大人大多能讲法语，语言相近，宗教相同，和法裔相处较好。意大利文化在加拿大富有强大生命力，传播甚广，有多种意大利文报纸、广播、电视台。加拿大的犹太人人数很少，因而犹太人的语言同化是最严重的，83.9%的犹太人说英语，少数使用依地语或法语。犹太人对加拿大的经济和文化的贡献超过他们的人口比例，犹太人的个人收入在加拿大是最高的。犹太人民族意识很强，大力鼓励儿童学习希伯来语，进行民族意识教育。

加拿大黑人来源有很大的不同，而且本身就属于不同的民族，只是由于肤色的原因而被看成是一个民族。黑人在加拿大总人口中的百分比呈下降趋势，已由1971年的9.3%下降到1981年的8.06%。由于文化和语言的差异极大，这些黑人往往在加拿大各自谋生，没有来往，加拿大政府的移民政策长期限制有色人种，视黑人为难以融入主流社会的族群。黑人在诸多方面都遭受歧视和偏见。举例示之，在教育方面，加拿大长期实行教育隔离制度；黑人不能自由置地，只能被限制在城市的贫民区；就业机会也受到限制，只能从事报酬低廉的体力劳动。20世纪60年代以来，大批新黑人移民涌入，加拿大黑人移民的处境逐渐改善。这些新移民主要来自西印度群岛，一部分来自非洲，他们的教育和文化程度以及多元文化政策的实行使其更容易融入主流社会。黑人的生活条件和社会地位有了明显的改善，黑人社区的民族意识大为增强，已有一些黑人精英人物进入加拿大各级政府任职。2005年米歇尔·让成为加拿大第27任总督，她在加拿大历史上留下两项纪录：加拿大历史上最年轻的总督，也是加拿大第一位黑人女总督。此外，奥巴马就任美国史上首位黑人总统，也让加拿大黑人欣喜若狂，他们开心地舞蹈、欢呼，一些人用最大的嗓门喊道：“成功了！”当然，欢呼雀跃者主要是美国黑人移民。

亚裔加拿大人一般居在多伦多、蒙特利尔、温哥华这些城市的市中心。由于种族主义和种族隔离政策，早期华人主要聚居在唐人街，保持着几乎与世隔绝的状态。因为肤色和悠久的传统文化，华裔加拿大人总是想保有自己的民族文化。可是，作为少数民族生活在加拿大，面对西方主流文化的挑战，他们只能无可避免地成为“香蕉人”。在20世纪五六十年代后，废除了种种针对华人的歧视性法律，移民在就业等方面开始享有平等权利。特别是在20世纪八九十年代，汉语成为加拿大人家里使用最频繁的语言之一，仅次于英语和法语。华人在加拿大的政治、经济、文化中扮演的角色越来越重要。成为加拿大首位华裔总督的伍冰枝是华裔加拿大人的骄傲。2007年，首个华人政党——“民族联盟党”在温哥华正式宣布成立，代表本族裔利益参政议政。经过一个多世纪的努力和奋斗，加拿大华人的社会地位较以往有了很大程度的改善与提高，但想彻底消除种族歧视，真正融入加拿大主流社会，成为自由、平等的一员，的确还有很漫长的路要走。

第四节　风雨四十年的多元文化政策

马赛克文化就是一种多元文化，加拿大是世界上最早宣称实行多元文化政策的国家，多元文化政策是加拿大的历史现状以及整个国民心态相互作用而形成的必然结果。

从历史和现状来看，多元文化政策之路是加拿大政府唯一的选择。加拿大早期移民时期，占主要地位的英裔和法裔移民都未能占据绝对优势，不能从经济和文化上完全融合和同化其他民族。他们之间的矛盾冲突更是极大地消耗了二者本应有的力量，使得土著及后来的移民民族文化得以喘息而立足，最终形成了各大民族风格势均力敌的局面。

此外，在历史上，加拿大没有驱赶、杀戮印第安人和贩卖黑人奴隶的肮脏记录，对印第安土著人、黑人奴隶和所有少数族裔的态度与政策相对温和，各民族关系相对融洽。1760年，英国获得了对北美洲大部分地区的控制权后，政府就土地事务与印第安人进行了谈判。印第安人放弃了对土地享有权利的主张，作为交换而获得一次性现金和年金，同时也划出一些土著民族专用的保留地区，打猎和捕鱼的权利仍受到保护。土著民族与政府之间的冲突主要体现在争取平等权利而不是生存权利上。第二次世界大战后，英国作为世界“超级强国”的地位发生了变化，它在加拿大的影响力日益衰退。非盎格鲁-撒克逊族群的社会、经济地位大幅提高。大量外来移民都受过良好的教育，拥有相当的技术水平，少数族裔群体的政治觉悟和影响力逐步提高，其整体处境有所改善。

从国民心态来看，加拿大人走向多元文化之路也是必然的。首先，谨慎保守。英裔加拿大人有着英国人的谨慎、保皇党的保守，而法裔加拿大人大多是法国农民的后裔，更加保守，抵制现代化，反对跨种族通婚。其次，宽容平和。加拿大人的历史造就了加拿大人。加拿大人崇尚秩序和法律，不相信暴力和斗争会带来和平和幸福。他们选择了漫长的、以和平和谈判方式为主的独立道路，整个建国过程没有发生过战争。两次世界大战后，移民的大量涌入并没有使加拿大产生明显的种族主义或极端的种族歧视和冲突。加拿大人对移民和少数族裔群体的宽容态度使得吸收移民的过程变得缓和平静。最后，加拿大是存在多元文化和多种语言的民族，这已成为一个客观事实。早期英殖民地时期，加拿大政府曾采取同化的方式来整合国家的文化，但由于法裔加拿大人的坚决反对和抵抗，最终导致并激化了民族矛盾和摩擦。同化政策失败后，二元文化政策应然而生。然而，这并不是一个行之有效的民族和文化政策，因为它既不能让盎格鲁人满意、法兰西人赞同，也不能得到其他族裔的支持。第二次世界大战后，民族多样性和多元文化进一步发展，加拿大政府最终采取了多民族并存的多元文化政策。

1971 年 10 月 8 日，特鲁多总理在众议院宣布了一项新的国家政策——多元文化主义。多元文化主义意味着多种文化的平等共存，任何一种文化都不能居于统治或主导地位。任何加拿大人（尤其是多数群体）都应接受广泛的人类差异，克服种族主义、性别主义和其他形式的歧视。特鲁多明确指出，基于对民族多样性及其重要性的认识，加拿大联邦政府必须具有统一的民族文化政策，必须接受构成加拿大社会基本要素的其他族裔社区的建议和意见，支持所有给加拿大社会带来生命力和特色的族裔文化。国家的统一和团结所需要的共同文化政策，只能是多元文化主义政策。1988 年，加拿大正式通过《加拿大多元文化法》（*The Canadian Multiculturalism Act: A Guide for Canadians*），进一步明确了加拿大政府的多元文化主义政策：“承认所有加拿大人作为加拿大社会的充分和平等的参与者。”

加拿大政府为实施多元文化政策采取了一系列具体措施，建立了相应的机构来执行和促进多元文化主义政策。在多元文化政策下，加拿大公共机构中的少数民族代表日益增加。联邦政府每年设立专门款项，用来支持多元文化建设，包括支持全国性的族裔文化组织，多元文化协会、中心，公共性活动（包括少数族裔的传统节庆），移民的语言和其他教育，各省的民族语言项目，高等院校的族裔研究和教学，族裔文学艺术创作、出版和演出以及有关族裔和种族多样性的全国性宣传等。除了联邦政府的文化项目外，各省政府也有各项财政投入，用于建造族裔社区中心，扩大用不同族裔语言提供公共服务的范围。尤其是在各省主管的教育领域，族裔语言教育都得到广泛的开展。

多元文化政策的推行促进了各民族之间的了解和团结，促进了加拿大的社会安定。与此同时，它也使加拿大较之其他移民国家更具平等观念和宽容态度。在全球经济一体化与文化多元化的大趋势下，跨国界、跨民族、跨文化的经济交往和民族交流日益频繁。因此，社会、民族、文化背景不同的人们如何和谐相处、平等交流是一个亟待解决的大问题。作为世界上第一个宣布实行多元文化政策的国家，加拿大向世界各国展示了如何将多样化与和谐相统一，在为多民族国家解决民族冲突、保护民族文化、保障少数民族权益、取得民族和谐等方面树立了一个意义深远的榜样。

多元文化政策从民族和文化多样性出发，尊重民族和文化之间的差异性和多样性，但过多地提倡多元文化也会引起民族冲突，影响加拿大主流文化的发展及国民意识的增强。加拿大的人口是英裔、法裔加拿大人占多数；加拿大的历史是以英裔、法裔加拿大人为主的发展史；加拿大的文化也以英裔、法裔加拿大人的文化为主流。然而，近 20 年来，加拿大政府过多地保护少数民族文化，忽视了加拿大主流文化的传播与发展，因此加拿大社会对于多元文化政策的质疑声也日益高涨。“加拿大人的未来”公民论坛（Citizen’s Forum on Canadians Future）就曾报道了加拿大民众对多元文化政策的担忧。加拿大人尽管对本国文化的多样性感到自豪，但是对联邦政府组织或支持的多元文化计划的诸多活动评价却不高，认为这些活动耗资巨大且会造成分裂，因为它们提醒加拿大人关注各自的过去而不是关注共享的现在和未来。

不少专家认为，多元文化主义强调民族认同，族群成员缺乏国家认同感，会导致区域主义和分裂主义。加拿大不同民族和种族之间的社会分层差异比较大，部分族群尽管希望能够获得更多的权益，提高自己的经济和社会地位，但落后的政治和文化背景使得他们游离于主流社会之外，从而更容易造成种族隔离和国家分裂。作为反对多元文化政策主力干将的法裔加拿大人和土著民族认为，多元文化政策歪曲了历史与社会现实，损害了他们的独特地位和利益。法裔加拿大人宣称，多元文化主义降低了他们作为两大主要语言（文化）共同体之一的地位，伤害了民族情感和自尊。实际上，魁北克人一开始就对联邦多元文化政策表示了不安甚至抵制，认为多元文化政策是联邦当局对本省内部事务的又一次入侵。而土著民族则认为，多元文化主义并没有提及土著居民的权利，没有给予他们充分的承认。更有甚者，一些人从激进的立场出发，批评多元文化主义实际上只是象征性的，因为多元文化主义是以英、法两种语言和文化为主导的，是伪多元的。多元文化主义只不过是维护盎格鲁-撒克逊统治的手段。它允许少数民族群体在被主流文化同化的初期阶段保留自己的部分文化，引导非英裔和非法裔族群只关注文化现象而不关注政治、经济权利，削弱他们的政治权利和影响。

多元文化政策改善了族群关系，提高了民族地位，但并不意味着加拿大社会已经消除了族群差异，真正实现了民族大同。实际上，非白人族裔成员，尤其是黑人和印第安人在就业、住房等方面仍然会受到歧视。各种出版物和民意测验表明，加拿大人对多元文化的社会是持支持态度的，大多数人肯定加拿大多元文化政策的意义和重要性，但在实践中如何处理好文化多样性与国家统一性的关系也并非一件易事。无论如何，尽管人们对多元文化社会的未来还有种种忧虑，多元文化政策的推行仍是加拿大文明发展史上最光辉的一页。

第四章 魁北克问题：政治文化联姻中的困惑

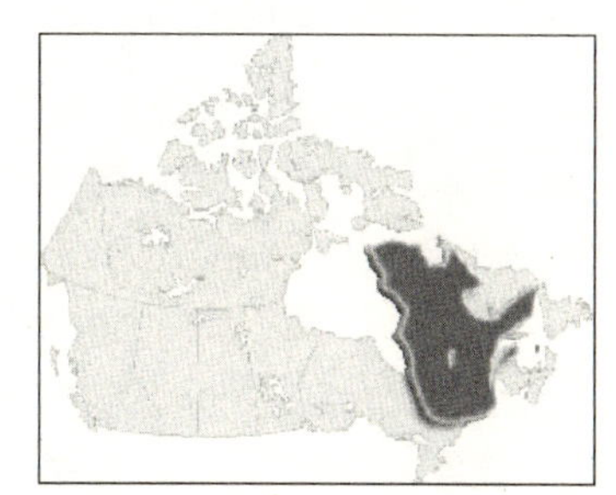

文化与文化的联姻从来就不是轻而易举的事。

——费尔南·布罗代尔，法国历史学家

第一节 帝国争霸：魁北克问题的起源

俯瞰北美大陆，从阿拉斯加到墨西哥湾，这是世界上最大的一片英语的海洋。如果从洛杉矶出发，沿太平洋海岸北上，从西雅图附近越过美加边界，进入加拿大，然后沿美加边界一路向东，虽然游历了两个国家，但所见所闻无不以英语作为符号来标示。一旦从渥太华进入魁北克，你就会突然发现，英语的海浪消退了，迎面而来的是另一个语言世界。从地图上看，魁北克是北美大陆上的一个半岛；从文化上看，魁北克是北美大陆这片英语大洋中一个孤零零的法语小岛。生活在这里的几百万法裔居民在英语文化的重重包围中顽强地坚持着自己的文化独特性，并一次又一次地将加拿大拉到分裂的边缘。魁北克在让加拿大政府不得安宁的同时，也让世界各地不同的人群感到兴奋、好奇、忧虑和困惑。为什么会有魁北克现象？要回答这个问题，就不能不将目光投向历史的深处和英法两个民族文化的深层结构，只有在那里才能找到解读魁北克现象的密码——文化基因。

新法兰西的兴衰成败是一部历史的经典。1978 年，一本书名为《回望加拿大》的英文版历史教科书在安大略出版，随即被批准为 8 年级的教科书。该书对那些出身于不列颠的加拿大历史人物给予了高度评价，赞扬他们忠诚、有事业心、守纪律、坚韧并充满智慧。然而，书中却对法裔加拿大人的作用着墨甚少，并且特别强调，法裔加拿大人关心的只是“他们的法语、罗马天主教和传统的生活方式”，而法裔居民则被描述为保守、落伍、不思进取。法裔居民的目光短浅、缺乏想象力和思想陈旧与英裔居民的远见卓识、善于创新和富有现代性形成强烈而又鲜明的对比。因此，一位法裔加拿大历史学家认为，《回望加拿大》将法裔居民描述为英裔居民的“他者”，强化了英裔加拿大人所具有的优越于法裔加拿大人的自我意识。

但是，不管英裔加拿大人如何解读历史，在法裔加拿大人心目中，法兰西民族才是现在被称为加拿大的这个国家的真正的开创者。在今天圣劳伦斯河的一端，仍高高矗立着他们的祖先当年创建新法兰西摇篮的丰碑，时时提醒法兰西民族的后裔们牢记祖先远道而来，在北美大陆创造新法兰西文明的丰功伟绩。的确，法裔加拿大人或者说魁北克人有充足的理由对加拿大的历史进行另一种解读。如果不是他们的宗主国法国在 18 世纪的霸权争夺中失败，今天被称为加拿大的国家很可能是一个法语国家。

早在 16 世纪初，法国殖民者就在蒙特利尔（Mont Réal，法语，意为皇家山）建立了永久性据点，为表示对宗主国的眷恋，便称这块土地为新法兰西。17 世纪法国探险家山普伦发现并建立了另一块商业殖民地——魁北克（Quebec，意为河道变窄）。魁北克原是因纽特人和土著印第安人劳作生息的地方。由于它的地理位置具有重要的战略意义，山普伦在这里建立了要塞。此后，好大喜功的路易十四陆续通过移民拓荒政策鼓励法国人到这里定居，并继续向内陆挺进。到 18 世纪中叶，新法兰西已经拥有 6 万居民，并逐渐发展为一个具有独特社会结构和完整政府管理机构的充满活力的殖民地。这些殖民主义者们也逐渐将自己称为 Canadians。这个词从 18 世纪初开始流行，直到 1800 年都被广泛使用。这反映出生活在加拿大的法国人已经形成了区别于生活在法兰西的法国人的认同。因此，法国官员布干维尔在 1757 年到达魁北克时，对法裔加拿大人与法国人之间的认同差异感到震惊，他惊呼：“我们似乎属于另一个民族。”当然，认同上的差异并不意味着改变了加拿大人源自法兰西的思维方式、行为方式和生活方式，而仅仅是强化了他们的独立意识。这与他们的邻居——北美英属殖民地的居民形成了新的认同并最终走向独立、建立美国一样，如果没有随之而来的被英国的征服，加拿大或者魁北克也可能争取独立。

不过，独立后建立的国家将是一个法语国家。

17 世纪至 18 世纪，英法两个欧洲宿敌围绕各种经济利益展开了激烈的争夺。在北美大陆，这种争夺表现为新法兰西与英属北美殖民地之间的摩擦。新法兰西命运的转折点出现在 1760 年。由于法国专注于对欧洲大陆的争夺，无力进一步加强在新法兰西的军事力量，因而继 1759 年攻克魁北克后，英国军队在同年攻占了新法兰西最后一个要塞蒙特利尔，胜利的英国人成为新法兰西的统治者。

1763 年，英国发布《王室公告》，将新法兰西进行分割，在北部建立了称为魁北克的新政府，并准备在魁北克全面推行英国的政治体制、法律制度和国教（新教），实现对魁北克的同化，但遭到法裔居民的坚决反对。由于法裔居民仍占人口的绝大多数，加上北美 13 个州桀骜不驯的独立运动，使得英国在 1774 年又发布了《魁北克法案》，意在获得法裔居民的支持，以巩固其在北美的军事地位。这是一个类似于宪法的法案，识时务的英国人满足了法裔居民退而求其次的政治要求。多亏了《魁北克法案》，1776 年爆发的美国独立战争才未能引起魁北克人的响应。否则，魁北克就可能揭竿而起，成为摆脱大英帝国统治的北美第 14 个州了。

美国独立战争让英国痛定思痛，决心吸取教训，开始使用分而治之的策略，削弱殖民地议会的权力，强化英帝国对殖民地的直接管理。1791 年英国将魁北克划分为以英裔居民为主的上加拿大和以法裔居民为主的下加拿大（今魁北克）。即使以今天的标准来衡量，该法案也应该说是较为宽容的了。比如天主教得以继续主导魁北克，在公共管理机构使用英法两种语言等。但是，英国人在政治、经济、宗教信仰、语言等方面与法国人的巨大差别，加上通过指派总督来对殖民地实行直接统治的做法，都不可避免地会与法裔居民选举产生的地方议会发生矛盾。英法两国政治文化的差异，引发了法裔居民的最初反抗。

英法政治文化的差异在当时的加拿大滋生了重重矛盾。由于其岛国地理环境，英国形成了独特的政治文化。它“容纳了许多独一无二的特性”。英国政治文化的独特性之一就是它对顺从的强调，“大不列颠曾被普遍看做在顺从的政治文化方面的一个典范”。这种对政治权力的顺从的态度，使得“英国体制的精髓在很大程度上被认定为‘顺从’，没有了它，英国体制就无法进行通常理解的运转”。① 奉行实用主义是英国政治最为明显的标志。与实用主义相联

① 劳伦斯·迈耶等．比较政治学：变化世界中的国家和理论．罗飞，译．华夏出版社，2001：107-112.

系的，是英国人遇到难以解决的问题时，总是希望通过渐进的、缓慢的变革来逐步解决问题，尽量避免疾风暴雨式的激进变革，如果能够寻求妥协，就尽可能以双方都可以接受的方式达成妥协。

法国是一个大陆国家，由于其地理环境而形成的政治文化与英国有着巨大的差别。与英国人相比，“法国人更倾向于以一种宽广的、抽象规律的思想方法来思考政治，这种政治特征被称为‘意识形态主义’”。与英国人形成鲜明对比的是，法国人形成了许多根本无法付诸实施的政治观念。① 同时，法国人的政治文化经过启蒙运动发生了重要变化，其中之一是强调公意是政权合法性的唯一来源。如果政权违反公意，抵制乃至推翻它都是具有合法性的。因此，法国人显然是反骨的典范，这与英国文化中对顺从的强调形成了又一个鲜明的对照。经过1789年的大革命，法国政治文化具有不断寻求激进变革的特点，而且变革往往是意识形态优先，围绕意识形态争论形成二元对抗，对抗中绝不妥协。正如一位学者所描述的，法国对立各派几乎毫无妥协余地，一个明明是合理的政见，只要是出自敌对党派之口，就很难得到另一派的认可。从抽象的观念出发，激进而又决不妥协，这与英国人简直就是完全对立的政治风格。

从英国的角度出发，英国人自然是认为，既然两国已经签订协议，魁北克人就应该顺从新主子。但法国人认为，新政权的合法性在于老百姓说了算。既然法裔居民在数十年内一直在数量上占据优势，那么诉诸公意，英国殖民统治就不合法。所以，英国在魁北克按照英国模式建立的代议制，虽然赋予法裔居民选举议会的权利（这更多地是出于实用主义原则的考虑），但却牢牢控制着所有权力部门。法裔居民选出的议会既不能任命行政官员，也不能独立立法，更无法对英国官员进行监督。因此，英国在魁北克建立的代议制实际上有名无实，它唯一的功能就是为法裔居民提供了表达公意并对抗英国人政治统治的手段。

晚了200多年才到加拿大的英国小弟在政治上后来居上，而原来在加拿大居于统治地位的法裔老大哥却毫无实权，甚至处处听命于英国小兄弟。因此，具有优越感并曾经是征服者的法裔老大哥现在的感受是：自己已经成为被征服者。这是他们无法接受的。自英国占领加拿大开始，法裔居民梦寐以求的目标就是：“要成为优等的但不是被征服的人。”君子报仇十年未晚，他们的座右铭是“永志不忘”。一直以来，英法两个民族之间的恶感始终存在，而在下加

---

① 劳伦斯·迈耶等．比较政治学：变化世界中的国家和理论．罗飞，译．华夏出版社，2001：107.

拿大，这种恶感使法国人占多数的议会与英国总督和政务会在宪法问题上形成了僵局，随之演变为起义。加拿大总督决定暂时停止加拿大宪法的实施。1838年，德拉姆勋爵实行了一项旨在建立统一的加拿大的计划，“他的目标是‘一劳永逸地解决这个省的民族性质’。这将通过英国人对法国人的绝对支配来实现，从而永远消除‘一个好幻想的小民族所具有的某些无益的狭隘观念’”。德拉姆勋爵的计划实际上是一个新的对法裔居民实行同化的计划，这理所当然地受到法裔居民的抵制。但在英国殖民当局的鼓励下，大量英国人到达加拿大，使得英裔居民的数量大大超过法裔居民，而英语也被规定为唯一官方语言。所有这些都进一步激化了法裔加拿大人的民族情绪。

依照德拉姆的计划，英国建立了统一的加拿大政府。但法裔居民的抵抗和外部环境的变化迫使英国在1867年发布北美法案，建立了由魁北克等四个省组成的加拿大自治领——一个相对自治和独立的地区。对北美法案，法裔人和英裔人的理解简直是南辕北辙。法裔加拿大人认为，这是两个民族之间的协议，而英裔加拿大人却认为，这是各个省之间为了共同的经济利益而达成的协议。法裔加拿大人将联邦理解为一个双民族建立的双语国家，两个民族作为平等的伙伴联合在一起。法裔加拿大人对新的加拿大自治领的理解很快化为泡影，他们迅速沦落为少数民族。法裔加拿大人不仅感觉到政治上不平等，而且感受到自己与英裔居民在另一个生活领域中的矛盾——天主教与新教的矛盾。

宗教矛盾在魁北克的经济领域中不断蔓延。在欧洲宗教改革的浪潮中，英国人于1536年跟罗马分道扬镳并彻底摒弃了天主教会。由于历史宿敌法国和西班牙都是信奉天主教的国家，英国人转而信奉新教并将其确立为国教，天主教则成为国家力量和民众的打击对象。所以对英国而言，坚持新教就是一部民族主义宣言，这样做并非出于宗教原因，而是出于政治原因。

法国在宗教改革中也出现过新教徒。但1630年以后，法国人就开始抛弃新教并进而发展到镇压新教。1685年，法王路易十四撤销南特赦令，规定新教为非法团体。为了消除新教的影响，法国政府采取了一系列措施，包括在农村发展初等教育，“这是通过反宗教改革实行文化引入的模式”。到18世纪，法国成为镇压新教徒的大陆军事扩张国家。法国人的信仰选择只有两种：一种是以褊狭的耶稣会为代表的天主教，一种是以伏尔泰为代表的新理性主义。信仰选择的有限性形成了法国人的价值判断标准、思维与行为方式。作为一个法国人，无论他选择哪一种信仰，一旦来到加拿大，他面临的不是宗教矛盾，就是政治矛盾。

加拿大最初出现的教会机构是法国天主教会。它在魁北克和魁北克以外的地区兴建了大量学校，并在法裔居民甚至土著居民中影响巨大。随英军而来的英语新教徒力图禁止天主教的活动。但英国当局考虑再三，拒绝了新教徒的要求，允许天主教会在一定范围内继续活动，英裔新教徒与法裔天主教徒的矛盾就此而在加拿大产生。同时法国大革命激进的反宗教措施，导致大批天主教徒来到加拿大。他们的到来壮大了法裔加拿大人的队伍，也给已存在的英裔新教与法裔天主教之间的矛盾火上浇油。加拿大自治领的现实状况使法裔加拿大人获得民族平等的理想彻底破灭，于是他们更加坚定地通过保护自己在宗教、语言、爱好等方面的生活方式来维护自己的法兰西特性。魁北克城至今保存完好的天主教堂、古色古香的石砖小道、随处可见的法语招牌，充满了浓郁的法式韵味。

如果说政治与宗教方面的不平等已经使法裔居民耿耿于怀，那么新教与天主教各自的经济伦理最终所确定的两个民族的经济活动，将两个民族之间的不平等扩大到经济领域。

按照韦伯的研究，新教伦理肯定了商人和放债者追逐利润的冒险精神，节俭、勤勉等商业美德在新教伦理中被赋予了很高的地位。所以，新教徒可以名正言顺地发财而不会遭到良心的拷问和教会的指责。相比之下，天主教经济伦理的核心是敌视新生事物，蔑视并反对拜金主义。当资本主义的曙光初现时，新教徒兴高采烈地奔走于世界各地去冒险、发财，而天主教却将这一切看做离经叛道。因此，范范尼指出："任何试图准确地理解天主教和资本主义主张的人，不可能不惊奇地发现，两种思想是相互对立的。""天主教的精神是反资本主义的，天主教一直反对资本主义的建立。"为了压抑天主教徒对物质财富追求的欲望，天主教会设置了种种清规戒律。英国攻占新法兰西以后，新法兰西的商业和政治精英基本上离开了魁北克，继续留在魁北克的精英只有教会人士。加拿大的天主教会在过去就反对天主教徒从事工商业。当法裔商人们离去后，教会就更大张旗鼓地强调："法裔加拿大人的前途在于农业，工业化和都市化是对家庭和宗教信仰的一种威胁。"所以，法裔加拿大人在英国统治下的经济活动以农业为主。就如法国史学大师布罗代尔所描述的，他们没有受到来自西部召唤的诱惑，"这是一个富有生命力的淳朴快乐的民族"。他们像法国人一样，"对追逐利润似乎并不起劲"。浪漫的法式思维至今仍影响着魁北克城旧城的法裔居民。生活在小香普兰街的人们生活节奏缓慢悠闲，一点也不从流于都市的急促喧哗。

伴随着英国人的节节胜利，法国人垄断的商业活动很快被英国新教徒取而代之。工业革命后，大批拥有资本与技术的英国投机者涌入加拿大，踏着工业化的步伐，英裔加拿大人在已经主导加拿大政治和商业活动之后，又主导了加拿大的工业经济。至此，信奉新教伦理的英裔加拿大人全面控制了加拿大政治权力和经济命脉，在政治和经济两个领域取得支配地位。

虽然英裔加拿大人并不主动去干预法裔加拿大人的事务，但其在政治与经济两个领域所获得的对法裔居民的绝对支配地位，无疑使法裔居民处于从属地位。再者，政治与经济上的支配地位又使英裔居民的优越感进一步强化。《回望加拿大》中对法裔加拿大人的带有明显蔑视的描述，只不过反映了许多英裔加拿大人特别是英裔加拿大精英 100 多年来一贯的看法。虽然法语天主教徒对英语新教徒反唇相讥，称其惟利是图，堕落腐化，但面对英裔加拿大人强大的经济实力，只能望洋兴叹。

被边缘化的法语受到了表面的平等与实际的不平等的待遇。的确，至少在整个 19 世纪，法裔加拿大人似乎越来越看不到成功的希望。他们的宗主国——法国早已失去了争霸的能力，无法给予他们任何帮助，哪怕仅仅是道义上的援助。当失去了与英裔加拿大人抗衡的政治经济筹码后，法裔加拿大人只剩下最后一根稻草——法语来维护自己的尊严与权益了。然而，没有政治与经济实力作为支撑，法语的命运至少在 19 世纪就如同法裔加拿大人的命运一样，每况愈下。法裔加拿大人在与英裔加拿大人交往时，时常因为语言问题而蒙羞，这进一步加剧了法裔加拿大人的被歧视感。

一种民族语言的地位与这个民族的政治和经济实力密切相关。法国在路易十四时代迅速崛起为欧洲强国，加上法国的启蒙运动和古典文学的兴起，使法语成为一种欧洲乃至世界语言。欧洲各国上流社会聚会都使用法语，俄国大文豪托尔斯泰曾经写道：我们的祖父辈都讲法语并用法语进行思考。而且从 17 世纪后期开始，法语就是外交语言，国际条约的签订都需要使用法语或者至少需要用法语文本备份。即便英国成为世界霸主以后，法语的世界地位也没有立即改变。事实上，尽管英国已经在经济、军事实力上压倒了法国，英国贵族仍然尊崇法语，将法语作为出入上流社会社交场合的必备语言。

虽然法语仍是一种世界语言并得到英国贵族的尊崇，它在加拿大却命运多舛。因为来到加拿大的英裔新教徒都是过去的平民，现在的工商业者并不了解甚至也不理会贵族的种种做派。在他们看来，“英国人不说本国话而说外国话，是有失体面的”。他们认为，既然自己是加拿大政治与经济的主导者，那么其他人和他们打交道就应该使用英语，而不用学习使用其他语言。因此，加拿大的法律规定，法语可以在议会等正式场合作为正式语言，但仅仅是可以而不是必需。如此一来，法律规定的书面上的语言平等在实际的政治和经济生活中却由于英裔居民的强势而转变为语言使用上的不平等。当法裔加拿大人需要与英裔加拿大人进行经济交往时，他们首先不得不学习英语。

蒙特利尔是仅次于巴黎的世界上第二大法语城市，但即便在这里，商业圈子里使用的也是英语。最令法裔加拿大人郁闷的是，他们的语言表达竟然也受到蔑视。正如布罗代尔所描述的："英国人铁板着脸对法裔加拿大人说：'请像白种人一样说话！'"对于法裔加拿大人来说，这样的言辞简直就是侮辱。殊不知，法裔加拿大人同样也存在欧洲中心主义。面对英裔加拿大人的优越感，他们曾经的优越感却受到蔑视，这大伤法裔加拿大人的自尊。如果说英裔加拿大人对法语的蔑视使得法裔加拿大人郁闷，那么在魁北克以外地区大批撤销法语学校和法语课程就让法裔加拿大人忍无可忍了。法语已经是他们唯一能够表明自己文化独特性的符号，如果连法语都不能得到起码的尊重，两个民族之间久已存在的恶感便不可避免地公开化为对立。一旦条件成熟，对立将演变为冲突。

当然，在英军攻占新法兰西后的100多年里，由于经济上的弱势，也由于国际环境的不利，法裔加拿大人或者说魁北克人除了1837年起义，没有采取更为激烈的方式来维护自己的权益和文化独特性，而是以各种方式来进行抵制和反抗。其原因并不是他们对自己的地位已感到十分满意，而是因为内外条件不成熟。当法裔加拿大人通过自己的努力改变了经济上的弱势地位之后，就毫不犹豫地开始争取政治上的主动。一旦国际形势有利，他们就立即开始发动使加拿大政府不得安宁的分离运动。

加拿大两个建国民族之间的对立，从根本上讲，是因为英国人和后来的英裔加拿大人从未认识到，加拿大法语区是作为一种社会和一种文明展现在世人面前的。因而至少在1945年以前，法语族群从未受到真正平等的对待。两个建国民族之间的对立，"首先是一种文明被另外一种文明所拒绝"。① 所以，魁北克问题的起源就在于，一个欧洲民族妄想同化另一个欧洲民族，并因此忽略了两个同样具有优越感的民族之间存在的多方面的文化差异，从而无法认识到，"文化与文化的联姻从来就不是轻而易举的事"。② 虽然新法兰西人曾经形成了新的认同，但任何一个民族都会在内心深处始终以本民族已经形成的文

---

① 费尔南·布罗代尔．文明史纲．肖昶，等，译．广西师范大学出版社，2003：469.

② 费尔南·布罗代尔．法兰西的特性：人与物（上）．顾良，张泽乾，译．商务印书馆，1997：188.

明为归属，这是任何力量都无法改变的。

第二节 平静的革命：达摩克利斯之剑

就在英国占领新法兰西200年后的1960年，魁北克发生了“平静的革命”。悄然之间，它几乎改变了魁北克的一切，创造了今天令加拿大难以平静的政治格局。“平静的革命”这一术语首先由多伦多《环球邮报》一个记者用来描述魁北克自1960年开始发生的一系列急剧变革，即1960—1966年，由勒萨热所领导的自由党政府在政治、社会和制度方面进行的一系列改革。

1960年6月，以勒萨热为首的魁北克自由党打出“事态必须改变”的旗帜，赢得大选。自由党上台后，决心改变魁北克社会落后的现状，大力发展壮大魁北克法裔加拿大人的民族经济，借以提高法裔加拿大人的经济地位，减少魁北克经济对英裔加拿大人的企业和美国资本的依附性。勒萨热的新口号是：“成为我们自己家园的主人！”随着一系列的改革开始在魁北克推进，魁北克社会发生了自法国人第一次到达此地后最为深刻的变化。在改革推进的过程中，魁北克成功地从加拿大联邦政府手里获得了更多的权力，法裔加拿大人基本控制了魁北克的工商业，而且魁北克的经济总量迅速赶超了加拿大其他一些省份。这些有形的改革在实现魁北克现代化的同时，也大大增强了法裔加拿大人的民族自信心和民族意识。他们悄悄改变了对自己的称谓，把法裔加拿大人不知不觉地变成了魁北克人（Quebecois），所指范围扩大到居住在魁北克省的所有居民。

“平静的革命”使魁北克人被压抑了100多年的民族意识重新复苏，而且从魁北克人后来的行动来看，他们对民族这个概念的理解等同于国家，这显然是英裔加拿大人所没有想到的。更有讽刺意味的是，英裔加拿大人最初对“平静的革命”持热烈欢迎的态度。他们的理由居然是，魁北克迅速的工业化和城市化给魁北克人带来的城市生活方式和社会福利，将削弱他们保持自己文化和语言生存的优势。同时，英裔加拿大人不仅将从魁北克的经济扩张中获得巨大红利，而且可以保持英语民族的领导地位。英裔加拿大人最初对待“平静的革命”的态度，表明了他们在民族问题上的迟钝和在政治问题上的傲慢。这种心态最终使加拿大的英语民族和法语民族陷入了加拿大20世纪最大的政治危机。

由此可以看出，法裔加拿大人与英裔加拿大人的政治重心迥异，他们对各自政治能量的关注也完全不同。两个具有不同政治文化并同样具有优越感的民族在一个国家内共同生活了200年，各自仍然关注不同的政治问题。这充分说明，时间并不能消解两个民族之间的差异，也不能使两种文化相互交融而形成一种全新的同时体现两种文化精髓的新文化。把握加拿大文化这种独特的内在文化矛盾，对正确理解“平静的革命”对于加拿大与魁北克的真实含义，是十分重要的。

“平静的革命”开始前，魁北克社会已经形成了两种具有影响力的理念：改革与民族主义。民族主义是魁北克“平静的革命”的思想动力，而“革命”所带来的魁北克经济与社会发展方面的成功，大大加强了魁北克人本已存在却被长期压抑的民族主义情绪。需要注意的是，推动“平静的革命”发生并被“平静的革命”所加强的魁北克民族主义，已经具有了新的内容，由新的社会力量作为其代表，而且其内部也存在着激进与温和两大派别。

在“平静的革命”发生前，天主教会是魁北克法语文化的守护者，也是魁北克民族主义的政治代表。天主教会的社会基础是农民，他们共同形成了加拿大内部的法语社会。保守的教士捍卫和保持着传统，传播着经典的传统文化。由农民组成、由教士领导的魁北克，即使存在民族主义情绪或者思潮，那么这种民族主义也仅仅是一种文化民族主义。在“平静的革命”前的相当长时期内，法裔加拿大人所坚持的就是一种文化民族主义。它更多地关注法语文化在英语文化的强势冲击下是否能够保持其完整性和独特性。所以，虽然法裔加拿大人在政治、经济和社会各个方面都表现出巨大的不满，但并没有提出魁北克独立的要求。

相比之下，推动“平静的革命”并被“平静的革命”强化的魁北克民族主义，是一种具有现代色彩的政治民族主义。欧洲的宗教改革、文艺复兴和启蒙运动在推动欧洲走向世俗化的同时，也推动了欧洲各个民族民族意识的复苏，导致各大帝国解体，一系列民族国家建立。如出一辙的是，“平静的革命”在削弱天主教会权力的同时，增强了魁北克人的民族自信，并复苏了魁北克人的政治民族意识，政治民族主义逐步取代了天主教会坚持的文化民族主义。按照魁北克政治民族主义的理解，民族等同于国家。因此，政治民族主义一旦在魁北克形成，其目标就不再仅限于在加拿大国家主权范围内争取更多的自主权，获得更多的经济、政治和社会利益，而是要建立体现魁北克人民主权的政治实体，建立一个拥有主权的魁北克国家。

“平静的革命”带来的魁北克在加拿大经济政治地位的改善与魁北克人社会心理的变化，极大地鼓舞了魁北克的政治民族主义者。当天主教会在魁北克政治与社会生活各个方面的权力弱化后，魁北克出现了社会运动高涨的局面。魁北克政治民族主义运动就是在这样一个社会大变革的背景下形成的，而它一经形成，就使得其他所有社会运动黯然失色。

与此同时，法裔加拿大人的母国——法国的对外政策发生了戏剧性的转变：它决定对魁北克人争取自决的行动表示支持。1967 年法国总统戴高乐访问加拿大，并在魁北克人的聚会上高喊“自由魁北克万岁”的口号。随后，法国提升了驻魁北克总领馆的行动级别。戴高乐的举动制造了法加之间的外交纠纷，但却给魁北克政治民族主义者打了一针有力的强心剂。

内部与外部条件的变化，推动着魁北克政治民族主义者开始采取实际的政治行动来实现自己的目标。激进的政治民族主义者组成了魁北克解放阵线，其暴力行动让所有加拿大人目瞪口呆；而温和的政治民族主义者则绞尽脑汁尽可能以合法方式来争取魁北克的独立，其行动虽然不像魁北克解放阵线那样具有轰动效果，但却旷日持久，使加拿大人从此不得安宁。

激进政治民族主义运动与加拿大“十月危机”是加拿大历史上浓墨重彩的一页。1970 年 10 月 5 日清晨，蒙特利尔一座灰色住宅的门铃响起。该住宅的女佣看到在门外的台阶上站着三名男子。这三个人告诉她，有一个包裹需要交给住宅的主人——英国驻蒙特利尔贸易专员克罗斯。女佣刚一打开大门，三名男子就迅速冲入房间，以武力绑架了英国贸易专员。五天后，魁北克劳工部长拉波特在自己住房前的草坪与侄子打球时被武装人员绑架。这两起对高级官员的绑架使一部分魁北克人欢欣鼓舞，也使更多的加拿大人惊恐万状。这两起绑架事件是加拿大历史上最大的政治危机——十月危机的开端。制造了这两起绑架事件并使整个加拿大陷入瘫痪状况的，就是魁北克民族分离主义运动——魁北克解放阵线。

魁北克解放阵线成立于 1963 年，目的是让所有魁北克人在一个自由的社会里团结起来，实现彻底的独立。它的建立不仅与当时世界范围内的民族解放运动的兴起有着密切联系，而且深受著名的反殖民主义思想家法农的影响。法农建议用暴力手段争取自由，因为是殖民统治者首先将暴力强加于殖民地人民的。在法农思想影响下，魁北克人诉诸暴力以争取独立，最终演变成十月危机。

魁北克解放阵线一建立就在 1963 年 1 月向位于蒙特利尔的英语广播电台投掷了莫洛托夫鸡尾酒（一种炸弹）。不久以后，他们又袭击了驻扎在蒙特利尔的加拿大军营，并在军营墙上涂上魁北克解放阵线的标志。于是，魁北克解放阵线与加拿大皇家骑警队之间的隐蔽战争迅速展开。在1963—1970年十月危机爆发前的七年间，魁北克解放阵线的基层组织一共制造了约200起爆炸和其他形式的袭击案件。他们袭击的对象为加拿大联邦政府驻魁北克的办事机构、军械库、邮箱和运输线。在这期间，加拿大皇家骑警队逮捕了数以百计的魁北克解放阵线成员，并专门成立了反恐机构。而魁北克工会组织和学生组织则以罢工和罢课等方式来表示对魁北克解放阵线的支持，大规模的骚乱不断发生。到了1969年底，魁北克的局势已经混乱不堪，联邦政府不得不在魁北克部署军队，并宣布禁止集会和示威。由此看来，十月危机只不过是在七年内频繁发生的冲突的最终结果。

虽然自1964年以来，已经发生了许多起由魁北克解放阵线制造的恐怖主义袭击，但没有哪一次袭击能够与这两起大胆的、惊人的绑架相比。于是，魁北克突然成为全世界报纸的头条新闻，大批外国记者蜂拥而至，涌入蒙特利尔。这无形中又加剧了事件的轰动效应，比戴高乐在1967年高呼“自由魁北克万岁”更加令世界震惊。加拿大政府陷入了空前的政治危机。

应魁北克博拉萨政府的请求，加拿大联邦政府总理特鲁多在10月16日凌晨4点钟宣布在魁北克实行戒严。加拿大军队包括坦克随即开入魁北克，497人在睡梦中被逮捕，其中包括作家、演艺界人士、小出版商、学术和工会领导人。虽然，他们中的435人在48小时内被释放，但仍然激起了许多加拿大民主人士的愤懑。然而，加拿大联邦政府的措施未能挽救拉波特的生命。在戒严两天后，警察发现了他的尸体。拉波特的死亡加剧了对克罗斯安全的担忧，而警察的搜捕也加剧了魁北克人的恐惧。最后，通过谈判加拿大政府总理特鲁多答应了绑架者的条件，用一架飞机将克罗斯的绑架者送往古巴哈瓦那，克罗斯随即被释放。1970年12月27日，杀害拉波特的绑架者被捕，被送入监狱。1971年1月，加拿大军队撤离魁北克。1971年3月，戒严令被解除。十月危机结束。

十月危机以后，激进的政治民族主义运动逐渐衰落，慢慢退出历史舞台和人们的视野。然而，这个衰落加强了温和政治民族主义的力量。他们以和平手段争取魁北克独立的行动尽管不像十月危机那样具有轰动效应，但其政治上引起的震荡却更加强烈、更加持久。

加拿大人对温和政治民族主义、《101法案》和两次魁北克独立公投至今记忆犹新。魁北克解放阵线的失败意味着通过暴力手段实现魁北克独立是一条没有成功希望的道路，但并不意味着魁北克独立毫无可能。尽管十月危机使魁北克解放阵线彻底失败，却丝毫没有削弱魁北克已经形成的政治民族主义力量。1970 年以后，那些具有不同意识形态的民族主义力量绝大多数集中到魁北克人党的旗帜下，以渐进的方式通过逐步扩大魁北克权力来追求魁北克的独立。

魁北克人党虽不赞成以暴力手段实现魁北克的独立，但在十月危机发生后，魁北克人党的首领列维斯奇与其他 12 位魁北克名人联名呼吁魁北克政府自主地通过谈判解决危机，以保证人质的安全。然而，魁北克政府却主动请求加拿大联邦政府强力介入，这就给特鲁多政府在魁北克实行戒严提供了依据。戒严期间加拿大军警在没有证据的情况下逮捕了大量无辜的魁北克人，给魁北克人留下了消极的印象：联邦当局不惜践踏民主来弹压魁北克民族主义运动。大批原来对民族分离主义持观望态度的魁北克人转而加入魁北克人党。在魁北克人党内，分离主义情绪占了压倒优势。1972 年魁北克人党例会上，通过了一项对魁北克和加拿大影响重大的决议：魁北克人党一旦执政，就立即宣布独立。

在经历了 1970 年和 1973 年两次竞选失败以后，魁北克人党在 1976 年大选中获胜。成为执政党的魁北克人党并没有立即宣布独立，而是立即促成通过了关于在魁北克省内法语地位的《101 法案》。这个被广泛称为《101 法案》的法律文本，如果按照字面翻译，应该将其称为《魁北克法语宪章》更准确（该法案的英文名称为：*Quebec*（*Province*）*Charter of the French Language*）。该法案规定，“法语是魁北克的官方语言”。“政府、政府部门和其他民政机构和服务机构的名称只能使用法语表达”。显然，该法案的目的是使法语成为行政、法律、教学、通信、商业、企业等部门的通用语言，但如果仅仅将其理解为语言政策问题，未免太过肤浅。事实上《101 法案》是对加拿大已经通过的双语法案的挑战。1969 年通过的加拿大《官方语言法》明确指出：该法案的目的是确保对作为加拿大官方语言英语和法语的尊敬，确保这两种语言使用者的地位和权利平等。但魁北克的《101 法案》明显剥夺了生活在魁北克的其他语言使用者的选择权，其目的是在魁北克社会生活的方方面面限制和排挤英语，因此遭到了其他语言使用者尤其是英语使用者的抵制。一些英语使用者迁离了魁北克，魁北克人与英裔加拿大人之间的关系因此而变得更加紧张。在《101 法案》通过后不久，加拿大最高法院判决《101 法案》违宪。但围绕语言问题的讨论一直在继续。一方面，英裔居民成立了游说组织来进行游说；另一方面，魁北克政府与最高法院展开了法律拉锯战。1988 年，魁北克政府上诉到最高法院，但被驳回。最高法院的举动引发了魁北克历史上规模最大的游行示威，公众的压力迫使魁北克政府引用1982年宪法的相关条款来处理问题，因为这些条款允许魁北克政府令法院的判决无法生效。最后，魁北克议会在1988年通过了新的语言法案——《178法案》。《178法案》规定，室外商业广告只能使用法文，室内广告则可以兼用法英两种文字。

魁北克人党在语言立法上之所以如此固执，对《101法案》之所以如此拥护，其根本原因仍在于"平静的革命"给魁北克带来的社会变迁。在"平静的革命"前，天主教会对社会的全面控制虽然妨碍了魁北克的经济社会发展，但魁北克社会的独特性却由天主教会充分体现并受其保护。"平静的革命"使魁北克社会迅速世俗化，而世俗化社会生活的调节主要依靠法律，魁北克在很短时间内成为一个法治社会。这就使得魁北克的社会生活看起来与加拿大其他地区乃至与整个西方社会没有什么差别。如此一来，魁北克的文化独特性已经无法从社会生活的各个方面得到体现。唯一能够在北美大陆英语文化汪洋中保持和体现魁北克人独特性的就是法语了。尽管魁北克人使用的法语早就与巴黎人使用的法语在语音和语调上出现了巨大差别，但魁北克人仍然只能将法语作为自己民族独特性的标志来维护。而且，魁北克人的做法显然没有考虑使用其他语言居民的权利和感受。法裔居民被允许使用他们自己的语言进行表达，而英裔居民和使用其他语言的居民却被禁止这样做，这事实上就剥夺了人们语言选择的自由和权利。。

当然，魁北克人党的目标绝不仅限于通过一个在魁北克确立法语特殊地位的法案，而是以和平方式实现魁北克的独立。《101法案》的通过增强了他们的信心，也进一步激发了魁北克人的民族主义情绪。所以，虽然魁北克解放阵线已经销声匿迹，民族分离主义的危险似乎已经不复存在，但魁北克政治民族主义不断发出的争取魁北克独立的言论以及1980年和1995年发生在魁北克的两次争取魁北克独立的公投，却造成了比十月危机更加严重的政治冲击，从而使加拿大陷入了长期的政治紧张。

1980年的魁北克全民公投充满了戏剧性。1979年，坚决反对魁北克脱离加拿大的特鲁多总理在党内被克拉克击败，魁北克实现独立的最大障碍被扫除。魁北克人党认为举行全民公投的最佳时机来到了，因此决定在1980年5月20日就魁北克主权问题进行全民公投。虽然进行公投的理由很多，但最重要的却是为了保卫法语。戏剧性的一刻发生在1979年12月，加拿大自由党恢复了特鲁多的领导地位。在公投前的多次民意测验的结果都显示，魁北克人党赢得公投的可能性非常大。真正影响了公投结果的是，特鲁多在5月14日对分离主义者强有力的、充满激情而又逻辑严密的抨击。同时，他又许诺，如果大家对公投说不，他将用新的方式使魁北克成为加拿大的一部分。结果列维斯奇争取魁北克独立的公投以59%的人反对，40%的人赞成而告失败。在蒙特利尔，33个选区中只有3个选区的多数人赞成独立。对于公投的结果，魁北克人党表示，这只是战斗的第一个回合，他们将继续战斗。在1981的选举中魁北克人党继续当选。这说明魁北克人党虽然未能赢得独立公投，但在魁北克政治民族主义政党仍然具有广泛的社会基础。加拿大尽管避免了一次分裂，却难逃因魁北克民族主义兴起而产生的各种政治灾难。

1995年10月30日，全世界的目光再次集中到魁北克。在第一次独立公投失败15年后，魁北克人党的继承者利用执政的机会再次就魁北克独立问题进行全民公投。这一次，魁北克人党有了更多的理由来动员群众，因为特鲁多在1980年许诺的条件，在长达15年的时间里并没有多少落实，相反，给予魁北克独特地位的法案两次都未获通过。加拿大人现在真正感觉到分裂的危险，国家的前途命悬一线。分离主义者赢得胜利将终结辉煌的联邦主义试验，还将导致数年的政治、经济和精神上的混乱。整个加拿大充满紧张气氛，渥太华的一位资深官员甚至在忙于为总理起草一旦分离主义者胜利而需要实行的应变计划。公投的通过便意味着当时加拿大的解体，而没有了魁北克的加拿大就不是完整的加拿大。

公投结果是：反对分离的联邦主义者以50.5%的得票率领先，对立的一方得票率为49.5%。这个结果让加拿大人松了一口气，加拿大在分裂的悬崖边退了回来。虽然魁北克政治民族主义政党第二次实现独立的努力再度遭到失败，但他们已经接近胜利。相比于15年前，支持与反对独立的政治派别力量对比的差距已经从19个百分点缩小到1个百分点。所以，一位加拿大记者非常准确地指出："微不足道的胜利并不是真正的胜利。""如果加拿大不对公投所强调的问题采取行动，将会有更多争论和更多的公投。"这个加拿大记者的观察无疑是准确的。在公投结果出来后，与松了一口气的加拿大人相反，一群魁北克人高喊："我们希望有自己的国家。"所以，虽然1995年公投拒绝了分裂，争取魁北克主权的运动却并未衰落，而是将继续为魁北克争取更多的权利而施压。一旦条件具备，他们仍然会发起新的争取魁北克独立的行动，国家分裂仍然是悬在加拿大人头顶的达摩克利斯之剑。

第三节　魁北克的未来：全球化时代的认同与冲击

1994年底，两位加拿大学者写了一本名为《分家：为没有魁北克的加拿大进行规划》的著作，讨论魁北克在加拿大的去留问题。魁北克人无休止地争论主权问题，使联邦政府无暇顾及国家面临的最紧迫的问题：高失业率、低增长率、失控的政府赤字和债务，等等。如今的加拿大人已经受够了魁北克在分离问题上不停顿的折腾。一些失去耐心的人甚至走向了极端，他们要求：为了恢复加拿大经济和政治的健康，魁北克必须离开。他们强调："加拿大政治中的魁北克问题并非魁北克是否将脱离加拿大，而是加拿大是否要将它驱逐出去。"① 这本书的观点反映了存在于加拿大的另一种民族主义，一种与魁北克政治分离主义针锋相对的民族分立主义。在经历了 1995 年惊心动魄的公投之后，魁北克民族分离主义与加拿大民族分立主义之间的对垒已经公开化。两种民族主义之间的争论和斗争构成了加拿大政治舞台上独特的风景线。

以民族主义对抗民族主义是加拿大联邦政府应对魁北克问题的策略之一。在加拿大政治、经济和社会生活中曾经长期居于支配地位的英裔居民，面对魁北克解放阵线的暴力活动和 1977 年魁北克通过的《101 法案》的冲击，显然一时无法适应。加拿大联邦政府和一些政治家们不得不绞尽脑汁来思考应对之策。早在 20 世纪 60 年代，皮尔逊政府在加拿大历史上第一次提出加拿大是由两个建国民族构成的，而且还专门成立了双语和双文化委员会来采取措施。皮尔逊总理公开承认魁北克具有独特性，他说："魁北克是我们民族联邦中的一个省，但它又不仅仅是一个省，它是一个人民的心脏地带；在真正意义上，它是一个民族中的民族。"

在皮尔逊政府提出的双语和双文化政策的基础上，特鲁多政府提出了多元文化的概念和政策。特鲁多政府认为，双文化这个概念不能精确描述加拿大的社会状况，而多元文化这个概念更为精确。加拿大在 1988 年通过了《加拿大多元文化法》，支持加拿大所有不同文化的发展。

与加拿大历史上的历届政府对魁北克的政策相比较，皮尔逊政府和特鲁多政府的政策显然对魁北克人的文化与民族地位有所倾斜了。但无论是两个建国民族及其相关政策，还是多元文化政策，都未能满足魁北克人最希望得到的以法律条文确立魁北克特殊地位的要求。而且在加拿大，除了英语文化和法语文

---

① Alan Freeman, Patrick Grady. *Dividing the House: Planning for a Canada Without Quebec*. Harper Collins Publishers, 1994: 9-11.

化清晰可见，其他文化充其量仅仅具有朦胧不清的迹象，对加拿大的政治、经济和社会生活的影响也微不足道。

另外，许多英裔加拿大人对多元文化政策感到难以理解。首先，英裔加拿大人无法从语言角度理解魁北克问题，双语政策的实施使法语拥有了在全加拿大被使用的特权，而不再是魁北克的特性，法语使用范围的扩张被众多英裔加拿大人认为是对魁北克人代价昂贵的让步。其次，让英裔加拿大人更为不满的是：他们认为魁北克政府坚持要求在加拿大其他地区实行语言权利的平等，但在魁北克内部却拒绝实行语言权利的平等。如果按照多元文化政策来理解加拿大，那么加拿大就是一个由众多的文化群体组成的国家，而法语文化社会只是构成加拿大的众多文化群体之一。因此，无论是法裔加拿大人还是魁北克人都不应该提出特殊的诉求。最后，对于加拿大联邦政府与魁北克的关系，英裔加拿大人也颇有怨言。在他们看来，既然加拿大是一个多元文化的联邦制国家，联邦政府与加拿大所有地区的关系就应该是平等的。如果联邦政府由于承认魁北克的特殊地位而给予魁北克政府更多的主权，那么，其他地方政府也应该享有与魁北克同样多的主权。当我们了解了英裔加拿大人的这些认识后就不难发现，英裔加拿大人的认识其实已经包含着另外一种民族主义——加拿大民族主义。被魁北克问题困扰已久的英裔加拿大人终于无法忍受了，他们开始以其人之道还治其人之身，用加拿大民族主义来对抗魁北克民族主义，即用民族分立主义对抗魁北克的民族分离主义。两种民族主义之间的对抗紧随 1995 年魁北克独立公投而开始。坚持民族分离主义的魁北克人在焦急地等待下一次独立公投，而持民族分立主义的部分英裔加拿大人则紧锣密鼓地筹划着魁北克问题的解决方案。

在公投前的争论中，已经有民族分立主义者提出，如果加拿大可以被分割，那么魁北克也可以被分割。在蒙特利尔，还有魁北克的其他地区，许多人赞成加拿大联邦制。按照他们解决魁北克问题的方案，一个独立的魁北克将会产生。但是，这个魁北克并不包括现在魁北克的所有地区，而被缩小到沿圣劳伦斯河和沙格奈河沿岸狭窄的地区。显而易见，这个方案具有种族隔离的含义，因为他们所要建立的魁北克实际上类似于一个法裔居民的保留地。

魁北克人猛烈地抨击分立主义者的设想，指出魁北克地区和魁北克社会是一个具有长期历史的存在，而加拿大本身是人为创造的政治实体，它是由上加拿大和下加拿大与沿海各省通过协议而建立的，下加拿大即为今日的魁北克。魁北克先于加拿大联邦而存在，因此要决定魁北克的未来，只能通过民主的方式。一旦通过民主的方式决定了魁北克的未来，包括胜利者和失败者在内的所有人都必须接受这种结果。

加拿大著名哲学家查尔斯·泰勒态度鲜明地反对这种分立主义的方案。一些温和的联邦主义者也认为，实行民族分立是危险的，应该在经过改革的加拿大联邦制内寻求妥协和共识。而且，魁北克民族分离主义者和温和的联邦主义者都认为，这种分立主义的方案根本不具有可行性。因为按照这种方案实行魁北克与加拿大的分立，遇到的第一个问题就是如何划分分界线，难道要将蒙特利尔的一些街道划分给加拿大，另外一些街道划分给魁北克吗？

民族分立主义之所以出现，一方面是由于英裔加拿大人对魁北克没完没了的行动感到愤怒，另一方面他们仍然拒绝尊重魁北克人的自决权，这反映出一些居住在魁北克的英裔居民的潜在的不满，也是一些英裔加拿大人挫折感的公开流露。同时，魁北克以外的加拿大政治和知识精英设计了回应魁北克独立要求的 A 计划和 B 计划，并最终要求加拿大最高法院作出裁决。加拿大最高法院在 1998 年表达自己的观点：魁北克无权单方面宣布脱离加拿大。

为表明自己的立场，魁北克人转而不断地提出语言问题来显示其民族主义情绪。英裔加拿大人则利用人口数量上的优势，一次又一次地对魁北克人提出的通过宪法修正案来确立魁北克特殊地位的要求予以否决。理由是：按照多元文化政策，魁北克地区的法语文化仅仅是加拿大多个文化群体之一，它所具有的地位与其他文化群体不应该具有差别，因而不能在宪法中确定魁北克的特殊地位。

在独立公投未能通过的情况下，通过宪法修正案来确立魁北克在加拿大联邦中的特殊地位，是魁北克民族主义者退而求其次的目标。由于英裔加拿大人的否决，从提出两个建国民族理念的皮尔逊时期到目前为止，加拿大宪法关于给予魁北克特殊地位的修正案虽然经过多次讨论与谈判，却始终未能通过。这个结果一定程度上强化了魁北克人争取独立的意识。因为在魁北克人看来，既然在加拿大联邦体制框架内不能获得特殊地位，那么唯有独立才能达到这一目的。所以，虽然 1995 年魁北克独立公投失败，但魁北克争取独立的要求并没有丝毫减弱，反而进一步加强。魁北克人不断强化的分离主义，激起了英裔加拿大人的民族分立主义。实际上，在这场以民族分立主义对抗民族分离主义的博弈中，双方的民族主义情绪都不断强化。

魁北克人与英裔加拿大人之间之所以存在这种对抗，其根本原因仍然在于英法两国不同的政治文化的差别。加拿大哲学家查尔斯·泰勒对此进行了透彻的分析：“这是互不相容的两种自由社会观。当前加拿大社会的不和谐在很大程度上来源于这两种模式的冲突。‘特殊社会’要求给予它凌驾于宪章之上的优先地位，对这种要求的拒斥，部分来源于加拿大英裔居民中盛行的程序性观点。按照这种观点，由政府确认魁北克为特殊社会就是承认了一个集体目标，必须让这个附加条款从属于现存的宪章以中立化。从魁北克的观点来看，这种推行程序性自由主义模式的企图不仅剥夺了有关特殊社会的附加条款作为一个解释规则的效力，而且表明拒绝了作为加拿大社会基础的那种自由主义模式。在整个密基湖论争期间每一方都误解了对方，但双方都准确地看到对方的问题。加拿大的其他地区看到特殊社会附加条款使得集体目标合法化了，魁北克则发现让宪章居优先地位就会强制推行一种与他们格格不入的自由社会模式，魁北克若不放弃自己的特性就无法容身于加拿大社会。”这两种互不相容的自由社会观反映的是两种文化认同，而文化认同在国家与民族关系问题上将成为政治认同的基础。加拿大英裔居民与魁北克人在一个国家内部生活了200多年而无法融合，根本原因还在于两个被承认为“建国民族”的族群缺乏共同的政治认同。

英裔加拿大人之所以用加拿大民族主义来对抗魁北克民族主义，恰恰是源于全球化趋势席卷加拿大经济、政治、文化等各方面时，英裔加拿大人所面临的前所未有的认同困境。而令加拿大人困惑的是，魁北克人在认同方面似乎占据了更有利的地位。

全球化时代的认同问题与魁北克的未来是当代加拿大社会和加拿大人关注的一个焦点。1991年，冷战结束，新一轮全球化的浪潮滚滚而来，席卷了世界的每一个角落。全球化意味着资金、商品、技术、思想和社会实践跨越国界的自由流动，这样的自由流动使不同社会之间的相互联系日益增多，而文化则居于这种联系的中心。因为只有通过文化，不同社会之间对相关事务的共同理解才能逐步发展。但恰恰是借助于文化，强势民族或者国家的文化往往占据支配地位，而其他民族的文化特性却面临被同化或者消融的威胁。文化全球化凭借的手段是现代媒体，而在全球媒体帝国中，占据统治地位的又是美国。所以，有相当多的学者认为：文化全球化并不是一种全球文化的形成和发展，而是美国英语文化商品和实践的扩张，文化全球化在一定程度上意味着文化的美国化。

作为美国近邻的加拿大也许最为深刻地感受到，文化全球化对加拿大人的文化认同乃至政治认同所产生的无法抵抗的影响。这种影响所带来的是新的认同问题：谁来确定和代表民族文化。确定民族文化认同以对抗文化帝国主义或者文化美国化的威胁，必然要运用具有偏爱的民族认同的概念。比如捍卫法国风格或者英国风格，但这样一来就必然产生以弱化民族的人种和文化多样性来协调内部的文化认同的后果。如果忽视全球化背景下民族文化认同的意义，国家的政治认同将失去最为重要的基础。

认同问题其实一直存在，当它备受关注之时，一定是它遭遇了严重的危机。加拿大的认同问题起源于加拿大的形成。影响加拿大人的认同问题的因素主要有三个：英国、美国和魁北克。

1760 年以前，加拿大的法裔居民已经形成了新的认同，即对新法兰西而不是其母国法国的认同。英国攻占新法兰西后，大批效忠英国的北美英裔居民来到加拿大，历史学家将他们称为效忠派。以效忠派为主体的英裔加拿大人在政治上认同英国，而在文化上却与新建立的英语国家——美国有更多的相同或者是相似之处。在加拿大成为主权国家以后，英国不再成为影响加拿大人认同问题的因素，而美国因素则日益强大。1888 年，恩格斯在游历美国时，顺道去了加拿大。在他眼中，这个国家的旅馆、报纸、广告等几乎全是美国式的。美国的报纸、图书等可以更便捷地进入加拿大，其内容也更容易引起加拿大人的共鸣。加拿大在政治上逐渐独立的过程是一个伴随着经济上日益依赖美国和文化上日益受到美国更强大影响的过程 。一篇发表于 1915 年的文章描述了美国文化对加拿大人的影响：几乎每一种美国一流月刊在加拿大的发行量都比加拿大的民族月刊要大得多。美式思维对加拿大思潮的影响是微妙但不可抵抗的。于是，美国文化很早就对加拿大的英裔居民产生了巨大的影响，美国化成为加拿大人无法躲避的外部挑战。这一挑战给加拿大的英裔居民带来的影响就是文化认同与政治认同难以一致。英国式的政治方式与美国式的生活方式在英裔加拿大人身上融为一体，必然带来对“我是谁”的追问，也使得英裔加拿大人从其历史开始的那一刻起就不得不面对极其重要而又难以厘清的认同问题。

与英裔加拿大人相比，魁北克人在认同问题上没有遇到严重的挑战。由于法语文化在魁北克地区存在的时间超过 200 年，它已经深深地扎根于魁北克社会，因而具有强大的文化实力来抵抗任何文化同化的企图，可以在英语文化的包围下不断实现魁北克人文化认同的再生产并强化这种认同。魁北克人所拥有的抵御美国化的武器就是法语。因为语言的差别，美国文化产品对魁北克人的文化独特性基本无法产生重大影响。魁北克人具有对民族认同的自觉。他们认为自己拥有独特的文化身份，是一个独特的集体存在，而且是一种独一无二的文明。“平静的革命”是魁北克人从文化民族主义转向政治民族主义的强大动力。随着魁北克政治民族主义的形成，魁北克人开始强化自己的政治认同。与英裔加拿大人不同的是：魁北克人中的多数始终难以形成对加拿大国家的政治认同，即魁北克人在政治上并不效忠英国，因而也不效忠英国在北美的体现——加拿大。例如第一次世界大战期间，面对加拿大政府的征兵，魁北克人发起了反征兵运动；第二次世界大战期间，被征召进入加拿大军队的魁北克人有50%当了逃兵。这就足以说明魁北克人在政治上虽然受到英国和加拿大的统治，但近200年的统治并未能改变魁北克人的政治认同。因魁北克政治民族主义兴起而形成的魁北克人的政治认同，不仅加剧了魁北克人与英裔加拿大人的矛盾，而且也对加拿大人的政治认同产生了影响。

在20世纪初期，关于加拿大美国化的议论已经不绝于耳。那么在全球化时代，如果承认文化全球化至少在一定程度上即为文化的美国化，作为美国近邻的加拿大所面临的美国化的威胁必然更加严重。2004年，两位社会学家对美加两国进行调查后指出："英裔加拿大人与美国北部居民，虽然分别居住在官方划定的国界线两边，但他们之间的共同之处要远远大于与他们各自的同胞——魁北克人和南部美国人之间的共同之处。"这种看法令加拿大政治家不安，但的确说明了加拿大文化与政治认同的最大问题：到底以怎样的文化特性作为自己文化和政治认同的基础。

民族认同是通过确定相对于外部的本国或者本民族的独特性和差异性以及强调内部的统一性和同一性来构建的。这两个方面产生出民族的独一无二性，构成它的个性，并奠定它自立于世界民族之林的权利基础。对于希望建设多元文化的加拿大而言，其所面临的挑战是：必须避免文化同质化，同时又要维持国家统一的意识。所以，一个执行多元文化政策的国家，最重要的就是确定明确的外部边界。对于加拿大人来说，这个边界实际上从很早开始就无法准确地确定。李普塞特曾经说过，美国人不了解，而加拿大人却无法忘却的，是美国革命产生了两个国家，而不是一个国家，美国作为胜利者降临世间，加拿大作为失败者来到世上。因此，加拿大人或者正确地说是英裔加拿大人总也摆脱不了与美国进行比较。然而，魁北克人则从来不会去与美国人进行比较。如果他们要进行比较，也是与英裔加拿大人，或在某种程度上与法国人进行比较。这种比较的结果是，魁北克人知道了自己文化独特性之所在，而英裔加拿大人越是进行这样的比较，越是难以发现自己与美国人的差别。如果美国人对自己说，"我们是许多中的唯一"，加拿大人则对自己说，"我们是许多中的许多"。作为与美国文化同宗、同根、同源的加拿大，在文化全球化以不可阻挡之势全面进入加拿大社会生活的各个领域的情况下，不得不面对融合的可能性和同化的威胁。

为了发展加拿大自己的媒体文化以增强加拿大人的国家认同，加拿大政府积极支持加拿大广播公司制作两种语言的加拿大电视和广播节目。但调查显示，法语观众将大多数看电视的时间花在观看国内节目上，他们一般观看加拿大广播公司制作的法语节目，如果他们要观看英语节目，则只观看美国的节目，而不观看加拿大的节目。英裔加拿大人从不观看法语节目，但他们基本上只观看美国的节目。这种结果令人啼笑皆非，加拿大联邦政府旨在促进加拿大认同的举措在一定程度上增强了魁北克人的文化认同，同时强化了加拿大内部的分离主义倾向。

与美国太多的共同之处永远是许多英裔加拿大人挥之不去的梦魇。相比之下，魁北克人对文化全球化或者说文化美国化并不拒绝，因为他们通过语言和文化因素，可以轻而易举地对其重新定义。面对文化全球化的冲击，魁北克人选择了在维护民族文化特性的同时，适应文化全球化的环境，创造出引人注目的魁北克文化成就。在文化全球化的语境中，这对保持或者强化魁北克的文化特性和魁北克人的文化认同意义重大。

报纸作为最早出现的大众传播媒体，在电视、互联网出现的情况下，仍然是影响人们的最重要的媒体之一。魁北克政府充分认识到报纸与期刊对于认同形成的意义，大力支持各种法语报刊，彰显其文化独特性，这就使得魁北克形成了也许在世界上都堪称最为发达的报刊出版业。魁北克总人口只有 730 万，却出版发行大众报刊 102 种。在文化全球化的背景下，这些用法语出版的报刊，对于加强魁北克人的文化认同起着非常重要的作用。魁北克大量出版的报刊能够发挥这样的作用，关键在于：通过使用一种不同于美国和英裔加拿大人所使用的语言，在魁北克建立起一道保护魁北克法语文化的壁垒，使得魁北克的法语文化免于淹没在美国英语大众媒体的汪洋之中。这是保持乃至强化魁北克人的文化认同和政治认同的重要条件。魁北克的经验表明，在面对全球市场的条件下，一个民族要保持自己的语言和文化是可能的。但前提是，这个民族必须高度重视维护民族语言。在北美和全球化的语境中，语言是涉及魁北克人认同的核心问题，是表现魁北克人差异性的图腾。这也是魁北克人在法语问题上绝不妥协的根本原因。

大众文化产品是魁北克人展示自己与加拿大人之间存在的差异性的又一个领域。魁北克的大众文化特别是电视节目和流行音乐产品，在北美语境下获得了引人注目的发展。魁北克大众文化产品采用最流行、最时尚的形式，内容则永远突出魁北克文化的独特性。这种独特性并不仅仅局限于语言，还扩展到魁北克人的历史、文化传统以及魁北克人在音乐、建筑、戏剧、文学和艺术等领域取得的成就。魁北克的法语电视节目，使魁北克人能够看到一个新的魁北克人的形象，一个旨在增强魁北克人认同的形象。因此即使到了全球化时代，面对美国大众文化产品全面进入加拿大的局面，魁北克的大众文化产品仍然具有很强的市场竞争力，并在与美国大众文化产品的竞争中占据了主动。民意调查显示，魁北克的法语电视节目极大地强化了魁北克青年对魁北克的文化与政治认同。在对在校大学生的一次民意调查中，82% 的受访者表示自己是魁北克人而不是加拿大人，并支持魁北克获得主权；只有 4% 的受访者表示自己是加拿大人而不是魁北克人，12% 的受访者表示自己既是魁北克人又是加拿大人。

在魁北克生产的大众文化产品中，法语流行音乐获得了巨大的成功。两个权威调查公司的结果都显示：魁北克艺术家创作的音乐作品成功地阻击了美国流行音乐在魁北克的传播。在 2001 年，美国的流行音乐作品在魁北克的最流行音乐作品中所占比例为 25%，到 2005 年这一比例下降到 10%，而魁北克音乐家创作的作品所占比例从 55% 上升到 73%。魁北克流行音乐同样具有增强魁北克人文化与政治认同的功能，不过这个认同是对魁北克而不是对加拿大。一首在魁北克广为流传的流行歌曲的歌词是："我的祖父的祖父的祖父来自布列塔尼，我的家庭的血脉流着阿卡迪亚的血液，该死的英国人来了，将我们像野兽般驱赶，离开被毁的家园，我们随风飘散。"这样的歌曲很自然地就会提醒魁北克乃至法裔加拿大人自己的认同是什么，因为这些歌曲在反映魁北克独特性的同时也在强化这种独特性。

因为魁北克政府和社会采取了一系列措施来保护法语文化的独特性，所以魁北克人在全球化时代并未遭遇英裔加拿大人的认同困境，反而借助全球化带来的地方地位丰富了与各种新的文化交往的形式，强化了魁北克人对魁北克的文化与政治认同，强化了许多魁北克人追求魁北克主权的诉求。多年的民意调查结果显示，魁北克人有非常强烈的对魁北克的文化与政治上的认同，不过赞成魁北克独立而且马上独立的却没有多到可以让魁北克的政治家组织第三次独立公投的程度。2005 年的一次民意调查结果显示，45% 的魁北克受访者表示希望独立，并不再与加拿大保持伙伴关系，同时 49% 的魁北克受访者却表示支持加拿大的联邦结构。而坚持魁北克独立主张的魁北克人党在最近几次大选中落败，也说明魁北克在近期不存在立即独立的可能。

在更长期的未来，魁北克是否将成为一个独立国家，在很大程度上取决于魁北克经济上能否具有更强的独立性与国际性，即魁北克经济与加拿大经济的关系是否将弱化，同时与国际经济关系得到强化。如果魁北克经济朝着这样的方向发展，那么魁北克人独立的意愿将如同"平静的革命"带来的政治民族主义情绪高涨一样被进一步强化，而且没有了经济上的后顾之忧，魁北克的独立也许会突然实现。

1995 年魁北克独立公投未能实现的主要原因之一，是魁北克的经济无法脱离加拿大而发展。但全球化的作用之一，就是使一个国家的某个地区获得与国际经济更紧密的联系，而与其国内经济的联系被削弱，从而导致地方主义乃至地方分离主义抬头。这样的未来在魁北克并非不存在。所以，要对魁北克的未来走向作出一个准确的判断基本是不可能的。但不管魁北克独立与否，它都将继续牢牢抓住法语文化这个关键，坚持与扩大法语文化的影响，因为在全球化时代，“文化特性并不是一个纯粹知识范畴的问题，而是一个为使自己的权利诉求具有合法性提供认同的事物。文化是可以用于竞争稀缺资源的战略和武器”。①

因此，魁北克的未来路在何方仍然是一个充满不确定性的问题。魁北克是否会成为一个独立的主权国家，这是加拿大联邦政府不能不面对的问题，是魁北克人在不断思考的问题，也是加拿大与魁北克研究专家、联邦制与地方主义研究专家、民族和民族主义研究专家们持续关注的问题。

---

① Worsley，P. *The Three Worlds：Culture and World Development*. Weidenfeld and Nicholson，1984：249.

第五章 加拿大多元文化教育

教育的真正对象是全面的人，是处在各种环境中的人，是担负着各种责任的人，简言之，是具体的人。

——“终身教育之父”保罗·朗格朗

第一节　多元文化教育的发展演变

每个试图了解和准确描述加拿大教育体系的人都会面临巨大的挑战。或许正如加拿大著名高等教育学者格兰·琼斯教授所说的，“描述加拿大高等教育几乎与解释加拿大这个国家本身一样困难……加拿大高等教育的政策风格，过去是而且现在仍然是独一无二的，这种政策风格反映了许多有别于其他西方发达国家的复杂的社会和经济因素”。① 这段话同样可以用来表明人们对整个加拿大教育现状的体会。作为一个深受英、法主流文化影响，却又同时拥有多元文化、多民族特色的移民国家，加拿大的教育制度自有其独到之处。加拿大是

① 格兰·琼斯．加拿大高等教育——不同体系与不同视角（扩展版）．林荣日，译．福建教育出版社，2007：359.

世界上人均教育经费投入最高的国家之一，其公共教育支出占国民生产总值的比重、高等教育入学率及教育竞争力在世界上均名列前茅。根据联合国开发计划署发布的《2010 人类发展报告》中的数据，加拿大位列人类发展指数全球排名的第八位。这一排名是基于三个维度（健康、教育和生活水平），共涉及四个指标（出生时预期寿命、人均受教育年限、预期受教育年限、人均国民总收入）的统计数据，而就其中涉及教育的两个单项而言，加拿大的得分甚至高于个别排名在第八名之前的国家，可见加拿大教育制度的成功。而这一成功的基础可溯源到加拿大自 1971 年开始正式实施的多元文化主义政策。这一政策的执行造就了今天丰富多彩、生机勃勃的加拿大多元文化教育。

加拿大多元文化主义政策的出台是一个漫长的过程。加拿大的历史就是一部多元文化的形成和发展史；而这一历史发展进程，在某种意义上是一幅各族裔的亚文化不断与主流文化（英语文化与法语文化）相互交流、融合，又不时发生冲突、排斥的精彩画卷。从这幅画卷的远景来看，“加拿大自古以来就是一个移民国家，在这片土地上曾发现古生物的化石，却从来没有发现有人种在这里发生和进化。加拿大的土著居民来源于亚洲，他们经过白令海峡来到北美……渐渐遍布整个北美大陆”。① 这些土著居民们，如印第安人、梅蒂人、因纽特人等，生产力低下，部落之间相互隔绝，因而各个部落的语言、文化差异较大。这一事实是多元文化主义在加拿大后来的发展中可以被接受、实施的最初的土壤。

早在 15 世纪末期，欧洲人就已经开始了对北美大陆的探险，最初是为了寻找通往太平洋的水路航线，后来则是做着“黄金梦”，这种探险一直延续至 16 世纪中后期，最终真正与加拿大土著之间建立并贯穿始终的商业来往却是皮毛生意。到 17 世纪初，法国探险家、制图人尚普兰领导的一批法国人在魁北克建立了法国第一个永久性的殖民点，并以此为中心和基础逐步建成了一个新法兰西殖民地，他本人在加拿大历史上也被尊称为“新法兰西之父”。从 17 世纪中叶到 18 世纪中叶这 100 年间，新法兰西处于法国国王的统治之下，但随着新商路的不断开辟，随之而来的是英、法之间尖锐的利益冲突。到 18 世纪中期，为了争夺殖民地，分别以英、法为首的欧洲两大交战集团在欧洲、北美和印度的争夺愈发激烈，最终于 1756 年爆发了“七年战争”。英国取胜之后，正式宣告北美北部进入英属殖民地时期。

北美北部地区归属英国之后，来到加拿大的英国移民和效忠于英国的移民

① 姜芃. 加拿大文明. 中国社会科学出版社，2001：37.

逐渐增多，以致人数最终超过了法国统治的150年间形成的法裔移民群体。尽管英国殖民者试图同化法裔文化，但法裔加拿大人从未放弃过维护法裔文化和法语地位的斗争。同化政策尚未真正见效，北美13个殖民地的独立运动又轰轰烈烈地展开了。英国殖民者不仅再无暇顾及同化之事，还不得不于1774年颁布《魁北克法案》（*Quebec Act*），扩大魁北克的管辖范围，允许魁北克保留原有的法国民法，同时实行英国刑法及其程序，承认天主教会的各种特权，以此来巩固加拿大人对英国的忠诚。这个法案的颁布虽然避免了魁北克成为“北美第14州”，但也埋下了魁北克地区延续至今的法裔文化的深远影响以及不懈谋求独立的种子。美国独立战争后，魁北克接收了大量的英国效忠派难民。这些操英语的难民和说法语的原居民在社会阶层、文化、观念与需求上都有冲突，导致《魁北克法案》渐渐变得难以执行。因此，英国政府又颁布了《1791年宪法法案》（*Constitutional Act of* 1791），将魁北克省一分为二：效忠派定居、使用英国法律与制度的上加拿大和以法裔加拿大人为主、保留法国民事法与制度的下加拿大。这一法案的颁布使加拿大事实上划分为英语区和法语区，法语文化表面上拥有了和英语文化同为两种主流文化的平等地位。但谁都知道想获得真正意义上的平等还有漫长的道路要走。历史的进程往往不以个人的意志为转移，加拿大的发展也是如此。《1791年宪法法案》颁布后的漫长岁月里，英语区和法语区的民族矛盾、冲突时有发生，而魁北克的“平静的革命”几乎将加拿大推到分裂的边缘。然而，对于那些非英法裔的其他外来少数族裔的移民来说，他们更希望能获得同主流文化平等的政治地位，参与加拿大的政治生活。这些历史长河中的浪花也为加拿大最终实施双语框架内的多元文化政策埋下了伏笔。

如果说加拿大多元文化的发展历程确如前文所说是一幅波澜壮阔的画卷，其中远古历史画下了土著部落的多民族文化的远景，而先后成为法国、英国殖民地的历史又浓墨重彩地绘制了双语框架的中景，那么美国独立战争之后，直到第二次世界大战结束后这段漫长岁月中，加拿大先后经历的四次移民浪潮则是多元文化真正形成的近景了。截至1971年，加拿大的少数族裔人口比例超过总人口数的25%。这就为多元文化的形成奠定了广泛的社会基础。从某种意义上说，加拿大国家形象的维持与发展取决于是否承认加拿大社会中文化的多样性，是否承认各民族文化及成员有平等的社会地位。在这样的历史背景下，加拿大总理皮埃尔·特鲁多在1971年正式宣布实施“双语框架内的多元文化主义政策”。他在诠释这一政策时这样表述：“两种官方语言，但不是两种官方文化，任何一个民族群体都不能够优于其他的民族群体之上。”

加拿大多元文化教育的形成与社会的发展进程相辅相成。社会历史学家约翰·波特在20世纪60年代提出了“垂直的马赛克”（Vertical Mosaic）的说法，此后加拿大人一直采用这个说法，并引申出文化马赛克(Cultural Mosaic)、民族马赛克(Ethnic Mosaic)等多种表达。而加拿大多元文化政策的演变也曾经历过多个阶段：由最初的“盎格鲁一致论”(Anglo-Conformity)、“熔炉论”(Melting-pot Theory)、“文化多元主义”(Cultural pluralism)，到最终的“多元文化主义”(Multiculturalism)。加拿大多元文化主义的核心原则是文化共荣与共存，各民族和文化群体在认可并接受加拿大国家公民身份的同时，保持其本民族文化的独特性。它以文化多样性为特征，不同的文化既保持相对独立，承认彼此间的差异性，同时又相互沟通、融合，认可彼此间的共融性；它以种族平等、自由、共存为理想，试图实现一个公正的加拿大社会（Just Society）。

加拿大是世界上第一并且唯一一个将多元文化主义写入官方政策的国家。如何行之有效地引导不同文化背景的人认同自己的国家公民身份，同时又保持各自的民族文化特色成为重中之重，这正是多元文化教育发展形成的重要社会背景。多元文化教育担负的重任，是要缓和紧张的民族关系，保护各民族的文化遗产，让众多的外来移民放弃各个文化之间的所谓“优劣之分”，消除各族群的文化壁垒，直到最终认同自己的加拿大公民身份。为了实现这样的宏伟目标，联邦政府在政策制定、法律保障和社会实践上都作出了巨大的努力。

1963年，为了应对当时的分离主义者对加拿大联邦统一的挑战，总理莱斯特·皮尔逊促成皇家双语双文化委员会的建立。这个委员会的成立旨在改善各民族和各移民群体之间的关系，促进其文化交流。该委员会通过先后发布四个建议公告，确立了英语系和法语系两大文化群体的居民作为国家公民的完全平等地位，明确了英语和法语同为加拿大的两大公用语言，联邦政府机构的一切文件必须同时使用两种语言；充分肯定英语、法语以外的各民族群体对加拿大社会发展的重大作用和贡献；强调每个民族群体的独特文化都是加拿大的宝贵财富，提倡在各其他民族群体了解和学习主流文化的同时，主流文化群体也要学习和了解各其他民族的优秀文化。这四个公告反映了加拿大从开始的“双文化”向其后“多元文化”的发展、转变过程。

1971年10月8日，总理皮埃尔·特鲁多领导的自由党政府在下议院颁布了《双语框架内的多元文化主义政策实施宣言》，这是1988年7月21日正式被王室确认的《加拿大多元文化法》的先驱，是加拿大成为多元文化国家的象征。这一政策受到加拿大《1982年宪法》第27章《加拿大自由和权利法案》支持。1984年布莱恩·马尔罗尼的保守进步党执政后，并未改变这个政策，虽然此前他们对该政策持批评立场。

尽管对于多元文化主义的内容和效果一直存在争议，尽管过去和现在来自各方的批评从未停止，但是绝大多数政治精英们和大多数加拿大人都赞成执行多元文化主义政策。多元文化主义已经成为加拿大身份的基本和重要的组成部分。一个有着海纳百川的气魄的国家才可以当之无愧地被称为一个“大国”。

加拿大多元文化教育的内涵容纳了加拿大的民族发展观。“多元文化教育”的概念一经提出就受到了各方关注，相关机构和学者们试图从人类学、教育学、社会学和心理学等各个不同视角对之作出界定。这也造成了这一概念有一定程度的模糊和混淆，曾经有过多个表达，如不同文化间教育（Intercultural Education）、多族裔教育（Multiethnic Education）、多语教育（Multilingual Education）、文化多元主义教育（Pluralism Education）、双文化教育（Bicultural Education）、跨文化教育（Cross-cultural Education）等。多元文化教育最初始于多种族教育。尽管概念的表述上有所区别，但多元文化教育的内涵大体上是相近的。各种不同的定义大多强调以下几点：重视文化的差异性，强调减少文化偏见和加强文化间的相互包容，推进社会公正。

多元文化教育以尊重不同文化为出发点，在各集团平等的基础上，为促进不同文化集团间的相互理解，有目的、有计划地实施一种共同、平等的“异文化教育”。多元文化教育应使所有学生（不仅是少数民族学生），不论其性别、种族、宗教、语言、社会经济地位如何，认识和理解社会中的各种文化，包括学生自身所属的文化以及具有普遍性的为各民族共享的国家主流文化。多元文化教育必须帮助学生获得在国家主流文化中生存所需要的认识、技能和态度，同时也要有助于培养学生在本民族亚文化和其他少数民族亚文化中生存所需要的能力。其目标是通过多元文化教育课程，了解社会不公及其原因，促进学生与教师理解和尊重加拿大社会存在着的多样文化，提高他们在不同文化背景中的生存和发展能力，培养适应多元文化社会的新一代加拿人。

加拿大的多元文化教育的最终的目的是提高学生的学习能力，给年轻人提供公平竞争、合理流动的机会，其实质是通过实施教育公平来促进社会公平。在多元文化教育实践的过程中，教育公平主要体现在促进教育机会的均等。但是，加拿大的多元文化教育则立足于本国文化马赛克的现状，从不平等的文化关系来研究教育领域的不平等现象，试图从“文化资本”的视角来解决教育均等的问题。在21世纪势不可挡的全球化进程下，这一尝试在促进教育国际化、实现教育公平方面有着不可替代的作用。

第二节　多元文化下的主流教育模式

加拿大著名的教育家布莱尔（R. E. Blair）曾说，加拿大的教育制度实际上是不存在的，加拿大有 12 种教育制度，10 个省各有特点。这种说法反映了加拿大这个马赛克国度特殊的国情以及适应这种国情的教育体系。迄今为止，加拿大教育体制的运行方式是全球发达国家中最地方化的，加拿大从来就没有过联邦政府教育部或国家教育部。大量的教育管理和协调事务由 10 个行政省和 3 个省级特区设立的教育部负责处理。如果能从解读加拿大各省的教育制度的角度来审视加拿大的教育体系，人们就能更好地理解加拿大教育的多样性和多元文化特色。

加拿大的学制主要分为：幼儿园至六年级、七年级至九年级、十至十二年级、中学后教育（高等教育）。除魁北克省为十一年制，安大略省为十三年制以外，高等教育前的教育都是十二年制。而且加拿大的公民或永久居民都享受从小学到中学的免费教育。从中学后教育（高等教育）的办学模式来看，可以分为：大学（University）、大学学院（University College）和社区学院（Community College）。在这个层面上，各省拥有较大的办学自主权，因而增强了各省的办学积极性并使其具有高度的责任感。各大学的自主性也得到了充分的体现，在招生、专业与课程设置、人事分配制度等方面都各具特色。加拿大历来是世界各国最受欢迎的留学目的地，这正是得益于加拿大生机勃勃、积极进取的自主办学方式。加拿大联邦政府则对高等教育有很高的津贴。从具体的组织机构来看，各个省划分为数量不等的多个学区，每个学区设立学校委员会，由学校委员会根据《学校法案》的基本要求来处理学区的具体事务。各省教育部的职责是制定教育制度、分配教育经费、制定评估标准，因此教育部对各学区的控制和管理是通过有倾向性的经费划拨来间接实现的。正是由于这种相对松散的分权制的教育体制，学校有充分的自主权，能根据当地社会的需要设置专业和开设课程。再者，政府提倡加强学校与社会的联系，因此加拿大的教育内容有较强的针对性。

具体而言，加拿大的多元文化教育在课程设置方面充分体现了这种“多样中统一”的平等。第一，通过社会文化和意识形态教育这类课程的设置，积极培养学生的多元文化意识，树立正确的国家观、社会观。这类课程涉及社会生活的各个层面，例如较低年级的学生学习、了解社会的起源、土著人的生活、加拿大社会的变迁；中高年级的学生讨论文化冲突与不同的价值观、两种文化主义和多元文化主义的内容；更大些的学生会在更深层面上去研究和理解社会问题与种族问题、国与国的冲突、多元文化主义的前景，等等。学生可以在不断地学习中加深自己的多元文化经验和意识，直至最终形成自己的多元文化观。

第二，设置语言类课程。语言是文化的载体。如前文所述，加拿大的多元文化是基于“双语框架内的多元文化”，因此多元文化主义政策要求公民至少掌握英法两种官方语言中的一种，并鼓励公民掌握自己本民族的语言。在各级中小学教学中语言类课程都包括官方语言、各民族语言和外语的教学，这是体现多元文化特色的重要载体。为了实现这一目标，在加拿大这块多文化的神奇土地上还产生了一个外语教学上的创举：第二语言的浸入式教学。关于语言问题的争论在 20 世纪 60 年代就成为加拿大两大民族之间关系的焦点。根据 1961 年的统计，有 1200 多万名加拿大人说英语，340 多万名加拿大人说法语，有 220 多万人操双重语言，另有 20 多万人既不说英语也不说法语。而溯其母语，英语和法语分别约为 1066 万人和 512 万人。讲法语的人与母语是法语的人之间的差额说明，操双重语言的人多半来自法语集团。这就不免引起法裔加拿大人对法语在加拿大地位的担忧。围绕如何在加拿大推行双语制问题，有识之士们提出了许多方案，也引起了一些持久的争论，并因此导致分离主义的崛起。

1968 年上任的特鲁多总理试图通过保障法裔加拿大人在语言和文化上的平等地位来解决魁北克的分离主义问题。1969 年通过的官方语言法规定，在联邦文官服务系统、皇家机构和联邦法院，英语和法语将被同时平等地使用。根据该法设立的委员会，将在那些英语和法语使用者居于少数却达到当地人口 10% 的地方建立“双语区”。在“双语区”内将以两种语言实行充分的联邦服务。由一名直接向议会报告的联邦语言专员监督这一立法的执行。英语和法语同为官方语言的政策使得这一由来已久的问题的解决有了有益的尝试。然而，这种尝试却导致了单语加拿大人的就业危机。以魁北克省为例，法语是该省大多数人的母语，也是该省的官方语言。但对魁北克省的某些英裔加拿大人来说，由于他们不具备用法语进行交流和工作的能力，失去了许多就业机会，从而使他们的生存发展面临着巨大的挑战。在这种情况下，加拿大历史上最成功并得到广泛推广的双语教学项目应运而生，即法语浸入式教学。别具意味的是，该项目并非由政府发起，其发起和推行都得益于家长游说团和公众的压力。

20 世纪 60 年代初期，魁北克省蒙特利尔郊区的圣·兰伯特学区的家长们发现法语不断发展的重要性，并且有感于英语社区和法语社区之间的相互隔离的状态，开始质疑英语学校中学习第二语言的指导方法。为了寻求更好的学习方法，他们咨询了麦吉尔大学的华莱士·兰伯特和蒙特利尔神经学学院的王尔德·潘菲尔德。前者对双语学习的社会心理因素和认知有深入的研究，而后者则从大脑机制的语言功能方面给予了指导。在这些家长们的发起下，一个试验性的幼儿园法语浸入式教学项目于 1965 年在圣·兰伯特开始实行了，即早期全浸入式教学。相对于传统的加拿大第二语言教学模式，这个方案可以说是巨大的挑战和革命。从幼儿园时期起，对母语是英语的低龄儿童全部用法语进行教学，所有的在园生活与学习活动均使用法语。也就是说，儿童在学校里是先接触到第二语言（法语），到小学二年级时才开始有作为母语的英语语文课程，其他部分学科课程到小学高年级时才用母语进行教学。到六年级时，使用母语（英语）和第二语言（法语）进行授课的时间基本上各占一半。

圣·兰伯特的法语浸入式教学实验从学前班一直进行到学生高中毕业，取得了出人意料的效果，引起了全国范围的轰动。当魁北克省的法语浸入式教学实验在媒体和学术刊物上被介绍后，这种教学方法就开始向全国传播。浸入式教学发起于加拿大，但同时它也是少数几个能够获得国际社会认可的第二语言学习的成功范例。这一活动的成功有一个很明显的特征就是家长们的积极参与。1977 年，加拿大成立了“加拿大家长推动法语学习协会”（Canadian Parents for French，CPF），由来自全加拿大的 12000 多名家长组成，在全国设有 150 多个分会，对法语浸入式教学模式的传播发挥了很大的作用。在随后的 20 多年里，这一教学模式得到了进一步深入发展，根据学生接触第二语言授课时间的不同，继续衍生出了早期半浸入式（从幼儿园开始接触第二语言，但母语和第二语言的授课时间各占一半）、中期浸入式（从小学四、五年级接触第二语言授课）和晚期浸入式（小学末期或中学阶段接触）。

随着法语浸入式教学的不断推广和大获成功，越来越多接受过法语浸入式教学的学生从中学毕业进入大学校园，大学里传统的第二语言课程已经不能满足他们的需要，加拿大高校面临着前所未有的挑战。加拿大许多高校为了应对这个挑战进行了有益的尝试。而在大学阶段进行的第二语言浸入式教学则被认为是一种晚期浸入式教学。大学阶段的第二语言浸入，其核心在于让学生在没有压力的第二语言环境中学习，重点放在关注专业课知识而不是语言形式上。例如在渥太华大学，英裔和法裔的新生在参加第二语言测试之后再决定是否参加使用第二语言（法语或英语）进行教学的课程。大学阶段的浸入式教学被证实是卓有成效的，但它一定要有必备的前提条件，那就是较好的专业课和第二语言课程的教学质量。

2007—2008 年度注册参与法语浸入式教学项目人数如下表所示。

2007—2008 年度注册参与法语浸入式教学项目人数（魁北克省除外）

省/地区	注册人数	百分比（%）
加拿大	300464	7.6
纽芬兰与拉布拉多省	7222	9.7
爱德华王子岛	4108	19.2
新斯科舍省	14625	10.6
新布伦瑞克省	21285	19.0
安大略省	154577	7.3
曼尼托巴省	17871	9.9
萨斯喀彻温省	8858	5.4
阿尔伯塔省	31317	5.6
不列颠哥伦比亚省	39509	7.0
育空地区	462	8.8
西北领地和努纳武特	630	6.8

随着时间的推移，注册参与浸入式教学项目的人数不断增长。当然，在加拿大仍然有相当大一部分说英语的小学和中学学生用传统的方式学习法语，也就是把法语当做一门课程来学习而不是作为学习其他课程的教学媒介用语，这种学习法语的教学项目则被称为核心法语项目。核心法语项目和浸入式教学项目在争取好的教师和研究基金方面都存在着竞争，这也未尝不是促进法语推广的好现象。法语浸入式教学是一场伟大的变革，不仅对加拿大的教育产生了巨大冲击，它的推广还逐步引起了世界各国的重视，近十几年来，先后被美国、荷兰、澳大利亚、新加坡等国家所借鉴，分别用法语、英语、日语、中文、俄语等不同语言进行了浸入式教学，并取得了一定进展。1997 年这种模式也被

介绍到我国。总而言之，多种语言教育正是加拿大各省保持和延续本地文化的独立性和多样化的有力尝试。外语教学的发展无疑会进一步促进加拿大教育的国际化进程。

第三，民族特色类的课程在多元文化教育中同样占据了非常重要的地位。这类课程花样繁多、个性鲜明，涉及民族美术、民族体育、民族手工艺、民族烹饪、民族风情等方面。这些课程的开设不仅为学生提供了一个了解和吸收各民族文化精髓的机会，并且大大增加了学习的趣味性和参与性，例如中国武术课和日本料理课都是很受欢迎的课程。民族特色课程既有行政省所规定的课程，也有地区和校本课程，务求从社会的各个角度和各个层面来提高学生对加拿大“文化马赛克”这一特征的认识。

除了课程设置体现了多元文化特色之外，加拿大的教育立法也始终伴随着教育国家化的发展进程。加拿大最初的教育立法是从各省的地方立法开始的，将地方教育事务纳入地方政府管理和法制管理中。在随后的发展过程里，加拿大政府曾尝试过统一全加拿大的教育制度，加强中央对地方教育的管理。例如1841年，联合的加拿大国会试图通过《普通学校法案》将原有的上加拿大和下加拿大两种教育制度合并为一种教育制度。但这次中央集权的努力在两年后遭到各方势力的反对而宣告失败，此法案也被废止。这次事件对加拿大之后的教育管理体制产生了巨大的影响，从此联邦政府不再插手地方教育事务，由此形成了由地方立法机构制定地方教育法规的传统。这种地方教育自治的现象从今天建设多元文化主义加拿大的角度看来也未尝不是一件好事。各地方政府和立法机构在进行教育管理和立法时都把保持当地文化特色作为一个重要的考量依据，使得今天的加拿大教育百花齐放，成为多元文化教育的重要组成部分。

第三节　方兴未艾的“全纳式”职业教育

近年来加拿大的职业教育、远程教育都蓬勃发展，真正做到了面对全社会、面对所有人。在这里，只要愿意，每个人都可以做到“活到老，学到老”。此外，为了能进一步促进民族融合，真正让每一个加拿大人都认可自己的加拿大公民身份，加拿大历届政府也不遗余力地促进土著教育的发展。尽管道路十分曲折漫长，但21世纪的曙光仍然照耀在这块土地上。

加拿大教育有一个不容忽视的组成部分，那就是职业教育。作为一个多民族国家和一个世界热门的移民目的地国家，加拿大一直面临着如何帮助不同文化背景的公民融入加拿大社会的巨大压力。“多元文化主义”(Multiculturalism)这一国策的出台更是大大加快了这种努力融合的进程，而职业教育则对此作出了贡献。进入21世纪以来，一个全新的教育理念的出现更是为方兴未艾的职业教育提供了大展身手的机会，那就是“全纳教育”(Inclusive Education)。全纳教育容纳所有学生，反对歧视、排斥，促进积极参与，注重集体合作，满足不同需求，是一种没有排斥、没有歧视、没有分类的教育。为了实现这一目标，在针对残障人士、少数族裔居民、外来移民等的技能培训领域，针对退役军人的职业培训以及成年人继续教育和终身教育等领域中，职业教育和培训都大有可为。

正像许多新生事物的成长一样，职业教育的发展也经历了从起步阶段到快速发展直至成熟的过程。加拿大职业教育的起步阶段主要是中学后教育(Postsecondary Education)，从20世纪初至20世纪60年代，这一阶段的职业培训主要集中在职校、技校等中等教育层次，培训内容以提供当时社会所需为主。20世纪60年代至今，加拿大的职业教育得到了快速发展并走向成熟。在这一阶段，随着国家的经济、文化、科技等水平的不断提高，各省对实用性人才的需求也变得空前迫切。为了更好地培养本国技术人才与大量吸纳和利用外来移民，从60年代开始各省教育主管部门对原有的一些机构、职业学校、技工学校等进行了整合，组建了高等职业教育机构——社区学院。这意味着职业教育发展到了较为高级的层次并形成了一个完备的体系。从那以后，社区学院就成为培养现代技术人才的主要力量。加拿大的社区学院和技术院校为学员提供实用性非常强的职业教育项目（学制为1~3年，通常还包括一个实习学期），有些社区学院还和邻近的本科大学建立了联系并为社区学院的学生提供大学转入项目（University Transfer Program）。这个项目是针对那些希望获得学位却暂时因为某些原因未能在四年制本科大学注册的学生开办的。学生可以在社区学院或大学学院完成头两年的学习并获得相应学分。通过这个项目成功转入本科大学之后，这些学分都可以转为获得学位的教育头两年的学分。

政府和个人都在中学后教育方面投入了越来越多的资源。根据加拿大统计局和加拿大教育部长委员会2007年的数据，1995—1996年度到2005—2006年度这个时间段内，投入中学后教育的公共消费增长了35%。同时期，投入总体教育的公共消费却只有20%。从个人角度看，尽管学费不断上涨，仍有越来越多的人寻求接受较高层次的教育。2001—2006年，在25~64岁这个年龄段内，接受了中学后教育并获得各种证书、文凭或学位的人数从53%增长到61%。

今天，全加拿大共有175所提供中学后教育的社区学院，它们共同组成了一个全国性的组织——加拿大社区学院联合会（ACCC)。社区学院只是一个通称，其实除了狭义的社区学院，还包括技术学校以及吸纳了大学的办学特点，在20世纪80年代发展起来的大学学院（Universtiy College)。尽管名称不同，但所有的社区学院都具备相同的办学目的，那就是满足工商业和公共服务业日益增长的培训需求。此外，对于那些希望掌握一技之长的中学毕业生、寻求就业机会的大学毕业生以及希望接受终身教育的成年人，社区学院都可以满足他们在教育方面的要求。从过去的发展历史来看，社区学院仅仅为学生提供毕业文凭，通常不授予学位；而现在随着社会需求的变化发展，不少社区学院都已争取到资格提供学位课程并授予学位。

社区学院的教学内容通常是特定的以提高某些职业技能为导向的课程，同时也提供普通学术课程。学院的课程设置70%是实践课，而理论知识只占30%。学院开设的实践课的讲授方法也很直接，教室就是实验室或工作间，学生可直接动手去做，或是到企业去锻炼。教师主要由有实践经验的专业人员担任。教学内容由企业的专家委员会帮助制定，学校也配有专人研究企业的工作内容和标准而不断调整和改进教学内容，从而保持教学内容的领先性和实用性。这种极为贴近市场需求的教学模式，每年吸引了相当数量的已获得学位的大学毕业生进入社区学院学习，以便能获得有助于求职的职业技能。和本科大学相比，社区学院的课程通常与职业技能培训相关；入学相对宽松，没有太多限制；班级人数较少；能为学生提供校园外课程；实验室空间甚至比教室还大；而教师则更多的采用互动式教学。与就业相关的培训项目，包括学徒制培训项目和继续教育课程，通常维持着多层次的招收对象，从理工技术类到创造艺术类都被囊括。社区学院的教育在信息技术、采矿业、环境保护、旅游等领域都表现优异，此外也在医疗保健、商业、学术进修、实用艺术、社会服务、成人教育和大学预备课程方面提供全日制学习或者工作外业余时间课程。社区学院的独特之处在于它是一个动态的学习机构，始终跟随着国家和社会的发展，持续不断地自我调整以适应发展的需要。

社区学院是加拿大职业教育的重要承担机构，基本上以CBE为主要的教学模式。CBE是英文Competency-Based Education的缩写，其含义是“以能力培养为本的教育”。这种以岗位能力为核心的能力本位教育思想形成于美国的20世纪六七十年代。

CBE教学模式的实质是以岗位能力为基础、产业界参与、适应劳动力市场对人才的需求。它强调学员在学习过程中的主导地位，其核心是如何使学员具备从事某一职业所必需的实际能力，不受时间和环境限制来组织课程并实施教学。与此相适配的 CBE 课程开发称为 DACUM（Develop a Curriculum），它是一种系统的课程开发方法。学院在进行课程开发和设计时，首先由以企业界人士为主的专业指导委员会，根据社区经济发展需要和劳动力市场的需求来分析确定每个职业的工作结构，说明履行工作职责所需的综合能力和执行工作任务所需的专项能力。通常每种职业能力可以分解为 8～12 种综合能力，而每一种综合能力又由 6～8 种专项技能构成。每一种专项技能构成一个学习模块，每一个学习模块都涵盖了知识、态度、经验和反馈等可操作性指标，据此制成 DACUM 表。DACUM 表既是课程开发的基础，也是专业培养的目标和教学评估的指标。从课程开发设计的角度看，CBE 教学模式和传统的教学模式有着显著的区别，如下表所示。

CBE 教学模式与传统的以学科专业课程为基础的教学模式的主要区别

	传统职业教育专业课程	CBE 专业课程
课程内容	以掌握相关知识、信息为主	以职业分析为主，理论知识与实践技能训练相结合
教学目标	目标抽象，研究学什么	目标具体，针对性强，研究干什么
教学方法	以老师“教”为主	以学生“学”为主，老师辅助、指导
信息反馈	滞后	及时反馈，动态控制
课程设置	相对固定，以群体为对象	个性化学习，各取所需
教学标准	常规标准和主观标准	具体的工业标准和客观标准

从整体来看，CBE 教学模式具有以发展学生能力、学生主体参与及个别化教学为主，教学组织形式灵活开放等特点。在具体实施的过程中，我们会发现 CBE 教学模式的优势：由于强调行为结果和具体操作能力，与过去那种知识本位、学科中心教学的模式相比，更能直接为就业、上岗做准备。同时由于需要专业人士参与，为职业教育和培训部门提供了与工商业界密切合作的机会。不过这种教学模式也同样存在自身的局限性。在开发专业时，因人、因时、因地设置专业，固然有贴近市场需求、灵活性强的优势，但是当科技发展导致职业（岗位）内涵和外延变化，或者市场变化导致本专业不再急需或热

门，那么造成的短期内多次调整教学目标既不现实，也会使得学院教学、师资队伍缺乏稳定性和延续性，课程设计与衔接困难。CBE 教学模式更适应于职业岗位技能型的教育，确切地说是培训，如定单式的技术工人培训、各种技能培训等。在系统化的高等职业教育体系中引入这种教学模式，必须很好地解决如何综合培养学生的知识、能力、素质这一棘手问题，以及课程开发、教学实施等又如何衔接的问题。此外 CBE 教学模式在实施过程中有针对性强的特点，而这一特点常常会导致学员学习缺乏系统性，未来发展潜力受到极大的限制。

加拿大职业教育园地里的另一朵奇葩是学徒制培训。西方学徒制历史悠久，最早的制度化学徒制可以追溯到中世纪后期。“学徒制”一词就是从 13 世纪前后开始使用的。在漫长的社会发展过程中，学徒制的内容和性质也在不断地变化着。现代学徒制明显受到工业经济的巨大影响。由于科技进步和生产力发展以及人们生活水平提高后对个性化商品的迫切需求，现代企业需要大量熟练、多面且灵活的技术工人。技能缺乏将大大影响企业乃至国家的竞争力，因此职业教育和培训被推到了国家战略的高度；而学徒制也在这个背景下重新焕发青春。传统的学徒制所体现出来的“技能的现场实践与操作”这一特性重新受到现代学徒制的关注。因为这一特点，学徒制培训通常用于一些建筑行业工种的技能培训，例如水管工和电工，当然也可以应用于一些非建筑行业工种的培训，例如汽车机械师和美发师。学徒制培训主要以工作中的培训为主并穿插课堂培训。大多数学徒制培训需要 3～4 年时间，以是否达到技能要求为判断标准。

加拿大从 20 世纪 90 年代至今一直在进行着卓有成效的学徒制改革，并体现出一些典型的现代学徒制的特征。例如，校企合作、工学结合的培训方式。学校和企业采取交替式培养模式，学生每周有 1～2 天在职业学校学习理论知识，有 4～5 天在企业实践学习，理论课与实践课课时之比约为 3∶7 或 2∶8。这样的学生拥有“在学校是学生，在企业是学徒工”的双重身份。这种培养模式在一定程度上解决了传统学徒制中学徒期过长、教育效率低下、学徒知识不系统等问题。此外，加拿大的学徒制也得到国家和政府的认可。联邦政府除了推出鼓励人们参与学徒制培训的奖励计划外，完成学徒制培训的学员都可以得到职业资格证书。根据加拿大的人口调查，2006 年大约 12% 的加拿大劳动人口拥有一项行业技能证书。2007 年，超过 100 万劳动人口从事的是技术工种。

2008—2010 年注册与获得证书人数对比如下表所示。

注册学徒工培训：2008—2010 年注册与获得证书人数对比表①

	2008 年	2009 年	2010 年	2008—2009 年	2009—2010 年
	单位：人			变化（%）	
总注册人数	390705	409041	430452	4.7	5.2
新注册人数	98553	84885	92568	-13.9	9.1
获得学徒工证书人数	29124	30903	36018	6.1	16.6
通过红印章计划获得证书	14811	16683	18816	12.6	12.8
未参加红印章计划获得证书	14313	14220	17202	-0.6	21

加拿大的现代学徒制尽管比传统学徒制有了许多改进，但从 20 世纪 90 年代至今仍有一些问题未能完全解决。一个重要的问题就是学徒工培训的完成率低下。2010 年全加拿大注册了学徒工培训计划的人数达到了历史最高点，超过 43 万人，比 2009 年增长了 5.2%，比 2008 年增长了 4.7%。当年的新注册人数达到了 9 万 2 千多人，比 2009 年增长了 9.1%。但是我们可以看到，2010 年完成学徒工培训并获得证书的人数只有 3.6 万人，仅占总注册人数的 8.4%，即使与当年新注册人数相比也仅占 39%。事实上，学徒工培训计划完成率低的问题由来已久，尤以 20 世纪 90 年代最为严重。在那之后政府推出了多项措施来推动学员完成培训。例如，推出学徒培训税前返还制度，提高企业培训学徒的积极性。此项制度是由政府将大约相当于员工工资 10% 的资金以税款返还的方式提供给企业支付学徒工的培训费用。这一制度大大缓解了企业承担的高额培训费用和随之而来的风险。2004 年，安大略省将企业税款的大约 25% 用于税款返还；2006 年，不列颠哥伦比亚省大力推动返还程序，将大约 9000 万元加预算用于建筑行业和新兴行业的学徒培训税前返还。这项措施无疑从制度上保障了学徒制培训的顺利完成。

相比较而言，政府的另一项措施影响更为广泛，即推行“红印章计划”以及设立配套的学徒补助金制度。红印章计划是加拿大联邦政府支持的学徒证书体系，意在设计全国通用的学徒证书，便于学徒在国内的流动。目前大约有 50 个行业协会使用红印章证书。相关制度规定，任何在红印章计划注册的学

① Registered apprenticeship training: Registrations and certifications, 2008—2010, http://www.statcan.gc.ca/daily-quotidien/120626/t120626b001-eng.htm.

徒工在修完第一年或第二年学业后即可申请最高2000美元的学徒激励补助金；而在完成了红印章计划指定的培训并得到资格认证书后还能再得到2000美元的学徒完成补助金。2009年，加拿大联邦政府用于此项补助金计划的财政预算多达4000万美元。2010年，18800多人通过注册红印章计划完成学徒工培训并获得证书（大约是获得证书总人数的52%）。此外“红印章计划”还通过设立统一的技能标准和证书来帮助规范各省之间的技工流动。学徒工们在地理上的流动可以看做一种劳动力市场的调节机制，因为经济较不发达地区的学徒工可以在经济发达地区找到工作或者寻求更好的工作环境。有“红印章计划”的帮助，流动工人就可以在流动的过程中完成学徒工计划并获得经验。跨省流动为人们提供了接触其他劳动力市场和得到更好的工作、更高的工资的机会。例如，2004年的加拿大教育指标显示，全国注册的学徒工有20%在阿尔伯塔省工作，而该省人口只占全国人口的10%。加拿大统计局的2007年“全国学徒工计划调查”（NAS）显示，完成了培训计划并决定异地工作的学徒工有接近一半（45%）选择了阿尔伯塔省，见下表。这个数据印证了加拿大经济发展的现状：加拿大西部拥有强大的经济实力，特别是该项NAS所调查的2002—2007年，正是阿尔伯塔省经济兴盛的时期。发达的采矿业、石油天然气提炼工业吸引了相当大比例的学徒工前来就业。平均时薪越高的省份，流动到该省就业的学徒工比例也越高。

2002—2007年学徒工完成学徒培训并异地就业的目的地

就业目的地	占完成培训的学徒工的百分比
不列颠哥伦比亚省	18.6%
草原省份地区（包括阿尔伯塔省）	55.8%（其中阿尔伯塔省占45%）
西北行政区	3.4%
安大略省	9.6%
魁北克省	3.9%
大西洋地区省份	4.8%
离开加拿大就业	3.9%

资料来源：加拿大统计局2007年全国学徒工计划调查。

加拿大职业教育的学徒制不仅为该国培养了一大批技术型人才，在推进加拿大职业教育的发展中发挥了积极的作用，而且也积累了一些可资借鉴的经验，对其他国家的职业教育发展有一定的启示，成为世界职业教育的重要组成部分。

第四节 土著教育：同化、自治与融合

加拿大土著教育的特点是同化、自治与融合。2008年6月11日，总理哈珀在众议院向历史上旨在同化土著居民的寄宿学校的受害者正式道歉，第一民族议会领袖菲尔·方丹等10余名土著领袖和当年寄宿学校的学生代表出席了道歉仪式。哈珀说："加拿大政府真诚道歉，我们对土著居民造成了严重伤害，请求他们的原谅。对不起。"头戴羽毛装饰的印第安头饰的菲尔·方丹酋长，在哈珀道歉后对众议员们说："这一剥夺我们身份的政策深深伤害了我们，也深深伤害了所有加拿大人，败坏了加拿大的品质。"他说："加拿大现在终于要承认它黑暗的过去，一个对本国公民掩饰和隐藏的过去。道歉将还给所有土著人尊严。"

那么，土著寄宿制学校究竟是一种什么样的学校，而加拿大政府又为什么要就此向土著公开道歉呢？加拿大土著的教育发展又有怎样的历史与未来呢？由于"第一民族"印第安人在1982年以前的加拿大历史上是唯一被承认的土著人，也由于他们占有土著的绝对多数人口，所以本文后面的土著教育历史都以印第安人为主要的介绍对象。

印第安人教育有着悠久的历史，他们在漫长的历史发展过程中形成了一套传授技能、传统、知识和价值观文化遗产的教育体系。在欧洲殖民者到达美洲之前，印第安人的每个分支都有自己的教育形式。一般来说，这些传统的教育形式以口授历史、讲故事、举行仪式、学习狩猎技术等为主。印第安人并无自己的文字，许多传统、仪式和教育形式都是由先人一代一代的口头流传下来。虽然印第安人在欧洲殖民者到来之前就创造了灿烂的文化，但他们的权益却在加拿大发展史上不断变化着，印第安人争取合法地位和政治权益的道路曲折而漫长。对加拿大政府来说，对印第安人的保护、驯化和同化始终是加拿大土著政策的宗旨，其间也经历了相容伙伴关系、隔离与强制同化、土著人争取自治以及各民族多元融合等几个历史阶段。

第一阶段的相容伙伴关系发生在1603—1763年。2012年人民网记者李学江深入游历了印第安人的保留地并两次采访了加拿大第一民族全国大酋长萧·阿特利奥。当阿特利奥回顾历史时，他提到了当第一批欧洲人来到加拿大这片陌生土地时，是慷慨热情的印第安人向他们提供了食物并教给他们生存技能，帮他们渡过难关的。最初，英国王室与东部各印第安部落签署了11份条约，承诺在他们进入并开发印第安土地时，承认印第安部落对其传统土地的所有权，承诺为印第安人提供教育、医疗与基本生活保障。签约时，双方是平等的伙伴关系。

1603—1763年这个阶段是法国人在加拿大建立新法兰西殖民地的时期。天主教建立教会学校来教化土著孩子。土著孩子可以在这里学习宗教教义、农耕知识和手工技术。从1620年开始，就陆续有招收土著孩子的教会学校开办，但由于生源稀少，都没能维持下去。在1760年前后发生的英法冲突中，欧洲人和当地土著结成了军事同盟的关系。而在随后的英美冲突中，当地土著总体上支持的是英国。正如阿特利奥大酋长所讲，在英美冲突中，印第安人并非以英国臣民的身份参战，而是以英国的盟军、盟友的身份参战的。甚至其中一场关键的转折性战役还是由印第安人赢得的，如不是印第安人，加拿大今天的版图可能就不是如此了。

第二阶段的隔离与强制同化发生在1763—1945年。1760年，英国获得了对北美洲大部分地区的控制权。此时的英国在踏入加拿大以后出于适应新环境和展开皮毛贸易的需要，把印第安人视做开拓北美经济的合作伙伴和助手。因此，两者之间形成的是军事同盟和保护者关系。这时印第安人的教育是由军方控制，直接对英国国王负责。他们延续了法国控制时期的政策，将印第安人的教育交给教会负责。1763年英国发表的《皇家宣言》是重要的里程碑，它为双方建立互不侵扰的政治关系奠定了基础。《皇家宣言》除了规定政府为印第安人留出专门的土地且只有政府才能就土地事务与印第安人进行谈判以外，还引出了一系列土地割让条约。根据这些条约，印第安人放弃了他们对指定的成片土地享有权利的主张，作为对方给予一次性现金支付和年金的交换。同时，一些保留区也被划分出来了，作为供土著民族专用的区域。

但是加拿大的皮毛贸易日渐衰落，当地土著的贸易伙伴身份也不那么吃香了。在1830年，加拿大行省建立，印第安人的事务管理，包括印第安人的教育都被转交给了省和地方政府。突然之间，印第安人不再是可靠的贸易和军事伙伴，成为“野蛮、原始和落后”的代名词。而政府也开始考虑如何通过教育的手段加强对印第安人的同化，让他们融入殖民社会。寄宿制学校就是这种同化最好的实施方式。从19世纪40年代开始，加拿大政府致力于建立寄宿制学校。同时，政府先后发布1857年的《逐步文明法》、1869年的《逐步解放法》、1867年的《英属北美法案》和作为最重要的里程碑的1876年的《印第安法案》。加拿大政府认为通过这些法案，再加上寄宿制学校就可以把加拿大土著同化到主流社会的文化当中去。同化政策后来证明是失败的，但它对印第安人造成的伤害却是巨大的并且不可逆转。1857年的《逐步文明法》就已包含对印第安人的财产和金钱引诱，以鼓励印第安人脱离部族社会；1869年的《逐步解放法》是用于消灭"印第安人"身份的；1898年对土著居民选举权进行控制。1876年的《印第安法案》一直主宰着加拿大印第安人的一切事务。它是一项控制和同化土著民族的法律。联邦政府控制了保留地从基建到教育，再到医疗卫生等一切事务，连住房的产权都掌握在政府手中，使土著民族没有了自治权。而政府分配给保留地的拨款也没有制度性保障。联邦审计长的报告也表明：政府对保留地的拨款不是根据实际需要而定，而是由土著事务部"单方面武断"决定。

从19世纪80年代起，加拿大政府开始依据《印第安法案》对土著人实行强制同化政策，试图摧毁其传统文化、社会和政治结构，使其完全融入"主流社会"中。同化政策包括通过"民主"选举选出酋长和社议员、禁止印第安人举行传统仪式、强制将印第安儿童送至政府资助的寄宿学校接受天主教式教育。在《印第安法案》中，政府不仅将印第安人圈到偏远的保留地中生活，而且在长达一个世纪的时间里硬是将多达15万名土著儿童从他们的父母身边带走，送到寄宿学校进行强制同化。加拿大当局认为，将印第安人的孩子与他们的家庭隔离开，放进一个封闭的环境中，那么印第安文化的精髓就会被消除。在1870年到1970年这100年间，大约有15万6～15岁的土著儿童被迫离开父母去寄宿学校接受教育。不主动送孩子入学的父母将受到监禁。在寄宿学校，孩子们不能讲本族语言。如果一个孩子不小心说了印第安语，学校当局就用木签钉住他的舌头作为惩戒。有很多人身心受虐，甚至遭到性侵害。这些学校的管理粗暴混乱，全国范围内到底有多少土著学生在就读期间死亡并被埋葬在寄宿学校没有标明的坟墓里无人知晓。除此之外，被送到寄宿学校的印第安人有许多既不能融入主流文化，又由于长期远离本族文化而无法回归土著群体。事实上，这种"边缘人"迷失了生活的方向，成年后往往走上犯罪的不归路。根据阿特利奥大酋长的说法，这一切不仅给儿童带来精神创伤，还制造了众多家庭悲剧。最后一所寄宿学校直到1996年才关闭，其产生的不良后果遗留至今。加拿大印第安部落原有52种语言，但现在仍具活力的仅余3种，现在正在进行抢救性恢复，以避免完全消亡。这个同化加拿大土著的政策，其目的被描述为“文化上的种族灭绝”或者“把印第安文化消灭在儿童阶段”。

1846年加拿大政府开始致力于建立寄宿学校，1879年达文报告向政府建议采纳美国模式建立寄宿学校。那以后寄宿制学校教育制度在加拿大正式得到大力推广，各个教派都参与了举办活动，并且撤销了过去针对14~17岁印第安人的劳工学校，将之废除或并入寄宿学校。到20世纪30年代寄宿制学校的发展达到了顶点，数量猛增。随后开始走下坡路，数量逐渐减少。20世纪六七十年代这些学校陆续关门。80年代爆出了土著学生在寄宿学校受到体罚和性虐待的丑闻，直到1996年最后一所寄宿学校关闭，长达一个半世纪的寄宿制学校制度终于走向末路。20世纪最后十年，各个教派分别就当年举办寄宿学校向加拿大土著道歉；1998年加拿大政府就此事发表和解声明，并建立理赔基金；2005年政府宣布向被迫参加130所寄宿学校的土著赔偿2亿加元。毫无疑问，这对土著人权益保护运动而言是一个新的里程碑。加拿大土著争取政治权益和地位的进程翻开了新的篇章。

第二次世界大战后至今，第三阶段的加拿大土著教育出现了争取自治和多元融合的局面。第二次世界大战后，人们开始反思寄宿制教育制度。由参众议员联合组成的特殊委员会对此进行调查，最后的结论是这是一项失败的制度，它加剧了主流社会和土著之间已有的矛盾冲突，为解决印第安问题平添障碍。此后，土著政策演变为“使印第安人正常化”的开放政策。第二次世界大战成为土著政策和土著争取民族自治斗争的分水岭，这期间有许多事件及法律影响着土著权益和政策的变化。最直接的影响是，加拿大政府改变早期的隔离政策，不再规定土著适龄学生必须到寄宿学校就读，而是允许他们加入保留地外的学校。寄宿学校只是用来录取无家可归、家境极为贫困，或是居住在无法进入普通全日制学校地区的土著学生。同时，政府开始考虑把土著教育的经费划拨到各个省，以此为契机将土著教育纳入主流社会的教育系统中去。1951年对《印第安法案》的修订标志着隔离政策的结束。1954年，所有寄宿学校的教师成为国家公职人员，课程设置也基本类似于普通学校。

但是，加拿大政府并未放弃长期的同化目标。1969年，加拿大政府宣布实行“双语框架内的多元文化”政策，土著民族成为多元文化政策的对象之一，这促使加拿大政府重新考虑土著政策。而对于多年来一直谋求自治的印第安人来说，他们也迎来了难得的契机。长期以来，土著民族一直被排除在加拿大政治生活之外。土著民族虽然是加拿大最早的民族，却是最后获得选举权的民族。直到1960年《加拿大权利法案》实施后才得到宪法保证。20世纪70

年代，土著民族政治意识高涨，各种政治组织纷纷建立，开始作为一支独立的力量登上政治舞台。

1969年特鲁多政府发表了《白皮书》，倡导印第安民族更完整地融入加拿大文化的马赛克。但这却遭到印第安人的反对，他们认为这是变相的同化。此时的土著民族再也不是任人宰割、只知逃避的民族了，他们积极地奔走呼吁着土著民族自治。他们越来越高的呼声和充满正义的行为使得政府再一次改变关于印第安问题的根本政策。此时的学校成为印第安人争取自治权力的战场。1970年，阿尔伯塔省北部的土著学生家长抗议寄宿制学校，要求自己管理孩子的教育。1972年，加拿大的全国印第安人兄弟会（National Indian Brotherhood）提出了一个在印第安人教育自治方面起到决定性作用的口号“印第安人控制印第安人教育”（Indian Control of Indian Education）。这个振聋发聩的声音终于使得印第安人一直争取的自治权在1972年率先在教育领域取得了突破。加拿大联邦政府在这一年同意实施一项新政策，即设立部落控制的学校。这项政策的出台标志着联邦政府对待印第安人的态度发生了意义深远的转变。从此，控制印第安人教育的权力逐步移交给了印第安人，不仅全加拿大的印第安人重新得到了教育自己后代的权利，而且印第安人代表也在学校董事会里取得了应有的位置。与此同时，印第安人还不断地将他们的“一体”教育观念扩大，并使之融入加拿大主流社会的正规教育中。

在印第安人教育的方针和目标的指导下，过去20多年中，在内容和方法上都按照印第安人的教育目标和教育思想建立的印第安人学校，成为印第安学生获得教育和社会资助以及进行文化活动的中心。现在，印第安人在自己的保留地上建有自己的全日制学校或寄宿制学校，这些学校都由印第安人自己管理，特别是在教师培训方面取得了很大成绩，使得印第安人教师在学校里所占的比例大增。这些印第安人学校的教学大纲也几经修改，以便更准确地反映印第安人的文化与传统。近年来，全国印第安人兄弟会更加强调印第安人教育必须遵循印第安民族的传统思想和准则，其中包括自豪感、同胞情谊、对大自然的敬畏、自力更生、尊重个人自由、慷慨和智慧。这些传统思想和准则在印第安人的生活中具有特殊的重要意义。全国印第安人兄弟会于1990年提出，除了印第安人应该学习自己的这些传统文化外，所有加拿大人都应该了解北美大陆最早的居民的文化，教育部门应在全加拿大所有中、小学课本中增加有关土著传统文化的内容。

印第安人是加拿大的“第一民族”，但其社会政治地位远不如英裔、法裔加拿大人，令人感到欣慰的是这种状况正在改观。印第安大学生人数也有很大增长，其入学比例达到全国比例的50%。2003年6月21日，对土著而言是个意义重大的日子，它不仅是土著节，更是土著第一所独立大学——第一民族大学创建之日。如今，加拿大土著的权益已经得到一定的保护。

令人担忧的是目前土著教育还存在一些十分严重的问题。辍学率、犯罪率、自杀率高，而高等教育入学率、就业率低。下面这列数字看起来有些触目惊心：适龄印第安人青少年的辍学率高达51%，20～24岁的青年的高中毕业率仅为39%，而主流社会则是80%。仅占全国人口3%的土著，犯罪监禁率却高达全国的18%。全国第一民族的失业率平均达40%左右，有的地区则高达85%。第一民族的自杀率是非土著人口的12倍；而土著妇女与儿童每年自杀与失踪人数则超过500人。这样的现状既是黑暗的寄宿制学校制度的后遗症，也是《印第安法案》强加于人的弱势地位造成的。同时，这也反映了加拿大联邦政府在政策层面上的一些缺陷。例如，联邦政府给土著居民的拨款自1988年以来就没有再做过调整。如果从预算上看，给土著民族的拨款似乎不少，但其中高达23%是土著事务部门的行政开支。其余的如何拨给保留地，拨给多少，没有统一的标准。更不公平的是，联邦每年给各省用于教育与医疗的拨款的增长率为6%，但给第一民族的拨款的增幅却限制在2%。这根本无法抵消通胀率，更何况第一民族的人口增长率要高出全国水平一倍。这样一来，两者的收入差距越来越大。以2010—2011财年为例，一个专门委员会的报告就指出：政府给每年每个印第安学生的拨款要比非土著学生少3500加元。这就造成了第一民族与主流社会教育上的巨大鸿沟。另一个不容忽视的客观因素是：绝大多数保留地处于偏辟地区，土著青年即使学成毕业也找不到工作。同样因位置偏远，交通不便，运输成本太高，因此保留地中的物价与生活成本都要远远高于城市和南部地区。长此以往，第一民族的生活水平不但不会得到改善，反而会每况愈下。

加拿大正在步入老龄化社会，而加拿大第一民族是加拿大最年轻的人群，提高他们的教育质量、工作技能与就业水平，符合加拿大的国家利益。送一个青少年人到大学仅需要2万加元，而如果将一个青少年关到监狱里其生活开销则需30多万加元。根据“加拿大生活标准研究中心”的研究报告，如果能将第一民族的教育质量提升到主流社会水平，在一代人的时间里（25年）印第安人民可以为加拿大经济作出高达4000亿加元的贡献，同时还可为政府节省1150亿加元的开支。

加拿大土著民族政策目前仍然在实施发展之中，加拿大的土著教育事业同样还存在诸多问题与矛盾，制约着土著民族的进一步发展，要实现真正的平等还要继续努力。

第六章 彰显多元的马赛克文学

“文学不仅是一面镜子，而且是一张写满心灵的地图。想要知道我们是谁、来自何方，就需倾心研读我们的文学作品……”

——**玛格丽特·阿特伍德，作家**

“北国风光”中的加拿大的文学，历经了一条从舶来到自创的发展之路。早期文学中的“生存”主题，记叙了垦荒时代欧洲移民的艰辛生活和加拿大荒原的原生态风光。近现代文学的诸般人性主题，则深入探索了现代社会面临的种种问题。在前有宗主国欧洲文明、后有强大美利坚文化的“围堵”下，加拿大文学在狭缝中求生存、求发展，终于走出了早期殖民文学的圈子，结合原住民历史文化和新移民的新兴文化，形成了有加拿大马赛克文化特色的文学内容和形式。因此，加拿大文学不仅是描绘加拿大自然环境、人文历史、风土人情和文化政治等方面的生动画卷，也是深入了解加拿大文化心态的重要窗口。正如加拿大著名小说家玛格丽特·阿特伍德所言，文学“不仅是一面镜子，而且是一张写满心灵的地图。想要知道我们是谁、来自何方，就需倾心研读我们的文学作品……”① 只有通过了解、研究加拿大文学，才能逐步感悟为什么加拿大拥有

① Margaret Atwood. *Survival*. Anansi，1972：18-19.

如此缤纷多彩的文化思想和多元文化特征，从而领会加拿大人的多元文化主义心态的精髓。

第一节　多渠道的文学发展之路

加拿大文学伴随着加拿大殖民与移民的发展，从一开始就呈现出多民族文化汇集、碰撞的特征。1876年以前的原住民与早期殖民时期，所谓加拿大文学主要是当地土著的口传历史、故事、神话、传说以及早期殖民留传的日记、游记、传记之类的纪实性文学作品。之后，加拿大主流文学主要是对欧洲传统文学的沿袭和对美国文学的效仿。第二次世界大战后逐步摆脱了外来文学的影响，形成自身的马赛克文学，即多元民族、多元文化文学的特征。

1. 土著口述文学

1876年加拿大联邦建立之前，其文学处于不同层次的萌芽发展阶段。当地土著早在欧洲殖民者之前就世世代代生活在这片土地上，并创造了丰富的民族文化和历史。尽管当时土著各族群还没有文字，但他们早在2万年前已拥有相当丰富的语言和口述文学，通过故事、传说和歌谣等，传承历史与文化，教育下一代。从某种程度上讲，土著口述文学，小到居家过日子，大至战争、宗教仪式和族群间大型活动，花样繁多且无处不在。以土著的历史起源而论，不同族群都有各自版本的生动故事，而有关大地母亲的传说更是丰富多彩。易洛魁族是这样描述大地起源的：

> "很久以前，在一个叫卡隆西亚克的地方，长着一棵'生命树'，上面结满了苹果、桃、梨、李子、樱桃等各种果实。有一对夫妻正期待着他们孩子的降生。一天，妻子嘴馋来到'生命树'下，准备摘果实、剥树皮吃。无意间，她发现树边有一个黑漆漆的大洞，便好奇地向里望，但什么也看不见。于是她使劲向下探身，不料泥土滑落，她坠入洞里。那一瞬间，她拼命想抓住些什么，结果抓住了一颗草莓和一颗烟草，随着她一起往下落。她陆陆续续抓出了其他果种后，最后落在了一块没有泥土的地方，那里居住着各种水生动物：有乌龟，鱼，海狸，鸭子，鹅，水獭，还有麝鼠。几只鹅看到一位没长脚蹼的女人自空而落，便凑到一起让她落在自己的翅膀上休息。鹅试图飞起把女人带回原地，但带不动，只好去找其他动物帮忙。它们知道女人必须有泥土才能生存。这时，女人睁开了眼睛，动物们看到了她手中的草莓、烟草还有其他植物的种子。它们想起来

在很深的水底是有泥土的。海狸非常擅长游泳，它第一个潜入水中，可是游了许久还是到不了水底。水獭和其他动物也都尝试了一番，但全部失败了。最后只剩下麝鼠了。麝鼠潜下水很长时间，终于浮上了水面，精疲力竭就像死了一样，但动物们看到它的眼睛仍在转动着。麝鼠张开手，手里有一小块泥土。它把泥土递给女人，女人把泥土放在乌龟背上，然后开始围绕着泥土边唱边跳起来。随着她的歌声，那一小块泥土开始在龟背上越变越大，直到变成今天我们所知道的龟岛。我们的大地母亲就是这样形成的。”①

不难发现，这些历史故事大多富于哲理，充满对大自然、世界万物，尤其是动物的崇尚与探求心理。在奥吉布瓦族的传说里，动物不仅有助于大地的形成，而且有利于人类的繁衍。其中鸟对古人的生存起到至关重要的作用；熊、狼、狐狸、鹿和海狸会给人食物；松鼠、黄鼠狼、浣熊和猫供人娱乐；知更鸟、麻雀、山雀和潜鸟送来欢唱；蝴蝶、蜜蜂和蜻蜓为孩子逗乐……②这也正是大多土著口述故事的共性：他们坚信自己是大自然的一部分，崇拜自然神灵及一切有生命的东西，推崇善行、人与大自然和谐共处等。

作为土著文化的传承和土著集体智慧的结晶，口传文学不仅承载了传递世代精神信仰和品德教育的重任，还兼顾生产技能的学习，更肩负族群之间的互动交往。讲故事是极富艺术性和挑战性的工作，只有令人尊重的长者和选出来的能人才配给下一代讲故事。讲述时间可长可短，或几十分钟、或个把小时、或连续几天。有的故事可随时随地讲，有的则需要在特定时间和场合讲。听者与讲者平等交流，听者收益、讲者受惠。

尽管土著口传文学丰富多彩，却在很长一段时间不为欧洲人承认。在后者眼里，土著口传文学平铺直叙、内容简单，只能作儿童趣味性的故事读物，不配出版成书登上大雅之堂。只有少数学者认为，土著口传文学不仅充满情趣，而且反映了原住民的宗教信仰和文化价值观等，无论是过去还是现在，都有不可小觑的积极作用。特·麦基尔雷思对口传故事的风格和内涵，给予了相当的肯定和欣赏。他曾拒绝将原住民的神话故事《贝拉库拉山谷的印第安人》按

---

① Jennifer Brant. *Aboriginal Women in Education*: *Honouring Our Experiences*. MEd Thesis at Brock University, 2011.

② Basil Johnston. *Ojibway Heritage*: *The Ceremonies*, *Rituals*, *Songs*, *Dances*, *Prays*, *and Legends of the Ojibway*. McClelland & Stewart Inc, 1976: 16.

欧洲人的喜好重新改写，结果这部名著被禁二十余年。① 当然，土著口传文学未能广为流传还有一些客观原因，其中口授历史、传说与故事等难于付诸文字，便是一个重要因素。因为土著语言复杂多样，五十多个族群都有自己不同的语言，每个族群又有几十种方言。所以这样的故事文学只限于一定的范围和语境，很难被更多的人了解、阅读和认知，因此也鲜有学者将土著口述文学列入加拿大早期文学研究范围内。

19 世纪末至 20 世纪初，英国宗主国派遣一些民族学者深入实地了解、研究当地土著，以便统治管理。通过民族志工作者的田野调查、资料整理和记录，一些珍贵的代代相传的口述故事、歌谣和传说等被翻译、阐释，为更多世人所了解。近年来，加拿大原住民也积极投身于收集整理传统的口传文学，并赋以文字传承，不断创造出新的不同形式的土著口传、笔传、影传文学等。这些抢救传统文学的行为，也引起学界广泛关注和响应。当代原住民作家托马斯·金认为，“流传至今的传统口语故事和传说，只针对懂得该语言的特殊听众。而将其翻译成欧洲语言，不仅有助其他土族和非原住民人士了解和认知，而且有利于保护和发扬原住民文化”。② 这是时代发展所需，更是世界多元文字文化相互学习和影响的必然结果。

2. 法语文学

从 1535 年法国殖民者进驻美洲大陆，1605 年在新法兰西（包括今魁北克一带）建立定居点，到 1763 年英国殖民者击败法国殖民者、统治加拿大，其间两百多年，加拿大没有什么正式的法语文学作品。用法语反映殖民地生活的作品，往往只针对本土外的法国等，供欧洲人阅读，内容包括民族志调查、官方文件报道、探险者旅记以及历史殖民文献和传教士日志、书信等。这些一手资料虽谈不上严格意义上的文学，但真实地记载了当时加拿大的自然环境、地理气候和风土人情等，描述了拓荒者和旅行探险者的现实生活与情感世界。

1609 年，诗人、律师和作家马克·莱斯卡博由加拿大返回法国后，基于在加拿大阿卡迪亚等地的探险经历和对那里的法裔拓荒者及当地土著人的研究，出版了《新法兰西历史》，被誉为加拿大历史上最伟大的文学作品之一。书中不仅叙述了他本人的航海经历和早期法裔殖民者开发北美的历史，还描述了当地自然环境和土著居民的生活、习俗等。他还写了许多浪漫轻快的诗歌，

① W. H. New. *A History of Canadian Literature*. McGill-Queen's University，2001：31.

② Kevin Reed. *Aboriginal Peoples*：*Building for the Future*. Oxford University Press，1999：31.

如《海王星剧院》、《新法兰西的真诚》和《新法兰西的沉思》等，都堪称加拿大法语诗歌史上的滥觞之作。艾成·贝格曾这样评价莱斯卡博及其作品："莱斯卡博对生活总是充满好奇，并有独到见解。他以欢快的写作风格，给我们描绘了最初法国殖民者在阿卡迪亚的开发史和他本人1606年穿越大西洋的航海经历……他的新颖理念和清晰思路，使其作品别具价值。目前关于反映北美早期历史的作品，还没有一部像他描绘的那样生动有致……"① 尽管如此之类的早期法语文学充其量只是文献记载，而非文艺小说，其间的法语文学发展状况正如盖·拉弗莱什所言："稚嫩的文化还不足以滋生出自己的文学。一些屈指可数的作品只能称为萌芽文学。"②

英法七年战争后，法国殖民者作为战败方，在政治、经济、文化权利和社会地位诸方面都受到前所未有的打击。之后近百年，加拿大法语文学可以说进展甚微。在抵制英国殖民者的盎格鲁化文化斗争中，法裔加拿大人创办了法语版《蒙特利尔报》和《加拿大人报》，以及英法双语版的《魁北克文学报》。1830年，首部法语诗集《书简诗·讽刺诗·歌曲·短诗》出版。1837年，第一部小说《寻宝者或一本书的影响》发表。相比1769年的第一部加拿大英语小说，加拿大法语文学的问世迟了60多年。

早期法语诗人以弗朗索瓦·加尔诺最为杰出，其代表作有《高脚酒杯》(1830)、《在法国的加拿大人》(1833)、《士兵之梦》和《最后一个休伦人》③等。他的诗歌大多激情澎湃，充满英雄主义气概。加尔诺也是那个时代最杰出的作家、历史学家，他的三卷历史名著《加拿大史》(1845)，初衷是为了驳斥加拿大法语文化消沉落后、最好能为英语文化同化的言论。书中记载了法裔加拿大人的创业历史，描述了他们抵御印第安人和英美敌军的艰苦岁月，以唤起加拿大法裔民族的认同感和爱国情感，因此加尔诺又被誉为加拿大的民族历史学家。

继加尔诺之后的又一出色法裔诗人是奥塔夫·克雷玛齐，其作品大多充满对加拿大法裔民族和魁北克的炙热情怀，被誉为"加拿大法语诗歌之父"。克雷玛齐作为魁北克传统法语学院创始人之一，积极倡导魁北克爱国运动。其代表作有《加拿大老兵之歌》(1855)、《卡里永堡的旗帜》(1858)和《亡者》(1862)等。

---

① http://www.blupte.com/Hist/BiosNS/1600-00/Lescarbot.htm,2013-04-05.

② Reingard M. Nischik. *History of Literature in Canada: English-Canadian and French-Canadian*. Camden House,2008:10.

③ 这两部作品出版日期不详。

尽管克雷玛齐强调,加拿大文学不应一味效仿法国或美英文学作品,应该走自己的特色之路,但改弦易张似乎很难,就连他自己的作品也难以摆脱法国古典诗歌,尤其是雨果作品的影响。与此类似的还有路易—奥诺雷·弗雷歇特的诗集《北国之花》(1879)和《雪鸟》(1880)以及其他文学家的作品,他们都在不同程度上效欧仿美,少有创新。不管有意无意,他们的文学思想始终难以突破前人及文化环境的影响。①

20世纪以来,加拿大法语文学开始进入长足发展阶段,并逐步形成了自己的文学特色。尤其是20世纪60年代魁北克"平静革命"前后,内容与形式各异的法语文学得到了较快发展。如伊夫·泰里奥的《阿西尼》(1960)、《死胡同》(1961)、《小人物的辉煌故事》(1963)等,着重描写当地土著生活。雅克·费龙的《未定型的国家故事》(1962)、《坏评语》(1962)、《英国人的故事种种》(1964)、《爸爸上司》(1966)等,浓墨重彩地描写普通人和社会底层人的喜怒哀乐。而加斯东·米龙的诗集《验明身份》(1972),在写作风格上有很大的创新突破。小说家安东尼·马耶更是凭借《拉小车的贝拉洁》(1979)等优秀作品,一举赢得龚古尔文学奖,也因而成为获此殊荣的首位非欧洲裔作家,引起世人瞩目,从而奠定了他在加拿大法语文学复兴中举足轻重的地位。同年,罗奇·卡里尔的小说故事《冰球衫》(1985),深刻地揭示了英、法裔加拿大人之间的文化冲突与社会矛盾。

3. 英语文学

加拿大早期的英裔文学作者远比其法裔同行起步晚,大多是来访的探险者、游客、商人以及军人和家眷之类。身在异国他乡,他们怀有浓郁的思乡之情和对他乡的好奇探究,于是将个人经历和对异地的感受,通过散记、书信和日志等形式记录下来。这些早期作品多以朴实的语言文字,介绍加拿大风土人情、描写自然环境与气候、叙述探险经历等,而且都只在英国出版物上发表。1769年,加拿大的第一部小说《艾米莉·蒙塔古的生涯》问世,作者弗朗西丝·布鲁克是当时魁北克法军要塞英军随军牧师的妻子,她用浪漫的书信体描述了自1759年以来的十多年里,三对恋人的感情纠葛并终成眷属的故事。同时,小说也展示了加拿大,尤其是魁北克的自然风光及居民,包括英裔移民、魁北克人和当地土著人的生活起居与风俗习惯等。从某种意义上讲,这部小说开启了加拿大文学的先河。

此后一个多世纪里(1759—1867年),加拿大英语文学时见云开。首先,美

① Northrop Frye. *The Literary History of Canada*, University of Toronto Press, 1965: 848-849.

国独立战争后，一些美国文人随大批战后失利者北迁加拿大，他们在当地的文学创作和兴学办报，直接促进了加拿大文学发展。这时期有代表性的诗歌作品有奥利弗·哥尔德斯密斯的《新村》(1825)、查尔斯·赫维塞吉的诗剧《索尔》(1857)和叙事诗《法官的女儿》(1865)等。具影响力的小说有约翰·理查逊的《瓦库斯塔》(1832)、苏珊娜·莫迪的《丛林中的艰苦岁月》(1852)和托马斯·哈里伯顿的《钟表商》(1836)等。其中，《钟表商》以幽默风趣的笔调，讲述了北方佬山姆·斯利克在加拿大新斯科舍省四处兜售钟表的故事，生动地刻画了主人公山姆·斯利克精明、幽默，能言善辩又令人局促不安、啼笑皆非的美国佬形象。该书的发行颇为轰动，成为当时最畅销的书之一。而苏珊娜·莫迪的自传体小说《丛林里的艰苦岁月》(1852)和《拓荒生活》(1853)，生动再现了她由贝尔维尔至尼亚拉加瀑布，一路耳闻目睹的加拿大社会现实与发展以及对荒芜旷野、冷漠的当地人、艰辛的生活充满恐惧，但对加拿大壮美景观又难以掩饰的喜爱之情。

1867年加拿大联邦成立至1945年第二次世界大战结束，加拿大的英语文学，经历了由效仿欧洲到转学美国，再苦苦探索属于自己的文学新视野、新路子的求索之程。20世纪初，特别是第一次世界大战后，加美两国关系变得亲近。由于地域相邻、语言相通、文化背景相似及政治经济等多方面原因，加拿大文学逐步由亲英转向效美。在诗歌创作方面，一些诗人摒弃英欧韵律和格律诗的限制，转向美国现代派的自由诗风。其中，多伦多诗人雷蒙德·苏斯特在美国著名印象派诗人威廉·卡洛斯的感召下，坚定地走本土文学之路。他的创作总是基于直觉，写诗的过程便是把客观存在的事物写下来，并融入自己的情感和想象。① 他不仅试图创立加拿大现代诗歌风格，而且鼓励青年诗人走加拿大自己的道路。在小说、散文等方面，加拿大文人更是着力探求自我的文学风格。1928年，莫利·卡拉汉的名著《陌生的亡命之徒》，标志着加拿大小说告别了对英国传统小说风格的简单模仿。当然，相比拥有丰厚的文学传统、使用同一种语言的英美两大文学的强势，加拿大本土英语文学的创作，可谓起点晚、缺少历史文化积淀。这一时期，加拿大英语文学家呈现给读者的作品虽有创新，但大多仍囿于英美作品之风。

第二次世界大战后，加拿大英语文学得以快速发展，走上了兴盛之路。特别是多元文化主义与后现代主义思潮的影响，使得加拿大文学独辟蹊径，很快在世界文学中占有了重要一席。这期间出现了很多像休·麦克伦南、玛格丽特·阿

---

① Raymond Souster. *Sing When There's Really No Reason*. Borealis, 1980: 163.

特伍德、迈克·翁达杰等杰出的文学创新实践者。麦克伦南一生执著育人、耕耘,其创作多反映加拿大民族主义精神和气节,引导读者明确国家观念。他曾5次获总督文学奖,是目前加拿大文学史上获该项奖最多的文学巨匠。其长篇小说《两地孤栖》(1945),描写国内英、法两个民族之间的关系,指出加拿大的统一是人民自发的行动,而非他人所强。他的名作还有《悬崖》(1948)、《人子》(1951)、《守夜结束》(1959)、《斯芬克斯重返人间》(1967)等。散文集有《原野》(1944)、《30和3》(1955)、《苏格兰人归来》(1960)以及《加拿大的七条河流》(1961)。

近年来加拿大文坛出现了一批世界级的文学大师。1992年,迈克·翁达杰因其名作《英国病人》,成为第一位获得顶级世界英语文学奖布克奖的加拿大作家。故事以北非撒哈拉沙漠为背景,描述了第二次世界大战中一位匈牙利贵族和他理想女人的爱情故事,后被拍成同名好莱坞电影并获多项奥斯卡金像奖。此外,《遥望》被誉为迈克尔·翁达杰最富诗意的小说,撇开战争的厚重,回归田园和内心的平静。

玛格丽特·阿特伍德

说起加拿大文学巨匠,不能不提享有"加拿大文学女王"之称的玛格丽特·阿特伍德。她集诗人、小说家、文学评论及社会活动家等身份为一体,在从事文学创作的四十余年中获奖无数,包括加拿大总督文学奖、加拿大勋章、英联邦文学奖、哈佛大学百年奖章、《悉尼时报》文学杰出奖、法国政府文学艺术勋章、英国布克奖,等等。她的作品多体现人与自然、男女之间的平衡关系,在主题、创作艺术等方面成绩斐然。小说《女仆的故事》(1985,获总督奖)、《猫眼》(1989)、《别名格雷斯》(1996)均获布克奖提名,而《盲人刺客》(2000)最终以其独特的叙事手法、扣人心弦的情节多变、以及细致入微的心理描写等荣获布克奖。

在玛格丽特·阿特伍德之后,扬·马特尔于2002年凭其风靡全球的《少年派的奇幻漂流》(2001),也获布克奖。该作品后来也被改编为同名好莱坞电影,由著名华人导演李安执导,并获2012年奥斯卡最佳导演等四项大奖。

2009年,享有"当代契科夫"之称的艾丽丝·门罗在她78岁高龄时,荣获当年布克国际文学奖的终生成就奖。门罗向以伟大的短篇小说家而著称,在其11部短篇小说集中,有3部获加拿大总督文学奖,即《快乐影子之舞》(1968)、《你以为你是谁?》(1978)和《爱的进程》(1986)。而《我青年时期的朋友》(1973)、《公开的秘密》(1994)、《一个善良女子的爱》(1996)和《逃离》(2004)等则获得英联邦作家奖、吉勒奖等。2005年,艾丽丝·门罗被列为《时代周刊》100名最具影响人物。2003年她终于斩获诺贝尔文学奖,可谓实至名归。

《少年派的奇幻漂流》(2001)

艾丽丝·门罗的作品以短篇小说著称,颇有契科夫之风:不重情节而强调细节之微妙与启示,一切基于顿悟,并且尤重时空转换,充满逝者如斯的嗟叹。① 早期作品的主题,常常是步入成年期的女子,如何与家庭和生长于斯的小镇相处的尴尬。后期的作品,如《逃离》,则将笔锋转向了中老年妇女的家庭琐事和辛勤劳作,其特点是寓人生顿悟于小事。许多作品以安省休伦郡为背景,带有强烈的地方色彩。不少人拿她作品的小镇背景与美国南部乡村相比,但她塑造的女性形象更为复杂丰满,叙述更为全方位,堪称南安大略哥特派之典范。

艾丽丝·门罗作为小说家的最大造诣,是擅长表达人物处世的不定性和矛盾心理,用似简实精的手法,通过富含时代感和地方感的独到语言,将不同层次的心理活动、人性的深邃复杂,游刃有余地表露无遗。② 这种矛盾心理,充分反映在她1996年的作品《一个善良女子的爱》之中。故事以发现河中溺毙的小镇验光师开头,讲述了命案背后的玄机及其对主人公爱妮德的影响。故事结尾时,她为意中人的亲近是出于欲望还是恶意犹疑不定。门罗通过直截了当的悬疑小说手法,通过女主角不情愿地堕入爱河和男主角的变幻莫测,展现了她的写作功力。故事随着对人物心理活动抽丝剥茧般的层层分析展开,加上娴熟的叙事结构,充分显示了门罗吸引文学读者和大众读者的无上魅力。用《环球邮报》作者贾里德·布兰德的话来说:“不错,她笔下的人物令人难忘。但她富有创造力的清新语言、文章的精妙节奏、还有她与人产生共鸣的广泛兴

① http://en.wikipedia.org/wiki/Alice_Munro.

② Dennis Duffy. *The Canadian Encyclopedia*, http://www.thecanadianencyclopedia.com/articles/alice-munro.

趣，都非同凡响。”① 如此种种，都使艾丽丝·门罗无愧于“当代最伟大小说家之一”的美誉。

第二节　马赛克文学特征

展开加拿大文学的历史画卷，不难发现，在繁花似锦的作品中，总有一脉相承的本土文学特征。这些特征与加拿大特殊的地理气候、人文历史、政治经济和衣食住行的生活方式等密切相关。首先，加拿大的民族多元、文化多样，社会政治环境比较民主开放，多元文化主义政策保护和鼓励各民族语言和文化的传承。所以，许多文学作品彰显了多元民族的和谐发展，强调多元文化互动相容，具有典型的马赛克文学特征。其次，加拿大广袤的地域、酷寒的北方气候和令人叹为观止的自然景观，总是老生常谈的聊天内容。反映在其文学作品里，倾力最重、用墨最多的，少不了对自然环境、人文地理的描述和探究及其对人性和加拿大文化的无所不在的影响。例如，在杰克·霍金斯的《世界发明》（1977）和玛萨·奥斯滕索的《野鹅》（1925）里，大地吞食了主人翁。罗伯特·科洛奇则至少有三部小说以暴雨或暴风雪吞没主要人物为结局。在欧内斯特·巴克关于描写安纳波利斯谷的小说《山和谷》（1952）中，大卫·迦南冻死在风雪天。这些都试图表达一种强烈的自然意识：不能忘记历史，忘记加拿大这片土地。

1. 多元民族文学和谐发展

如前所述，加拿大民族文学早期，是以土著口述文学和英、法语移民文学为主体的三驾马车。时至近现代，尤其是近五六十年来，随着世界各地移民的不断涌入，加拿大呈现出民族多元的“马赛克”。各民族在多元文化主义政策的鼓励下，努力保持和传承本民族的语言和文化，使加拿大文学呈现出多元民族文学和谐发展的趋势。

心系原住民文学。从历史角度看，原住民的口述文学已传承上万年，但文字作品却发展缓慢。20 世纪 60 年代前，原住民作家及作品寥寥可数，但出自非原住民之手的反映原住民生活的作品却不少见。这些作品阐释、翻译原住民口述文学，了解、探讨原住民部落、家庭与社会等问题。如被誉为“部落长老”的休伯特·埃文斯的《河上之雾》（1954），是加拿大第一部以原住民现实生活为背景的作品，讲述了一些原住民中背景较复杂的重要人物。埃文斯曾

① Jared Bland. 10 reasons why Alice Munro is a genius. *The Globe and Mail*, 2013-07-12.

说："我要写出印第安人所受的不公和伤害……我目睹了这一切，知道这一切……我会蹲下来一边卷烟卷，一边和他们聊天。我是他们中的一份子，我愿意像待已一样地讲述他们。"① 另一位作家苏珊娜·莫迪也针对加拿大传统文学中关于土著的描述，进行过重新认识："我在丛林地区的多年生活中，经常耳闻目睹所谓的'野蛮人'及其不够文明的原始生活，但他们实则是天生的绅士——从不做粗鲁野蛮之事。那些恶毒少教的野蛮之徒，却出自欧洲国家的过剩人口，不知要比这些心思细腻、天生礼貌的土著人要落后多少。"②

近几十年来，特别是加拿大多元文化主义政策出台后，以原住民权利、历史、文化保护及生存现状、民族认同等为题材的作品，包括原住民自创作品大量涌现。如伊夫·泰里奥的《阿西尼》(1960)、《死胡同》(1961)、《小人物的辉煌故事》(1963) 等，着重描写当地土著的普通生活。针对"加拿大是正义公平的社会"这一观点，哈罗德·克里发表了《不公平的社会：加拿大印第安人的悲剧》(1969)，谴责加拿大印第安政策，深刻揭露加拿大政府同化政策下的毁灭性行径。类似的呼声还出现在霍华德·亚当斯的《监狱之窗：土著人眼里的加拿大》(1975) 中。身为梅蒂斯人，他为土著人的自由平等向社会广泛呼吁。再如，罗伯特·科洛奇的《失去的印第安人》(1973)，讲述了一位美国大学毕业生抱着找个好环境的教书育人工作的理想来到加拿大，其梦想最终在一个冬天的狂欢节中，随着主人翁的不知所终而破灭了。

就保留土著人文化传统而言，因纽特作家马克·克鲁克的《卡布鲁纳人的起源及其他因纽特人的传说》(1974)、艾尔玛·格林的《莫霍克人传说故事》(1975)、埃莉诺·布拉斯的《巫师与其他克里族人传说》(1978) 和巴斯尔·约翰斯顿的《长者所述》(1981) 等，因采用大量的图片及口述形式，可谓土著文化传承的卫士。近年来加拿大一些公立小学，还把原住民的神话故事和创世传说纳入课程，更有相关部门和人士，倾力抢救原住民的语言和传统口述文学。从文学作品中有关土著的用语来看，20 世纪 80 年代以来，对土著人的称呼，已弃"印第安人"而用"原住民"或"第一民族"，这也标志着土著人及其文化，已逐步被时人重新认知、认同和尊重，标志着新的时代需要自由地彰显本土文化。③ 总之，原住民文学无论是在内容还是在写作风格上，

---

① Prologue. *Beyond Nationalism*: *The Canadian Literary Scent in Global Perspective*. Mosaic XIC, 1981 (2).

② Susanna Moodie. *Roughing It in the Bush*. New Canadian Library, 1852: 5.

③ W. H. New. *A History of Canadian Literature*. McGill-Queen's University, 2001: 28.

近年都有了大的拓展。

同时，出自非原住民作家的作品，也大大促进了土著传统文学的保护和原住民文化的认同。玛格丽特·劳伦斯的代表作《潜鸟》（1970），描写了多元文化背景下，梅蒂斯人过去与现在的生存状况。作者以潜鸟象征梅蒂斯人，在钻石湖（即加拿大社会）与金花鼠和麻雀等同生共栖，后者象征其他族群。在另一部长篇小说《发现陌生人》（1994）中，鲁迪·威伯运用了复杂的叙事结构，用多重叙事者和多角度手法，展现不同的生活经历、心理过程和意识活动，并以印第安土著的口吻，对富兰克林一行探索发现、命名山河、绘制地图、征服自然的行为提出了质疑。小说围绕探险队中英裔海军少尉罗伯特·胡德与耶洛奈夫土著姑娘的爱情故事展开，揭示了土著与欧洲人的文化冲突和价值取向。

关注少数族裔文学。研究加拿大文学，不难发现，近几十年来以少数族裔文化历史、权利地位和生存现状为题材的作品不断增加，其中不乏获奖作品。如劳拉·萨尔弗森的《黑网》(1937)和《移民女儿的自白》(1939)、鲁迪·威伯的《大熊的诱惑》(1973)和《发现陌生人》(1994)、蒂莫西·芬德利的《战争》(1977)、乔治·鲍林的《燃烧的水》(1980)、罗辛顿·米斯垂的《长路漫漫》(1991)、迈克·翁达杰的《英国病人》(1992)和《安妮尔的鬼魂》(2000)等。以翁达杰为例，他出生于锡兰(今斯里兰卡)，在英国受教育，19岁移民加拿大。从他的文学作品中，总是可以感受到加拿大与印度等多元文化背景的盘根交错。从诗歌《美丽恶魔》到《世俗爱情》再到《比利》和《大屠杀》，都交织着不同文化背景中的不同心声，诗中充满现实与科幻、秩序与混乱、理性与疯狂，似乎一切都在矛盾对立中寻找平衡。《安妮尔的鬼魂》以斯里兰卡为背景，展示其古文明与近代内战的灾害。随着安妮成长中的种种情感纠葛，展开了对爱、家庭、身份的思索与探讨。

冰岛裔小说家劳拉·萨尔弗森的自传体小说《移民女儿的自白》（1939），通过描述自身经历，向读者展示了移民在加拿大这个新世界里建家立业、开创新生活的辛酸苦辣。故事充满了理想与现实、自我与社会、公平与歧视等矛盾，不仅深深打动了新老少数族裔移民的心，而且勾起了加拿大英法主流民族往日殖民拓荒的思绪。萨尔弗森因《移民女儿的自白》，荣获1939年加拿大总督文学奖，对后来加拿大多元文化政策起到了推动作用。

华裔作家近年来在加拿大文学殿堂上也颇显实力。他们的作品大多以华人叙事为中心，探讨人生追求、文化价值观与身份认同等。如崔维新的《玉牡丹》（1995），以20世纪三四十年代的温哥华唐人街为背景，讲述了一个华裔移民家庭中三个孩子的成长经历，通过他们的视野，展示了移民后代经历的人生思考与身份求索。崔维新凭借该作品荣获1996年温哥华图书大奖，并与玛格丽特·阿特伍德同获当年的“安省三叶文学大奖”。该书成为近年来最有影响力的美加书籍之一，于1998年被评为“美国图书馆协会著名书籍”。再如方曼俏的《午夜龙记》（2004），讲述了安省小镇上普通华裔一家三代人融入加拿大主流社会时所遇的身份定位困惑和人生历练。该作品于2005年获美国图书馆协会的阿列克斯奖。

另外，用家族史的形式展现早期华裔移民生活的代表作，还有李群英的《残月楼》（1990）和郑霭龄的《妾的儿女》（1994）。这两部作品在20世纪90年代出版后，不但获得了多项文学奖，畅销不衰，也成为加拿大文学史的经典作品。

近年来活跃在加拿大文坛上颇有特色的华裔作家，还有使用中英文双语创作的李彦。她的第一部英文小说《红浮萍》（1995），采用了大洋两岸来回跳跃的形式，生动地描述了新移民所背负的沉重历史包袱及必须面对的严酷现实。小说一经出版便获得加拿大全国小说新书奖的提名，作者也获得“文学艺术杰出女性奖”。她的另一部英文小说《雪百合》(2010)，描述了华人新移民奋斗不息的意志，绘制了他们在加拿大追求理想生活的生动画卷，获评论界好评。此外，李彦用中文创作的长篇小说《嫁得西风》(1999)、《海底》(2013)、作品集《羊群》(2008)等，即抒情又幽默，用一幅幅逼真的画面，呈现出女性华裔移民在异国他乡面对不同文化的挑战和冲击、扎根生存的不懈努力。正是这些优秀作品，向世人真实地讲述了中国移民在异国他乡重建家园的不凡经历，并显现着加拿大华裔英语文学乃至双语文学的锋芒。

强化法语文学。总体来说，加拿大马赛克文学在作品里的反映，不仅是关注原住民及其他少数族裔生活，更为重要的是彰显法语文学，以谋英法两大建国民族文学的平衡共存。从加拿大英语、法语文学发展史来看，尽管法国人早于英国人来到加拿大，由于政治、经济及社会构成的不平等，加拿大法语社会的历史文化传统深受冲击，其文学道路远比加拿大英语文学走得艰难。为了保持法裔天主教传统、凸显魁北克文化意识及其语言，加拿大法语文学总是在不同时期反映着时人的思想与精神。联邦国家的独立，增强了本土作家的国家民族意识，促使他们投身民族文学，致力于加拿大主流民族文学的创作。尽管从建国民族的角度审视，法裔加拿大人应为主人，但在加拿大英语语言的文学里，总流露着客人或他者身份。① 1959年，加拿大艺术委员会接管总督文学

---

① Gillian Roberts. *Prizing Literature: the Celebration and Circulation of National Culture*. University of Toronto Press, 2011.

奖，增加了以法语写作作品的奖项。每年从上千的英语、法语作品中评选出入围作品及作者，颁给小说、戏剧、非小说、儿童文学、诗歌及翻译六大奖项，法语作家因此从中获益。因《锡笛》而荣获法国“女作家奖”的加拿大法语作家加布里埃尔·罗伊，在小说里以极大的同情心，描绘了蒙特利尔的工人生活；安妮·赫伯特，魁北克最著名作家之一，因《毛皮》（一部用法文撰写的描写阿卡地亚人民为生存而奋斗的史诗般小说）而荣获1979年法国文学大奖龚古尔奖。还有戏剧家迈克尔·特伦布莱，他的作品《和撒那》（1973）、《妯娌》（1968）、《早上好啊，早上好》（1974）等，都描写了因宗教、语言、种族和政治独立而致的社会分裂所引起的痛苦，曾在纽约、伦敦和巴黎先后上演，取得巨大成功，堪称杰作。

加拿大法语作家在创新写作手法与风格方面，也颇有建树。以著名小说家、诗人、剧作家安妮·埃贝尔为例，作为当代加拿大最具影响力的法语作家之一，她的小说《卡穆拉斯卡庄园》（1970），以发生在19世纪魁北克的一桩真实案件为背景，描述了主人公伊丽莎白梦呓自己婚外恋的故事。作品交替使用第一人称与第三人称，若虚若实、如梦如真，一经出版便引起轰动。另一小说《黑色安息日的孩子们》（1975），同样游离于虚幻与真实之间，讲述了朱莉在神游教堂时，目睹了自己被传为女巫而惨遭凌辱后，奋起反抗终获自由的经历；该小说获加拿大总督文学奖。同样，埃贝尔的散文《风影之下》（1982），将多方话语交织在一起，讲述了两个姑娘在海滨被强暴后惨遭杀害的故事。这种超现实、自由描述的虚幻文学，一度成为魁北克文学的一种标志。而安妮·埃贝尔的最大贡献在于她反对传统的文学写作思维和模式，追求变化和多样性。

总之，在加拿大文学作品中，无论是英语文学、法语文学，还是原住民文学及其他少数族裔文学，总能聆听来自世界各地的声音、感受不同文化的碰撞。在诸多具有国际声望的作家身上及其作品中，总能找到多元民族和多元文化汇聚的身影。以翁达杰、希尔兹、米斯垂为例，他们出生于他国异乡，成年以后才移民加拿大；而《少年派的奇幻漂流》的作者扬·马特尔是出生在西班牙的魁北克人，他说法语，又接受的是英语教育。父母是外交官，使他从小就经历了在不同国家的成长岁月。① 这些作家的多元文化阅历背景，无疑对加拿大多元民族文学和谐发展起了积极推动作用。

---

① Gillian Roberts. *Prizing Literature: the Celebration and Circulation of National Culture*. University of Toronto Press, 2011: 4.

2. 多元文化文学互动共容

加拿大素以移民大国著称，早期以英法欧洲移民为主，继之以一波波的亚、非、拉美移民潮。目前，加拿大境内拥有当今世界各地的主要民族。他们的到来，不仅改变了加拿大的人口结构，而且也带来了世界多种民族丰富的语言和文化，无不影响着加拿大的国民文化和文学发展。当代加拿大文化是由各民族在迁徙、融合的过程中注入、镶嵌而成的马赛克拼图。文化的多元性、边缘性和外来性恰恰是加拿大本土文化的特色，其核心理念是不同民族、不同文化之间的平等、相互理解和尊重。建立在此基础上的文学，强调的是走多元文化共同发展的文学道路。

从历史上讲，加拿大人对多元文化的理解和认同，并非一帆风顺，而是经历了长时间的矛盾挣扎。许多早期英语文学作品里，深刻地反映出当时人们的殖民理念或帝国主义思想。最为典型的例证是萨拉·邓肯的《帝国主义》(1904)，该作品反映了根深蒂固的殖民帝国思想及其引起的社会心理等问题，让人体悟到那个时代环境造就的文学人物和多数加拿大作家创作的时代背景。① 而约翰·理查森的《瓦库斯图，预言家：加拿大传奇故事》(1832)作为加拿大的第一部哥特体小说，讲了两个故事：一是背叛爱情与复仇，二是北美地方政权及欧洲代表势力与瓦库斯图所代表的土著之间的斗争。故事情节跌宕起伏，引人入胜，使读者不由自主紧随主人翁瓦库斯图去击败沃尔德马上校。这部小说1832年首次出版，堪称“加拿大首席小说”。其续集《加拿大兄弟》(1840) 和《韦斯特布鲁克》(1851)，则讲的是印第安人在白人的统治下如何举步维艰，白人如何坚持英裔特权，在英国法律庇护下实行殖民扩张。故事通过讲述土著人与白人之间的经济、文化斗争，揭示了典型的英美政治文化体制在加拿大似乎都行不通。

1922年，曾有人提出多元文化主义口号，很快就遭到反对。反对者认为加拿大人操不同语言，持不同肤色，有着不同的文化背景和宗教信仰，这些多元文化因素会削弱加拿大的国民团结，导致长期缺乏对国家的认同感和加拿大人的身份感。休·麦克伦南的小说《两地孤栖》(1945) 深刻地反映了这种思想。小说讲述了主人翁保罗·塔拉尔德精通英语、法语。作为法国富商的后代，在纠结于“我是谁”的身份认同中，展开了英法裔因受不同母国文化影响而产生矛盾冲突的故事。最后，保罗坦然面对人生，认为自己既不是法国人

---

① Catherine M. McCay. *Canadian Literature: the Beginnings to the 20th Century: Introduction*. McCleland and Stewart, 1974.

也不是英国人，而是加拿大国土上的加拿大人。

对于英、法族裔及原住民之外的其他少数族裔，他们的认同与被认同更是陷入困境。如来自斯里兰卡的知名小说家迈克尔·翁达杰的加拿大公民身份就颇有争议。所以他的三部获奖小说《狮子皮》（1987）、《英国病人》（1992）和《安妮尔的鬼魂》（2000），都集中体现了公民权、家园和民族以及世界大同主义等主题。① 尽管故事发生的地理环境完全不同，但都阐述了谁拥有地理空间和居住权，谁就拥有权势的主题。他的另一力作《世代相传》（1982），则追述作者在故乡斯里兰卡的成长经历，特别富有洞察力和幽默感，以自传体小说形式描述了个体要竭力挣脱自身文化藩篱约束的现实故事。

《英国病人》剧照

随着国际知名度的增加，加拿大著名作家杨·马特尔（《少年派的奇幻漂流》作者），也经历了文化身份认同的质疑。基于他特殊的国际化成长环境，他的国籍常被误读。因此，面对大众他不断纠正、申明自己是加拿大人。② 在小说《自我》（1996）中，主人公与作者马特尔的成长经历很相似：童年时期随父母不停转学、迁移于不同国家。最初是在哥斯达黎加的一所英语幼儿园。尽管在家里说法语，但主人公的父母认为，作为加拿大人无疑存在着民族与居所、受教育语言与母语的不一致性。"'你应该具备双语或者三语，'父母总是这样告诉我，'这样才能算得上是真正的加拿大人'。"③ 加拿大的双语和多元文化政策，使得主人公的父母认为：加拿大身份认同，就在于对这种变迁的、多元的文化的认同。因此主人公在父母的耳濡目染下，语言天赋已潜移默化到日常生活中的方方面面，"在学校我讲英语，在外与小朋友玩要用西班牙语，回家与父母说法语。每种语言交流起来都是那么自然。在家不可能用英语与父母交谈；做数学题时，也无法用法语思考。英语能准确

---

① Gillian Roberts. *Prizing Literature*: *the Celebration and Circulation of National Culture*. University of Toronto Press, 2011.

② Gillian Roberts. *Prizing Literature*: *the Celebration and Circulation of National Culture*. University of Toronto Press, 2011: 182.

③ Yann Martel. *Self*. Faber & Faber, 1996: 18.

地表达思想，当然也掺杂有拉丁语的影响”。① 尽管如此，加拿大的社会现实与其多元文化主义政策毕竟还有差距。正如小说中的“自我”，其流畅语言仍不足让他的加拿大身份和文化得到真正认同，因为他小时候在法国学的法语不带魁北克口音，因此有时仍被魁北克人视为外国人，而非土生土长。

1971 年多元文化主义政策出台，使得英法建国民族之外其他民族的平等文化地位也得到承认。实施多元文化主义，旨在强化加拿大人的国民身份认同，鼓励移民融入加拿大社会，主张不同文化、不同族群之间共存，确保所有居民能保持他们各自的文化认同。就现今的加拿大文学而论，多元文化认同也得到了广泛承认，不少不同族裔的作家及其作品已可与英美文学大家媲美。同时，正因为加拿大文学独辟蹊径，这样的民族文学之路，使得翁达杰、希尔兹、米斯垂等移民作家在很大程度上，随着其文学作品的成功，在加拿大反客为主。②

总之，无论是原住民及其他族裔的文学作品，还是英法语欧洲移民的文学作品，都努力走世界路线，超脱国家、民族、阶级壁垒。在寻找自己文化身份的同时，关注不同文化尤其是东西方文化的平等对话，团结一切民族、以和谐求生存。既不刻意区别什么是民族文学，又在不同程度上彰显多元文化与异文化，这就是加拿大文学的重要特征。这样的文学体现了对人性的真正尊重，有利于不同文化之间的文学互补互证，有利于人类不同文化之间的互动交流、和谐发展。

3. 亲近自然的实用文学

追溯加拿大文学的起源与发展，无论是古代萌生的原住民口述文学、近代植入的欧洲殖民文学，还是现代发展的多元文化主义文学，都不乏描述和关注自然环境与人文地理的作品，这似乎已成为加拿大文学创作的永恒主题。在原住民口述文学中，无论哪个族群的什么内容的故事和传说，都把自然、土地、神灵和人的生活紧密联系起来。

对于那些早期移居北美的欧洲作家来说，描述异地环境气候和探险经历往往是他们作品中不可或缺的重要内容。因为冰雪严寒、地旷人稀、猛兽荆棘，以及凶卜未知的土著，都是他们必须要勇于面对的。而形形色色的自然景观和异地经历，也恰恰赋予他们生动、真实且惊险刺激的文学作品素材。如雅克·

---

① Yann Martel. *Self*. Faber & Faber，1996：18-19.

② Gillian Roberts. *Prizing Literature：the Celebration and Circulation of National Culture*. University of Toronto Press，2011：7.

卡地亚、塞缪尔·尚普兰、萨缪尔·赫恩、亚历山大·麦肯锡、大卫·汤普森等，都可称得上早期加拿大探险路上描写自然景观和人文气候的文学家。其回忆录、日志和书信，真实地再现了他们身处陌生环境中，感受变幻莫测的地理气候和不时出生入死的冒险经历。这样的代表作有萨缪尔·赫恩的《从哈得逊湾威尔士王子堡到北大洋之行》（1795），记录了他受命从哈德逊湾到北冰洋探查铜矿的惊险历程，其间他与恶劣气候苦苦争斗，力图探索西北通道，并将一路所见的奇异景观撰写成文。与此相同的还有探险家兼毛皮商亚力山大·麦肯锡所著的《从蒙特利尔经北美大陆到北冰洋和太平洋之行》（1801），讲述了作者从阿萨巴斯卡湖到北冰洋、从奇帕维安堡到太平洋贸易探险路上的所见所闻。《西蒙·弗雷泽 1806—1808 信集和日记》（1960）则记述了弗雷泽1808 年西行至弗雷泽峡谷的自然环境和风土人情详情。此外，凯瑟琳·特雷尔的《加拿大边远森林》（1836）、《加拿大克鲁索》（1852）和她姐姐苏珊娜·莫迪的《灌木地带的艰苦岁月》（1852）、《战地医院》（1853）等，都从不同层面叙述了加拿大恶劣环境下的艰苦岁月。而自称“一个不为世人所知的独行者”的大卫·汤普森，14 岁时就告别英国故土，踏上了北美航海探险之路。从 19 岁起，汤普森每天系统地记录当地风土人情与气候环境，数十年如一日，最终提取日记的精华，完成了《大卫·汤普森游记》（1916）一书。该作品堪称加拿大最优秀的文学作品之一，真实地记载了作者穿梭在海洋和陆地间的近 30 年探险经历。当险渡大冰川来到加拿大阿萨巴斯卡时，汤普森这样写道：“这时展现在我们眼前的，是古老的深不可测的雪川，是我有生以来所见过的最难忘的壮美景观；但对那些一无所知的旅伴来讲，那却是可怕的场景……”① 无疑，他对自然景观描述和感悟惟妙惟肖。J. 比格斯比曾这样评价汤普森的作品：“他能栩栩如生地为你勾勒原野和交战中的蛮人，带你攀爬落基山、感受雪暴。闭上眼睛，你仿佛能听到耳边的枪声，触摸到冰雪融化。”②

随着殖民拓荒者足迹的淡去，加拿大文学的自然环境描写也由冬入春。由于科技的发展，进入 20 世纪的加拿大整体环境已有大的改观。尽管现代化城市建设和先进的办公、居家设备，已使加拿大人不再惧怕陌生广袤的地理和恶劣莫测的气候，但他们依然关注、热爱着大自然，文学作品里仍重墨描写天气

① Gillian Roberts. *Prizing Literature: the Celebration and Circulation of National Culture*. University of Toronto Press, 2011: 4.

② J. B. Tyrrell (ed.). 1916. *David Thompson's Narrative*, p. xiv. Glover.

地貌和自然景观，类似早期文学中的环境生存问题，也多次出现在近现代作家的作品里。如生物学家法利·莫瓦特，曾经为了解狼的生态及其危害性，远赴阿拉斯加做研究。在寸草不生的极地，经过六个多月的探察、记录、实验，莫瓦特了解到，该地的狼群并未危及北极驯鹿的生存，而其本身却遭到人类的威胁。他据此完成的作品《与狼共度》（1938），成为一部描写北美自然地貌、动物与人生态环境的力作，后被改编为电影《狼踪》。

在亲近自然、热爱生活方面值得一提的是在加拿大文学界举足轻重的高产作家露西·蒙哥马利。她发表过497个短篇故事、502首诗、23本书和10卷手抄日志。其中，名著《绿山墙的安妮》（1908）脍炙人口，畅销世界各地。她成功塑造的小主人公安妮·雪莱，率真活泼且富于幻想，虽自小被人领养，却通过自身努力取得成功。作者更以清新流畅、充满诗情画意的语言，描绘了安妮的新家和成长的新环境。书中描绘的景点——爱德华王子岛，即作者自小与外公外婆生活的地方已被加拿大政府指定为国际旅游景点。

由此可见，加拿大作家与读者，对身处的自然人文环境及作品中环境的描述情有独钟。事实上，在露西·蒙哥马利等作家笔下的加拿大壮美景色，也吸引了大批移民的到来。

第三节　文学折射的马赛克文化心态

1. 求生存、共命运心态

在探讨加拿大文学家如此钟爱描绘当地自然人文环境的同时，我们也能感悟到反映在他们作品里的加拿大人热爱生活、珍爱生命的文化心态。一方面，他们热爱这片广袤富饶的土地和多姿多彩的自然人文景观；另一方面，他们又惧怕这种变幻莫测的自然气候和无边无际缺少人烟的环境。求生的本能，使得加拿大人必须团结互助，与大自然作斗争。这种谋生存、共命运的心理，像是一根纽带，将来自不同文化背景的加拿大人紧紧相连。在大卫·汤普森的《游记》中，在罗斯的小说里，严酷的气候和干旱的风沙，被看成上帝对信徒的考验。特殊的环境气候，造就了加拿大人坚韧、抱团的心态，同时也培养出他们对社会机构的尊重乃至倚赖。因此，加拿大西部小说中的主人公或重要人物，不是自由自在骑马飞驰的牛仔或不法之徒，而是一些代表社会机构的权威人物，如皇家骑警、牧师或教师等。如霍华德·奥里根的《泰·约翰》（1939）、罗斯的《我与我屋》（1941）、罗伊的《水鸡筑窝的地方》（1947）以及近年来罗伯特·克罗契以政府考古学家为主人公的《崎岖地区》（1975），都是极好的例证。

玛格丽特·阿特伍德在《生存：加拿大文学主题指南》（1972）中，精辟地论述了加拿大文学的“生存”主题。她认为，对早期的探险者和拓荒者来说，生存就是面对“强大的”和“敌对的”自然环境和土著如何活下来以及面对飓风、沉船等危机或灾难时如何幸存。对法裔加拿大人来说，生存则是文化的存活，是一个少数民族在外来政权统治下对自身宗教和语言的坚守。对所有加拿大人来说，生存还意味着对过往秩序或制度的守望或怀旧。因此，加拿大文学从一开始就在为生存而呐喊。苏姗娜·莫迪在《丛林中的艰苦岁月》中，以自传体的形式，描述了莫迪为追求美好生活来到加拿大，却未曾想遭遇种种坎坷和荆棘。她将环境恶劣的加拿大绘制成“画卷”，警告那些准移民不要盲目乐观、鲁莽行事。这无疑为加拿大文学的“生存”主题作了很好的注脚。

尽管加拿大气候寒冷、地域辽阔、生存艰辛，但还是吸引了大批移民涌入。其中少部分像扬·马特尔小说《少年派的奇幻漂流》中的主人公一样，不仅顺利入境加拿大，而且很受欢迎：“从墨西哥的海滩到我养母的家，再到多伦多大学的教室，这一路的官员都只为我敞开一条长长的简单易行的绿色通道。对所有这些我充满了感激。”① 但大多数人没有那么幸运。他们眷恋着故土，却又抱着开辟新生活的渴望，走在生存的狭缝中。瓦特·米切尔的《谁见过这风》（1947）塑造了一个名叫本的人物，是个整日酗酒的走私贩，还自吹在哈利法克斯和渥太华有 133 个私生子。小说以半幽默的笔调，生动地展现他与横行霸道的艾伯克龙比女士的对立冲突。最终后者被开除出学校董事会，并遭遇牢狱之灾。尽管书中作为教师的狄格碧和汤普森并未完胜，学校也未能改变对中国家庭的偏见，但为了和谐生存，团结互助是必行的法宝。②

2. 复杂的怀旧认同心态

由于深受母国文化的影响，早期欧洲移民对以往秩序、习俗和文化有着深切的留恋，很难立即吸收新环境的新东西。因此，加拿大早期移民文学充满了对旧事物的怀念和对新事物的迷惑。凯瑟琳·帕尔特雷尔、苏姗娜·莫迪、路易斯·赫蒙和弗雷德里克·格罗夫，是 19 世纪分别从英、法、德移民加拿大的作家。在他们的作品里，都少不了对家的描述和认知。家在很多文学作品里

---

① Yann Martel. *Life of Pi*. Vintage Canada，2001：318.

② Robin Mathews. *Canadian Literature*：*Surrender or Revolution*. Steel Rail Educational Publishing，1978：22.

意味着力量；尽管这种力量的纽带易损，但却经久不衰。大卫·理查兹的《冬天及至》（1974）和《血缘纽带》（1976）里的主人公，总是在叛逃后，更亲近地返回家中。听着鸟叽叽喳喳地欢歌，让毛毛细雨轻拂脸颊，随作者一起走进“那沾满雨水芬芳四溢的树林，它们郁郁葱葱地静静饱受雨水的滋润”。① 他们渴望把加拿大建成自己的家园，不仅是物质上，更是精神之所需。

但是，在这样的新家里，文化和身份认同并非简单易行的事。《少年派的奇幻漂流》中的派第一次走进设在加拿大的印度餐馆时，服务生用审视、挑剔的目光看着他用手抓饭吃，问道：“刚下船的，是吗?”派只好一边听着，一边尴尬地不知所措地舔着手指……在餐厅服务员眼里，派的行为是如此肮脏、不讲卫生，他深感自己好像变成了剧情中的大坏蛋。② 要知道用手抓饭可是印度饮食文化的一部分，但这种文化却无情地被蔑视和诋毁。在多元文化不被接受和相容的境况下，派不敢再用手指添食，只是难堪地用纸巾擦着手。被人审视和否定的感觉，是一种从未有过的侮辱。这种带着以往的深爱的文化走进新的文化世界，想证明属于自己的文化却又不被认同的境遇，似乎是很多加拿大人的写照。

尽管马特尔认为自己对自传体文学不感兴趣，但他的作品总离不开探讨在他个人成长历程中所遇到问题，特别是在民族与居住地、民族与公民角色等关系转换中所面对的困惑。就《哈珀总理的书目》而言，阐述加拿大问题不足为奇，但在《洛卡马西欧家族轶事》、《自我》和《少年派的奇幻漂流》里，加拿大认同问题，仍是有意识探讨的问题。显然这些问题不仅是故事中主要人物苦思冥想的问题，更将国家民族认同置于众目睽睽之下。③

作为社会价值认同的一个重要方面，加拿大文学作品最为一致的思想，是反对利己的个人主义，强调大众利益的集体主义。因此很多作品中的教师、牧师、公务员等，往往是代表群众利益的正面形象。菲利普·格罗夫的《大地的果实》（1933）和《磨坊主人》（1944）、萨拉·邓肯的《帝国主义》、麦克伦南的《两个独行者》（1945），都难免将经济、文化与政府职能紧密联系起来，而民众则总在苦苦觅求社会价值观的定位。

在《丛林中的艰苦岁月》一书中，苏珊娜·莫迪塑造的人物，时而幽默、

---

① David Adams Richards. *Blood Ties*. Oberon，1976：72.

② Yann Martel. *Life of Pi*. Vintage Canada，2001：8.

③ Gillian Roberts. *Prizing Literature：the Celebration and Circulation of National Culture*. University of Toronto Press，2011：182.

时而愤怒。她所遇见过的美国人都是典型的个人主义。尽管后者也是生活在北美的英裔，却自称并认同为“美国佬”。他们的“民主主义”和“共和主义”，尤其建立在个人主义之上。在她的作品里，美国佬都是些没有集体荣誉感，为了个人不惜花言巧语骗取他人利益的家伙。他们总是自觉优越，一种病态优越感。在加拿大意识方面，莫迪持民主态度，但反对美国式的个人主义民主观。她对加拿大的优越性充满赞美之词，并祈求加拿大人“永远不要放弃所拥有的能依靠强大共和国的坚实有利条件——要学会耐心地、忠实地、无比依恋地等待从伟大母亲身体里蜕变而出，接受生命的源泉；等到时机成熟母亲自会宣布已走过童年，宣称强壮且完全能顶天立地的你就是：自由的加拿大人民”!① 莫迪的思想意识中，有一种明显的对美国的不信任。加拿大英裔对美国及其阐释的自由持怀疑态度，他们认为，太多的美国因素，有碍于加拿大创建一个适合自己的新世界。②

一言以蔽之，加拿大文学，无论是贴近大自然的原住民传统口述文学，在文化和社会冲突中谋生存的法语文学，由效仿走向自创、探索认同的英语文学，还是反映艰苦创业、身份求索的移民文学，无不烙有加拿大本土地理气候、人文历史、政治经济的印记，彰显马赛克文化的多元性和文化心态。生存、社会公义、文化认同与国家认同等永恒的主题，反映出加拿大多元文化的生命力与多元民族的和谐互容，突出了加拿大人热爱生活、坚韧不拔、向往平等、包容谦和的文化心态。

---

① Susanna Moodie. *Roughing It in the Bush*. New Canadian Library, 1852: 5.

② Robin Mathews. *Canadian Literature*: *Surrender or Revolution*. Steel Rail Educational Publishing, 1978: 36.

第七章 冰雪王国的体育和艺术

“冰球是统一界定我们国家的运动。”

——斯蒂芬·哈珀，加拿大总理

第一节　人才辈出的滑冰运动

加拿大与滑冰运动有着不解之缘。早期来自欧洲的第一批移民，就随身带来了冰鞋。在被称作新法兰西的这块广袤大地上，他们与大自然既抗争又和谐相处，利用自然条件开展冰上运动，形成了经久不衰的溜冰热，以至于1748年12月24日，当时的总督不得不发布禁令，禁止人们在魁北克的街道上溜冰。而在首都渥太华，时至今日还有人在冬季以冰鞋代步，在长达7．8公里的世界最大天然溜冰场、毗邻国会山的里多运河上，溜着冰上下班。每年逾百万人涌到这个联合国世界遗产保留地来冰上娱乐，成为该市的一道靓丽冬景。

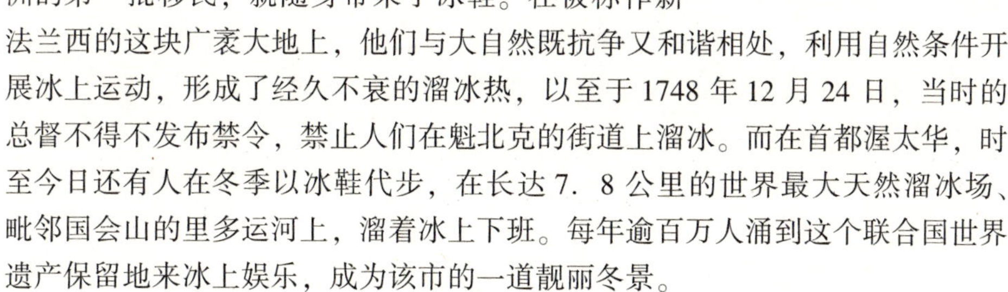

19世纪80年代时，加拿大已有了来自蒙特利尔的本土花样滑冰明星路易·鲁本斯坦，他连续多年赢得全国冠军，并于1890年在俄罗斯赢得“宇宙冠军”称号。鲁本斯坦为1887年加拿大业余滑冰协会的成立以及采取规章条例使滑冰运动正规化，立下了汗马功劳。1914年，加拿大业余滑冰协会专门成立了花样滑冰分部，并正式举办了首届加拿大花样滑冰年度锦标赛，由鲁本斯坦担任首届总裁直至1930年。1939年该组织改称加拿大花样滑冰协会。

1850年蒙特利尔河面上的溜冰盛景

1947年，芭芭拉·司科特为加拿大首次摘得世界花样滑冰锦标赛桂冠，次年登上欧锦赛、世锦赛和奥运会三大赛事的冠军宝座，成为获此殊荣的北美第一人，同时也是第一位夺取奥运花样滑冰金牌和连续赢得世锦赛冠军的加拿大选手。1988年，特蕾西·威尔逊和罗伯特·麦考尔在卡尔加里冬奥会上首次为加拿大获得冰上舞蹈铜牌；2002年，杰米·萨勒和大卫·佩尔蒂埃在盐湖城冬奥会上荣获双人滑金牌；2003年，谢伊-琳·伯恩和维克多·科拉兹在华盛顿的世锦赛上，成为第一对赢得冰上舞蹈金牌的北美选手。

然而，在加拿大现代滑冰运动中最享盛誉的，当数花样滑冰明星科特·布朗宁、埃尔维斯·斯托克和华裔新秀陈伟群。加拿大花样滑冰名将科特·布朗宁，是1988年、1989年、1990年、1992年加拿大花样滑冰锦标赛和世界花样滑冰锦标赛的双料冠军。他三次代表加拿大出征奥运会，担任1994年冬运会加拿大队的旗手。布朗宁尤擅步伐，但最出名的，是他在1988年布达佩斯的花样滑冰世锦赛上，首次成功地在世界大赛上跳出了旋体四圈的高难动作，从而进入吉尼斯纪录。他的杰出成就及对普及加拿大滑冰运动作出的贡献，使他获得花样滑冰场上的韦恩·格雷茨基的美称。作为滑坛帅哥，布朗宁不仅是花样滑冰的巨匠，而且有为数众多的粉丝，包括他的同行们。他们都被他的活力和才能所深深折服，为他天生的幽默和与观众的融洽默契倾倒。

20世纪90年代的粉丝，都不会忘记两获奥运银牌、三获世锦赛冠军、七获全国冠军的加拿大花样滑冰名将埃尔维斯·斯托克。1990年17岁的他异军突起，一举获得加拿大花样滑冰锦标赛亚军，仅次于当时的世界锦标赛冠军科特·布朗宁，翌年在世界花样滑冰锦标赛中，创造了世界纪录，成功跳出旋体四圈外点冰跳接旋体两圈外点冰跳的超难动作。1994年，斯托克首次超越布朗宁，夺得全国冠军，代表加拿大参加冬奥会并获花样滑冰银牌。当年他还夺取了世界花样滑冰锦标赛金牌，被赋予加拿大最佳男子运动员称号。从那以后，斯托克传奇式的赛场生涯一发不可收拾。1995年的全国花样滑冰赛上，他因伤不得不退赛。大多数人以为他不能参加当年的世锦赛了，但他凭着坚强的意志和拼搏精神，不仅参加了世锦赛，而且还蝉联冠军。1997 年，他凭着一套前所未有的旋体四圈外点冰跳接旋体三圈外点冰跳超高难度动作，第三次夺取世界花样滑冰锦标赛冠军。

斯托克最令人叹服的表现，是在 1998 年的奥运赛场上。他当时强忍腹股伤痛和感冒上场，在完成自由滑后，疼得在场上弯下了腰。尽管如此，他还是以出色的表现，令人信服地赢得奥运银牌。当他一跛一跛地走上领奖台时，场上观众全体起立，为他的英勇精神和精彩表演，报以雷鸣般的掌声。为了表彰他的勇气、意志和非凡的成绩，奥运会特授予他总督十字奖章和希腊十字奖章。斯托克在 2002 年冬奥会上获得第八名之后不久退役，多年来一直从事体育慈善活动，支持残奥会，为社会公益组织奔走呼吁，并培训新一代花样滑冰运动员。他在运动生涯中所获得的无数奖章和荣誉，使他当之无愧地成为所处时代的花样滑冰王子。而他在运动生涯中表现出来的坚韧不拔、乐观向上、勇于探索、精益求精的精神，也是对加拿大文化心态的一个最好的诠释和展现。

斯托克在花样滑冰赛场上

加拿大滑坛可谓英雄辈出，人才济济。20 世纪末至今，前有布朗宁，后有斯托克，如今又出了个华裔新星陈伟群。1990 年出生的陈伟群，起初是为了打冰球而练习花样滑冰，后练过网球、滑雪、游泳和跆拳道，之后才专攻花样滑冰。2006 年开始参加成年组国际比赛，2007 年崭露头角，在花样滑冰大奖赛加拿大站的比赛中一鸣惊人，夺得冠军，并获得美国站的第三名和总决赛的第五名。在 2012 年加拿大花样滑冰锦标赛上，陈伟群的规定动作得分达到创纪录的 101.33 分，自由滑得分达到 200.81 分，以总分 302.14 分的成绩，一举突破了花样滑冰 300 分的分障。他谢幕时观众全体起立，热烈鼓掌达数十秒钟之久。2013 年 1 月陈伟群再接再厉，又一次登上加拿大花样滑冰锦标赛冠军宝座，实现六连冠。在世界花样滑冰锦标赛上，陈伟群同样傲视群雄，先于 2010 年夺得世锦赛男单冠军，翌年又在 2011 年莫斯科世锦赛上蝉联冠军。在 2013 年花样滑冰世锦赛男子单人项目上，以其高难度动作后外点冰四周接后外点冰三周连跳获得金牌，第三次夺得世锦赛冠军。

父母均为华裔移民的陈伟群的成功，如同父母为斯洛伐克裔移民的斯托克一样，又一次证明了在加拿大这个崇尚平等的多元文化主义社会，不同族裔的人，都能通过自身努力，充分发掘自己的潜力和才能，实现自己的价值。而他们的成功，无疑为加拿大的马赛克文化彩图，增添了一朵绚丽之花。

陈伟群在领奖台上

陈伟群在加拿大花样滑冰比赛场上

第二节 深入人心的冰球文化

尽管加拿大人因地域、语言、族别文化相异而各有不同，但只要一提起冰球却都是神采飞扬，赞赏有加。冰球可以说是加拿大人魂牵梦绕的文化灵魂，是雅俗共赏的国之骄傲，是一切为之让道的开路先锋，是面向世界的窗口和名片。上至总理总督，下到三岁孩童，无不为小小的冰球时而欢欣鼓舞、欣喜若狂，时而情绪激动，时而举国哀伤。加拿大的第一任总理麦克唐纳，在其任上宣布冰球是加拿大的国球。现任总理哈珀也高度概括地说：“冰球是统一界定我们国家的运动。"① 如此深入人心的冰球文化，其起源如何？加拿大被称为"冰球王国"，表现在哪些方面？冰球对加拿大文化和加拿大国民的文化心态有什么影响？对这些问题的回答，可以帮助我们更深刻地了解通过冰球折射出来的加拿大文化心态。

一、冰球的起源和发展

冰球之所以在加拿大文化和生活中占有如此重要的地位，是与其历史渊源分不开的，因为冰球在加拿大建国前就已存在。冰球与加拿大密不可分的关系，可以从普莱姆的下述描写中看出：

> 冰球和加拿大同生共长、不可分离。幼时蹒跚无向，发育期历经苦痛，青少年期稚嫩笨拙，中年期危机重重……直到成熟两者才更加有容乃大。②

关于冰球的起源，一直没有定论。为了追根求源，加拿大20世纪60年代末成立了一个特别委员会负责此事。结果，在穷尽调查后，该委员会不得不下结论说，由于缺乏文献记录，许多说法难以获得历史印证，因此无法确证冰球的起源地。③ 不过，大多数说法显示，冰球主要源于新斯科舍、魁北克和安大略地区。主张新斯科舍起源论的人认为，冰球起源于1856年在新斯科舍省哈利法克斯举行的第一次冰球比赛，其后两年冰球运动迅速风行加拿大，并很快传到了欧洲。1875年在蒙特利尔举行的首场正式比赛，奠定了现代冰球的基础和规则。流传较广的金斯顿起源论则认为，冰球运动起源于19世纪中叶驻安大略省金斯顿英军中流行的一种类似于爱尔兰式曲棍球的冰上游戏，参加者足绑骨头磨成刀刃的冰鞋，手持曲棍，在冰封的湖上追逐打击木制圆饼，意图击进对方球门。还有一种说法是，冰球源于米克马克（Micmac）印第安部落的一种冬夏皆宜的长曲棍球（Oochamkunutk），冬天时两队人马不蹬冰鞋，使用木质球杆和圆饼，力图将球打进对方球门。米克马克人制作的球棍精致合

---

① Henderson, P., Prime, J. *How Hockey Explains Canada: The Sport That Defines a Country*. Triumph Books, 2011.

② Henderson, P., Prime, J. *How Hockey Explains Canada: The Sport That Defines a Country*. Triumph Books, 2011.

③ Poulton, J. Alexander. *A History of Hockey in Canada*. Overtime Books, 2010.

用，直到20世纪早期一直为职业冰球选手所喜爱。除此之外，也有人根据约翰·弗兰克林1825年11月6日的一封信，宣称西北领地是冰球的发源地。但由于弗兰克林只提到冰球是西北领地当地人的晨练，故无法确定此“冰球”即彼冰球。①

尽管冰球的具体起源地众说纷纭，加拿大是冰球的故乡这一点，却是众口一词、毋庸置疑的。像大多数运动一样，冰球的问世并非一朝一夕，而是经历了相当长的进化过程。随着17世纪成千上万名欧洲移民涌入新斯科舍，除了适应社会、经济的新环境外，他们还需改变原来的体育运动传统，以适应当地地理和冰天雪地的气候环境。因此，新移民带来的苏格兰简式曲棍球和爱尔兰式曲棍球，很可能与同一地区的印第安长曲棍球结合、交融，而形成冰球的雏形。② 从文化层面上说，冰球的起源具有马赛克的特征，是外来文化与本土文化接触、交流、互融、共生的产物。

冰球一诞生便受到加拿大人的接纳和欢迎，在各地风行起来。当时各地的游戏规则均有不同，而要将冰球从户外引入室内球场，必须制定一整套规则来规范比赛，约束球员，使他们提高滑冰和控球技术。1875年3月3日在蒙特利尔市维多利亚溜冰场举行的首场室内冰球赛，正是在哈利法克斯人詹姆斯·克雷顿帮助制定的比赛规则下进行的。许多人当时没意识到，那一场比赛是近代冰球运动的分水岭，是现代冰球的奠基石。从这个意义上说，冰球也许生于新斯科舍，但却兴于蒙特利尔。③

随着冰球运动的兴起，加拿大各地出现了不少冰球队，为首的是渥太华、蒙特利尔和多伦多三支球队。当时最大的问题，是缺少一个冠军奖杯。所以时任加拿大总督的斯坦利勋爵在赛季结束时，在他冰球迷儿子的极力劝说下，买了一个银质奖杯作为奖品，颁给全国比赛冠军。这就是后来举世闻名，象征着加拿大乃至世界冰球巅峰的斯坦利杯。在那之后，从加利福尼亚到波士顿的一支支美国新队，陆续加入了冰球大家庭，直到1917年北美冰球联盟成立，开创了现代职业冰球的新纪元。

二、冰球王国

自从加拿大首任总理约翰·麦克唐纳宣布冰球为加拿大国球起，这项运动

---

① Poulton, J. Alexander. *A History of Hockey in Canada*. Overtime Books, 2010: 31.

② Poulton, J. Alexander. *A History of Hockey in Canada*. Overtime Books, 2010: 33.

③ Poulton, J. Alexander. *A History of Hockey in Canada*. Overtime Books, 2010: 45.

就成为大多数加拿大人文化灵魂和国家认同的重要部分，成为他们荣辱与共的精神支柱，而加拿大也成为“冰球王国”。冰球在加拿大到底有多重要？2004年加拿大广播公司曾通过全国民意调查，选出加拿大有史以来的十位伟人。引人注目的是，这十名伟人中，竟有两名是前冰球运动员：前职业冰球运动员和教练、现著名冰球讲解员唐·切利和职业冰球最高进球纪录保持者韦恩·格雷茨基。这有力地说明了冰球在加拿大国民心中的地位。加拿大作为“冰球王国”的名副其实，可以从以下几方面看出：全民运动、狂热的球迷、精英球队与球员、压倒一切的生活中心。

1. 全民运动

冰球是加拿大的全民运动，老少咸宜，男女皆爱，人人都能从中各取所需。有的从中看到速度和力量美、娴熟的滑冰技巧、灵活的策略；有的欣赏坚韧不拔的决心和信心。可以说，冰球集美国的三大球之大成：美式足球的力量、棒球的诗意、篮球的节奏和激情。①

冰球成为加拿大的全民运动，可以通过一些数据得到印证。据统计，目前全世界的注册冰球运动员共有154万多人，而仅加拿大就高达61万多人，每55个人里就有一个是注册冰球运动员，为世界第一。② 加拿大拥有大大小小3300座冰球场馆，超过其他所有国家冰球馆的总和。③ 所以无论是冰球运动员人数，还是冰球馆和冰球设施的数量和质量，加拿大都远远领先于其他国家。

冰球在加拿大的普及程度丝毫不亚于足球在巴西的普及程度。每所大专院校、每个城镇乃至许多社团，都有自己的冰球队，并举办不同类型的冰球训练营，大大小小的比赛层出不穷。加拿大国家电视台和地方电视台，也实况转播这些比赛。就连青少年冰球队也有忠实的球迷，而世界青年冰球锦标赛更是大受追捧。对各级运动员的培训，坚持全年一贯制。无论春夏秋冬，街道上、后院里、学校操场、社团中心，随处可见孩子们玩冰球或类似的游戏，就连许多家庭也大力创造条件，供孩子们从小训练。据《卡尔加里先驱报》2013年1月15日的报道，当地居民亨德森就在后院不辞劳苦，开辟了一个迷你冬季冰球场，训练4岁的“冰球狂”儿子打冰球，而此类情形在当地社区并不鲜见。

---

① Henderson, P., Prime, J. *How Hockey Explains Canada: The Sport That Defines a Country*. Triumph Books, 2011: 170.

② 参见 http://www.lahoo.ca/portal.php? mod=view&aid=4678&page=1.

③ 参见 http://ca.china-embassy.org/chn/dcgf/zgwjgksj/t912419.htm.

亨德森和儿子为进球而喝彩

冰球在加拿大的普及，不仅仅限于男子。虽然女子冰球到1998年才正式成为奥运会比赛项目，但加拿大妇女早就在为平等打球而努力争取了。斯坦利杯的创始人斯坦利勋爵的女儿伊泽贝尔·斯坦利，早在19世纪就参加了第一次女子冰球比赛。第一次世界大战时，随着越来越多的加拿大士兵在欧洲浴血苦战，男子冰球职业赛人才不济，萎靡不振，冰球赛场上催生了职业女子球员。第二次世界大战时安大略的兰斯康比姐妹创建的普雷斯顿溪流队，在女子冰球比赛中称霸一时，赢得了多届冠军。① 1981年，十岁的小女孩贾斯汀·布莱恩报名参加多伦多冰球联盟男子冰球队的试训。尽管她通过了试训，但安大略冰球协会仍以性别为借口禁止她比赛。布莱恩据理上告省人权委员会，经裁定，此种体育运动中的性别歧视是违法的。此案最终上达最高法院，结果布莱恩胜诉，成为第一位合法与男队员同场比赛的女选手。在她之后，来自魁北克、时年20岁的玛侬·罗姆，成为参加冰球大赛的第一位女选手，在与圣路易斯蓝调队的季前赛中，把守坦帕湾闪电队的球门。罗姆还在1998年参加了加拿大第一支女子冰球队，赢得奥运会女子冰球赛银牌。此外，还有2002年率队勇夺奥运冠军的加拿大女子冰球队队长卡西·坎贝尔。她们的励志表率作用，带动越来越多的女子登上冰球场。

同样，在加拿大这个冰球王国，土著人也发现，他们可以通过冰球进入加

① Hockey. A People's History. A CBC Documentary, 2006.

拿大主流社会。以亚力克·安托万为首的土著碱湖城勇士队，力战过关，赢得了1931年不列颠哥伦比亚省北部联赛冠军。尽管他们在其后与强大的职业球队温哥华广告队交手时失利，但是勇士队凭借其坚强意志和体育精神赢得了尊敬。他们的榜样，激励了后代土著，使得弗雷德·萨萨卡穆斯成为北美冰球联赛中的第一个土著运动员。①

遍布全国的冰球场馆、为数众多的冰球爱好者、从小开始的系统训练、不遗余力的家庭支持，不仅在加拿大普及了冰球运动，培养出大批优秀冰球运动员，而且向世界输出了冰球运动，“出口”了不少冰球明星。以北美冰球联盟为例，30支球队中有23支在美国，几乎每个队都有加拿大球星，占全联盟球员的85%。② 现任加拿大总理、铁杆冰球球迷哈珀也说：“冰球是我们最大的出口之一，在全世界各地都有加拿大人打冰球。加拿大人独特之处就在于，无论是原住民、英裔、法裔还是其他族裔，都玩冰球。”③ 正是这种狂热的全民运动，奠定了加拿大作为冰球王国的基石。

2. 狂热的球迷

作为冰球王国的子民，加拿大球迷对冰球的热爱，可谓如痴如醉、无以复加。在加拿大国民心目中，冰球比赛的胜利，便是加拿大的胜利。因此说，冰球中渗透了加拿大人的激情、尊严和骄傲，是加拿大生活和国家文化认同的最重要的组成部分之一。著名冰球电视节目主持人伊多·范贝尔根，在《加拿大冰球之夜》节目中曾说过，“（多伦多的）‘枫叶花园’，不只是冰球赛场，更是一座圣坛，是加拿大献给世界的伟大运动的殿宇”。现任加拿大总理哈珀，也曾这样精辟地分析加拿大人对冰球的文化情结与心态表现：“加拿大人通常表现得比较谦和、安静、平易。但一谈到冰球，我们就喧嚷起来，还会蠢蠢欲动、摩拳擦掌。”④ 凡有重大冰球赛事，赛前赛后，人们在工作场所、街上、家里，都热烈谈论着赛事。比赛时球迷聚集在广场、酒吧、咖啡馆甚至商店橱窗前一起观看比赛。而在现场观看比赛的观众，更是血脉贲张，激动无比。球迷们往往搞到一张季后赛球票，就仿佛拿到了天堂的通行证。每一场比赛都那么扣人心弦，动人心魄，令人热血沸腾。有人这样形容比赛场面：“来

---

① Hockey. A People's History. A CBC Documentary，2006.

② Henderson，P.，Prime，J. *How Hockey Explains Canada：The Sport That Defines a Country*：Triumph Books，196.

③ Harper，Steven. Forward. P. Henderson & J. Prime，2011：viii.

④ Harper，steven. Forward. P. Henderson & J. Prime，2011.

到国家冰球馆外面时，四周已是摩肩接踵，热闹非凡……座无虚席，放眼望去是一片红色海洋。”① 以 2010 年第 21 届温哥华冬奥会上加美之间的男子冰球决赛为例，加拿大球星西尼·克鲁斯比在加时赛中一记绝杀，令美国队突然死亡，勇夺金牌，使加拿大队第八次夺得奥运会冰球冠军。场内外观众登时欢呼雀跃，欣喜若狂，摇旗呐喊，互相拥抱，赛后全国各地球迷还涌上街头，彻夜狂欢庆祝。

球迷对冰球比赛的狂热，不仅显露在国内比赛，还远及他国。1972 年加拿大和前苏联冰球巅峰赛时，加拿大队第一场失利。当时在场的 3000 多名远道而来的加拿大球迷，全体起立鼓掌，为加拿大队加油。据赢得那届比赛的最大功臣、冰球名将保罗·亨德森多年后在一次电视采访时回忆，球员们回到下榻的宾馆时，惊奇地发现，门外又聚集了上千名加拿大球迷，再一次为他们鼓掌加油。

2012—2013 赛季北美冰球联赛因劳资纠纷停赛期间，球迷们因看不了球而沮丧、不满甚至愤怒。有些转而看世界青年冰球锦标赛，甚至有四百余人远涉重洋，奔赴俄罗斯乌法现场观看世青赛。巴里·罗杰斯一家几代人，每年都买季票观看多伦多枫叶队的比赛，但在停赛无奈之际，他一时兴起，来到乌法为加拿大青年冰球队助战。据他回忆，这些年来他一直追随国家青年队，亲眼目睹了 2005 年在美国大福克斯、2007 年在瑞典莱克桑德、2011 年在美国水牛城和 2013 年在俄罗斯乌法举行的世界青年冰球锦标赛。用另一位球迷安玛丽·吉利斯的话说：“我们不在乎加拿大队在哪儿比赛，我们只想随行助威。”② 劳资纠纷结束后，球迷们终于又能重返赛场，一睹他们热爱的球队和球员驰骋赛场，一展身手了。许多球迷为此欢呼，就连远在天外的加拿大航天员克里斯·哈德菲尔德也从太空发来推特短信，祝贺北美冰球联盟重燃战火。

3. 精英球队与球员

加拿大作为冰球王国，还具有世界一流的高素质球队和球星。世界男子冰球锦标赛为每年一届的世界顶级冰球赛事。1920 年至 1968 年，冬奥会冰球比赛也是当年的世界男子冰球锦标赛。截至 2011 年底，世界男子冰球锦标赛共举办了 75 届，其中加拿大夺冠 24 次，亚军 13 次，为世界之最。③

---

① 参见 http://tieba.baidu.com/p/722311727.

② 参见 http://www.theglobeandmail.com/sports/hockey/world-juniors/canadian-hockey-fans-stand-out-in-russia/article6880644/.

③ 参见 http://baike.baidu.com/view/7977962.htm.

加拿大在冬奥会上的成绩也毫不逊色。自冰球1920年进入奥运会，1924年纳入冬季奥运项目以来，加拿大男女国家队以雄厚的实力和坚持不懈的拼搏精神，多次获得冠亚军，战果辉煌。男队在前四届冬奥会上连续蝉联冠军。在盐湖城2002年第19届冬奥会上，加拿大经鏖战击败美国夺冠。2010年的温哥华冬奥会上，加拿大队又一次击败美国队，第八次登上冠军宝座，累计获得8次冠军、4次亚军。

加拿大女子冰球队的发展和战绩同样令人瞩目。女子冰球始于19世纪60年代，1892年在多伦多举行首次女子冰球赛，1916年在美国举行首次国际女子冰球赛，1990年起举行世界女子冰球锦标赛。从1990年至2012年的14届女子冰球世界锦标赛上，加拿大女子冰球队竟获冠军10次，亚军4次，没有一次落榜，骄人成绩令其他国家望尘莫及。

北美冰球联盟（NHL）负责举办世界顶级职业冰球比赛，1917年成立时仅有4支加拿大球队。过去40余年来发展迅速，从1967年的6支球队，发展到目前的30支，其中加拿大就占了7支，其余23支分布在美国各城市。在有史以来的87届斯坦利杯比赛中，加拿大球队赢得总冠军42次，分别为蒙特利尔队24次、多伦多队13次、埃德蒙顿队5次、卡尔加里队1次，① 充分显示了加拿大雄厚的冰球实力和持恒的冰球传统。

加拿大之所以被称为冰球王国，还因为她是世界冰球的摇篮，孕养了一代又一代一流球星和超级球星。20世纪50年代，蒙特利尔队的法裔超级球星、技工出身的“火箭”理查德，成为加拿大冰球的领军人物。作为他那个时代的最高得分手，他首创单季50场比赛进球50个，职业生涯进球超过500个的记录。他效力蒙特利尔队期间，8次赢得斯坦利杯。1947年至1959年，他连续八次入选一级全明星赛，并荣获职业冰球的个人最高荣誉——哈特杯。他1960年退役后仅一年，就打破退役三年等待期的惯例，列入冰球名人堂。

“火箭”理查德有很多球场传奇。1944年12月28日，他搬迁新居累了一整天，精疲力尽。帮他搬家的妻弟打赌说，他当晚在与底特律红翼队的比赛中进不了球。但他当晚进球5个，助攻3次，球队以9比1拿下了比赛。1952年4月8日，理查德在斯坦利杯半决赛对波士顿队的决胜局，打进一个被誉为“冰球史上最伟大、最漂亮的球”。② 他当时在赛场上受伤，摔成脑震荡，鲜

① 参见 http://en. wikipedia. org/wiki/National_Hockey_League.

② Melancon, Benoit. *The Rocket: A Cultural History*. Greystone Books, 2009: 21.

2010 年加拿大队在温哥华冬奥会夺冠后的庆祝场面

血顺着脸颊往下流，不得不离场，但在第三节又裹着绷带重返赛场。尽管头昏脑胀，他还是奋勇当先，一路杀到对方球门前，晃过来不及反应的守门员，射门得分。理查德这种无坚不摧、坚韧不拔的斗志，充分反映了冰球体现的加拿大精神。

然而，理查德的火爆脾气，也给他惹了不少麻烦。1954—1955 赛季，他先是公开抨击联盟主席坎贝尔不公，继而在多伦多的一场比赛中掌掴裁判，后来又在第 67 场比赛中，拳击巡边员。他被罚在包括季后赛的整个赛季停赛。蒙特利尔的球迷们认为处罚过严，是对加拿大法裔族群不公，从而引发了有名的“理查德骚乱”。这场骚乱直到理查德亲自出面，呼吁球迷们接受对他的处罚，并保证来年赢回斯坦利杯，才渐渐平息。①

1996 年，在蒙特利尔队的迁馆集会上，全场观众创纪录地起立鼓掌长达 16 分钟，反复大声念着“火箭”，表达对理查德的赞美。理查德起初吃惊地望着四周，当意识到大家是在无休无止地表达对他的爱慕之情时，他失声痛哭，一边挥手一边说着“谢谢”。理查德的生平事迹，后来拍成电影《冰球英豪》，于 2005 年上映。

“火箭”理查德之后最有名的超级明星是被誉为职业冰球史上最伟大的球员、“冰球皇帝”韦恩·格雷茨基。格雷茨基 2 岁起就开始由父亲在后院训练

① 参见 http://en.wikipedia.org/wiki/Maurice_Richard.

打冰球，在空瓶锡罐之间穿梭。他秉承父亲的教诲，“朝着球即将的落点滑，而不是追着球滑”，在球场上获益匪浅。他6岁时就和10岁的孩子们打冰球，而且技高一筹。第一次接受记者采访时，年仅9岁，但已经与冰球名将赫尔、理查德和豪威相提并论了。10岁时已然身经百战，在当地球队单季进球378个，助攻139次；13岁时已成为国人瞩目的冰球神童，不过也招致了一些羡慕嫉妒恨。

格雷茨基创造了冰球史上诸多纪录。在20个赛季的职业生涯中，他转战埃德蒙顿油人队、洛杉矶国王队、圣路易斯蓝调队、纽约游骑兵队，创造了2857分的个人最高纪录，将第二名戈迪·豪威远远甩出1000多分。其中无论是894个进球还是1963次助攻，都是历史最高纪录。在单季得分超过161分的11次历史纪录中，格雷茨基独占9次。早在1981年，格雷茨基就在进入冰球联盟的第三个赛季，以单季进球92个的惊人战绩，征服了冰球界，同时也打破了莫里斯·理查德保持的50场比赛进50球的纪录。年仅20岁的格雷茨基，仅用39场比赛就打进50球，其中在第38场和第39场比赛中他一人独进9球。① 20世纪80年代，格雷茨基有9个赛季的进球都超过50个，并且在1983—1984赛季，创纪录地连续51场比赛进球。除了格雷茨基外，历史上还没有哪个球员曾单季得分突破200分，而他曾4次单季得分突破200分，甚至在1985—1986赛季创下助攻163次、总分215分的历史纪录，包括季后赛18场比赛的47分。另外，格雷茨基之前的最好球星，场均得分没有超过1.4分，而他却高达3.27分。1999年退役时，他已创下40项常规赛、15项季后赛、6项全明星赛纪录。②

格雷茨基的惊人天赋和骄人战绩，使他成为如日中天的超级巨星，带领埃德蒙顿油人队，在五个赛季里四夺斯坦利杯，三次获得加拿大杯（即现在的世界杯）。他曾九次评为联盟最有价值球员，捧回哈特杯；两次当选季后赛最有价值球员；十获联盟得分王的罗斯杯，18次入选世界全明星队。鉴于格雷茨基在球场内外所表现出的体育道德、绅士风度和精巧球技，他还5次荣获宾尼夫人纪念奖。这一切成就，使格雷茨基1999年在宣布退役的第二天，便史无前例地被全票选入冰球名人馆。

格雷茨基的天赋，尤其表现在他有非凡的预判力，能预知场上的形势，包

---

① 参见 http://en.wikipedia.org/wiki/Wayne_Gretzky.

② 参见 http://en.wikipedia.org/wiki/List_of_career_achievements_by_Wayne_Gretzky#Honors.

括对球路的超前判断和其他队员的站位。解说员常说他打起球来好像脑后长了眼，他自己也说他不是用眼睛，而是凭感觉判断队友的位置。“我能感觉到队友往哪儿跑。很多时候，我传球根本就不用看。”① 由于这种眼光，有人把格雷茨基称为“冰球界的爱因斯坦”。②

格雷茨基作为运动员的典范，具有许多加拿大人的优秀品质：他勤奋，喜欢钻研，谦和待人。他的自传中这样描写他练球的劲头：“冬天我唯一想做的，是在冰上练球。我经常早上起床后从7点练到8点半，然后去上学。下午3点半放学后，又练到母亲非让我进屋吃晚饭。我穿着冰鞋吃晚饭，又练到晚上9点。周末我们常常赛球赛得不亦乐乎，但晚上是我自己练球的时间。街坊邻里有个不成文的规定，就是腾出场地让我独自或跟父亲一起练球。”③ 关于他的谦和与敬业，加拿大著名小说家莫迪凯·里克勒写道：“他宽容大度，像苹果电脑一样生气勃勃，专注于自己的工作，堪称年轻球迷的精神楷模。”④ 格雷茨基反对球场上的暴力打斗行为，坚持球员的体育道德风范，对广大球迷和蔼可亲，从来不拒绝球迷的签名请求。可以说，在格雷茨基身上，集中体现了加拿大文化的要素。

辛尼·克罗斯比（Sidney Crosby），是格雷茨基之后的又一加拿大冰球巨星。他两岁时就自己在家里地下室开始打冰球，对着衣服烘干机射球；⑤ 3岁就学会了滑冰。2005年18岁时以状元秀的身份，加盟匹兹堡队，成为直接进入北美冰球联盟打球的最年轻球员。克罗斯比在联盟的第一个赛季，就以39进球、63助攻、总分102分的好成绩，名列联盟第六。第二个赛季中，他以进球36个、助攻84次、总分120分的最佳成绩，荣获颁给最佳得分手的罗斯奖。当时他未满20岁，成为北美四大球比赛中有史以来获此殊荣的最年轻球员。同年他还被选为最有价值球员，捧回哈特杯，并以最优秀球员称号荣获皮尔逊奖，成为联盟史上同年获三大奖的第七位球员。克罗斯比2007—2008赛季时担任队长，率领匹茨堡队杀入斯坦利杯总决赛并获亚军。翌年又率队重返，苦战7局击败老对手底特律队夺得2009年总冠军，成为联盟史上冠军队的最年轻队长。他的辉煌战绩，使他于2007年、2008年、2009年、2011年4

---

① Schwartz, Larry. “*Great*” *and* “*Gretzky*” *belong together*. ESPN, 2006-10-04.

② Morrison, Jessica. *Wayne Gretzky*: *Greatness on Ice*. Crabtree Publishing, 2011: 49.

③ Redmond, Gerald. *Wayne Gretzky*: *The Great One*. ECW Press, 1993: 12-13.

④ 参见 http://blog.sina.com.cn/s/blog_542bdd1a010005u0.html.

⑤ Allen, Kevin. *Legendary story of Crosby dryer has a little bit of a wrinkle*. *USA Today*, 2009-12-15.

次入选全明星队。

在国际赛场上，克罗斯比还代表加拿大参加了大大小小无数次比赛。早在2003年，他就代表加拿大，参加了18岁以下世界青少年锦标赛，之后在2004年和2005年，参加国际冰球联盟20岁以下世界锦标赛，分别获得银牌和金牌。在2006年国际冰球联盟世锦赛上，他以在9场比赛中8进球、8助攻的战绩荣获得分王，被评为最佳前锋并入选全明星。4年后克罗斯比入选加拿大国家队参加2010年温哥华冬奥会，先是在第一轮预赛拼点球时一锤定音，赢了瑞士队，最后在与美国队一决雌雄的金牌赛加时赛的关键时刻，以一记漂亮的射门，为加拿大赢得金牌。

格雷茨基率领油人队
夺得斯坦利杯

在加拿大冰球界青史留名的，还有传奇人物保罗·亨德森。他征战19个赛季，打了一千多场球赛，曾两次参加北美冰球联盟全明星赛。而最值得纪念的，还是他作为前加拿大国家冰球队队员，参加了1972年与前苏联冰球队进行的世纪“巅峰系列赛”。由于当时东西方冷战正酣，该系列赛不仅是国际冰球霸主擂台赛，更是东西方两个阵营、两种意识形态和生活方式的争战。经过前五场比赛，加拿大队一度以1胜1平3负落后，但是在莫斯科的最后三场，他们绝地反击、顽强拼搏，三场都以一球险胜而实现惊天逆转。而这三场比赛的决胜球，都是由保罗·亨德森一人打入。亨德森在整个系列赛进了7个球，尤其是最后那载入史册的神来之笔，使他成为民族英雄凯旋而归。直到40余年后的今天，人们对亨德森依然记忆犹新，崇敬有加。他当年系列赛穿的球衣，2010年竟史无前例地拍卖了100多万加元。① 亨德森曾两次位列加拿大体育名人堂，一次是1995年作为个人，另一次是2005年同他1972年国家队的队友一起。2013年5月，他被列入国际冰球联盟名人堂。

亨德森在1972年加拿大、
前苏联巅峰赛决胜局的精彩进球

① 参见 http://en. wikipedia. org/wiki/Paul_Henderson. Retrieved January 18, 2013.

4. 压倒一切的生活中心

冰球对加拿大人文化、生活的渗透，远远超过文学艺术。在加拿大，冰球文化的痕迹比比皆是：各城市星罗棋布的冰球场馆；报纸、电视、网络、手机充斥着的冰球消息和报道；商店超市摆放着的琳琅满目的冰球用品；书店图书馆醒目标出的冰球书籍资料专柜。许多人并不知道，就连加拿大无处不在、早晚光顾的蒂姆霍顿咖啡连锁店（Tim Hortons），也是由20世纪60年代率多伦多枫叶队多次夺冠的冰球名将开办和命名的。甚至加拿大五元的纸币上，也印着冰球图案。

冰球在加拿大生活中的中心地位，正如一首童谣所吟："冰球冰球，别无所求。若有所求，只有冰球。"这种冰球压倒一切的心态，在罗奇·卡里尔著名的畅销小说《冰球衫》中，通过主人公表现得淋漓尽致：

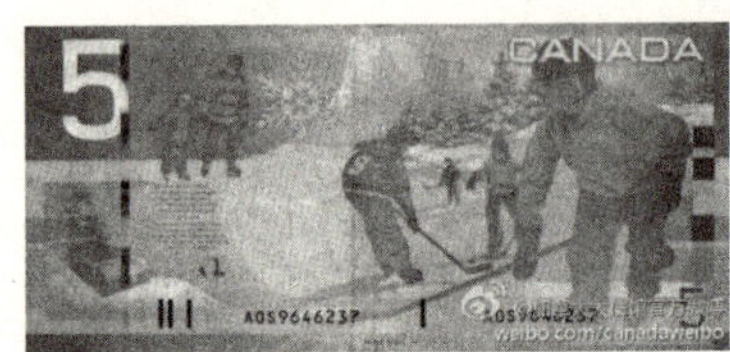

加拿大五元纸币上的冰球图案

> 我小时候，冬天显得特别特别长。我们只有三个地方可呆：家里、教堂，再就是冰球场，但我们真正的生活是在冰球场上。真刀真枪的战斗赢在球场上，真正的实力较量显露在球场上，真正的领袖人物也出现在球场上。上学是一种惩罚。父母总是想惩罚孩子，而上学自然成了他们惩罚我们的手段。不过，学校倒也是块安静的地方，让我们能为下一场冰球赛做好准备，计划好我们的策略。至于教堂嘛，那儿有上帝的宁静，我们可以忘掉上学，做做下一场冰球赛的美梦，在出神中也许还祷告一句：请上帝保佑我们，打球像莫里斯·理查德一样棒。①

冰球对加拿大生活的渗透，还表现在望子成龙的冰球父母身上。为了让自己的梦想在孩子身上实现，让孩子成为超级球星，他们不惜血本，购置球衣、球具，四处奔波，带孩子练球、赛球，一场不拉地为孩子呐喊助威。为了下一

① Carrier，Roch. *The Hockey Sweater*. Tundra Books，1984：81.

代的国球激情，为了看到他们在赛场上的胜利，这一切都是值得的。① 而一位家长叙述的亲身经历，更是将这种父母情怀，刻画得入木三分：

> 冰球妈妈们个个都满怀激情，被孩子的上场时间、控球技巧和场上气氛驱使。成年累月地跟随冰球队东征西战，使我学到了许多东西。我学会了帮我那7岁的孩子披挂上场，学会了经过狭窄门道时，把20磅重的球袋熟练地甩上肩头。我习惯了在球赛前夜早早上床，以便第二天清早5点起床，6点上路，7点半赶到球队更衣室，8点进入赛场。我善于围绕冰球训练和比赛时间来安排一切：我自己的工作时间、家务活、外出办事、孩子的音乐课、家庭作业、教会学校学习。我还学会了不去理会犹太教会老师的瞥视，他们显然不赞成也不理解，我儿子为什么几乎每个星期天都逃学。我会半开玩笑地对一些不常见的朋友说，我们已经从犹太教转信了冰球教。②

说冰球涵盖了加拿大生活和文化的精髓，并不夸张。落基山脉的壮丽起伏、大草原麦田的浩瀚无垠、多伦多和蒙特利尔的多姿多彩、圣约翰城大西洋拍岸浪花的雄劲有力——这些足以使加拿大国民自豪、认同和团结的特点，都可以在冰球运动中找到。不同的是，冰球除了本身是文化外，还具有创造文化的能力。音乐家、戏剧家、喜剧演员、画家、作家，无不从冰球获得灵感和创作激情。③ 无论是戏剧电影、音乐艺术还是文学（如小说《冰球衫》和电影《冰球英豪》），都不乏讴歌冰球的主题。所以说，冰球是加拿大生活与文化的汇聚点。

由于冰球赛季几乎贯穿春夏秋冬，观看冰球赛是加拿大人生活中的头等大事，对人们生活的影响也是时时刻刻、无处不在。球赛几乎可以压倒一切，甚至民主政治。2010年温哥华冬奥会时，就连加拿大国会都休会，为冰球比赛让路。无独有偶，2011年，加拿大联邦大选与北美冰球联赛季后赛正好同步进行，原计划的候选人电视辩论与冰球赛程冲突。结果，经候选人协商决定，

---

① Michael P. J. Kennedy. *Words on Ice: A Collection of Hockey Prose*. Key Porter Books, 2003.

② 参见 http://www.canadianliving.com/life/community/hockey_culture_3.php.

③ Henderson, P. & Prime, J. *How Hockey Explains Canada: The Sport That Defines a Country*. Triumph Books, 2011: 159.

电视辩论退避三舍，改期举行。政治为冰球让道，此类奇事在世界各国恐怕鲜有他例。

冰球对加拿大生活的深刻影响，还表现在许多其他方面。亨德森在其所著《冰球如何解释加拿大》一书中提到，扮演李尔王的加拿大著名莎剧演员威廉·哈特，1972 年在《李尔王》雷电交加的剧情高潮时，突然打断演出，告诉观众加拿大冰球队在加苏巅峰赛中，赢了关键的第八场，战胜俄罗斯队夺取金牌。亨德森问道："反过来想想，又有谁会中止一场冰球赛，宣告某某戏剧电影获奖？"① 更有甚者，还有人说加拿大人要球不要命。据统计，每逢重要冰球赛事，医院急诊室的病人会大大减少。温哥华冬奥会男子冰球决赛那天，加拿大全国医院急诊室的求诊人数，较平日下跌 17%，每间医院每小时平均少了 136 名急诊病人。② 由此可见，冰球确实可以说是加拿大压倒一切的生活中心。

三、冰球所孕育的文化心态

新英格兰体育博物馆的馆长理查·约翰逊说过，"世界上只有两个国家可以凭体育运动为自己下定义：巴西的足球和加拿大的冰球"。加拿大人对冰球如此热衷、迷恋、狂热的情结，使其已远远超出运动范畴，成为加拿大文化的重要组成部分。是什么使冰球成为加拿大的文化标志？冰球对我们了解加拿大、加拿大人、加拿大文化与文化心态又有什么启迪？

约翰逊认为，是加拿大的历史、地理和气候，造就了加拿大的冰球文化。身处酷寒之中的人，一年中 2/3 的时间，只能在室内找到自己的社交圈子，而大多数社团的聚会之地便是冰球馆。约翰逊指出，冰球反映出加拿大最好的一面，即团结一致与大自然抗争。面对如此天寒地冻的"天赐"，加拿大人没有灰心和逃避，而是勇于面对，顺其道而行之，利用大自然来为自己服务。他们发明、改进了冰球，将其献给世界，展现了他们坚韧不拔、乐观向上、热爱生活的积极心态。③ 加拿大总理哈珀也说："冰球运动反映了我们的地理，反映了我们的寒冷气候，同时也反映了我们在艰难时代团结一致的民族气节……寒

---

① Henderson，P. & Prime，J. *How Hockey Explains Canada：The Sport That Defines a Country*. Triumph Books，2011：161.

② 章浩，闲话加拿大冰球，http://ca. china-embassy. org/chn/dcgf/zgwjgksj/t912419. htm.

③ Henderson，P. & Prime，J. *How Hockey Explains Canada：The Sport That Defines a Country*. Triumph Books，2011：159.

冷的气候使加拿大人彼此更友好。"① 所以，与其说人们可以通过冰球来诠释加拿大，还不如说通过加拿大来诠释冰球：是加拿大的地理气候、风土人情和励志精神，造就和发展了冰球；而冰球在加拿大这块沃土上生根、开花、结果，成为加拿大精神的象征，并将其发扬光大。

冰球作为"加拿大国球"，成为加拿大的文化标杆，还在于其非常典型地代表和体现了加拿大的文化价值和心态，成为连接加拿大各族群的纽带、凝结加拿大统一和认同的黏合剂。冰球所反映、涵盖的文化心态，可以从国家认同和具体文化心态两方面审视。

首先，冰球是加拿大认同的一个重要成分。加拿大的广袤疆域，大得无法找到任何共同点将国民团结起来，而只有冰球将所有加拿大人——无论东西南北、男女老幼——凝聚起来。加拿大总理、冰球迷哈珀对此颇有心得地说："我坚信，我们的国球是这个国家赖以团结的动力，是我们国家认同的有机组成部分。"② 他认为，冰球深刻地反映了加拿大的特色，作为社会和文化桥梁，将不同社会阶层和文化背景的国民连接起来，使新移民家庭快速融入加拿大社会。因此，冰球是所有加拿大人最大的共性，与加拿大人的国家认同息息相关。

这种以冰球为轴心的国家认同，往往表露在内心情感方面。加拿大人一向被认为谦和、矜持，平时不善表露情绪，但一涉及冰球，却往往情不自禁，悲喜形于色。2010 年温哥华冬奥会男子冰球决赛加时赛时，加拿大队球星辛尼·克罗斯比一记绝杀，击败美国队，博得群情激奋、举国欢呼。成千上万的观众从起居室的沙发上，从咖啡馆和酒肆的椅子上，从商店里驻足观看的电视机前一跃而起，喜极而舞。平时的矜持和彬彬有礼瞬时不见，因为他们又一次证明了加拿大冰球王国的不虚此名。同时，加拿大为之欣慰而庆祝的，也是打败了他们的宿敌兼盟友美国。1988 年，当格雷茨基因球队的庞大赤字被转会到洛杉矶时，加拿大人的心弦又一次被拨动了，全国如丧考妣，包括格雷茨基自己也在全国电视上泪流满面，啜泣不已。人们觉得他们失去了自己的文化偶像，甚至觉得自身的一部分被美国佬盗走了。失去了格雷茨基的加拿大冰球，

① Henderson, P. & Prime, J. *How Hockey Explains Canada: The Sport That Defines a Country*. Triumph Books, 2011: 166.

② Henderson, P. & Prime, J. *How Hockey Explains Canada: The Sport That Defines a Country*. Triumph Books, 2011.

就如同失去了英雄主角的荷马史诗，是加拿大冰球事业的巨大损失，但更重要的，是加拿大人所认同的精神支柱之一的流失。① 对此，格雷茨基说："我仍为我是加拿大人而感到骄傲。我并未摒弃我的国家，只是因为转会而迁移。但我骨子里还是加拿大人。"②

就具体文化心态而言，加拿大人所认同的冰球文化，其特征和文化心态核心内涵是什么？按前费城冰球队名人堂名将鲍比·克拉克的说法："冰球定义了加拿大人的个性：勤奋、坚韧、诚实、同心协力，还有顽强。"③ 冰球展现了加拿大人拼搏进取、坚韧不拔、乐观向上、热爱生活的积极心态。其中既有与大自然拼斗的勇士精神，又有有容乃大、团结合作的集体主义精神。所以说，冰球是最能代表加拿大坚强、力量和具有凝结力团队精神的运动。作为不同文化互融共生的产物，冰球所反映出的价值——群策群力、机智勇敢、不屈不挠、谦虚谨慎、公平竞争、制胜精神——是每个加拿大人都力图遵守的国际和个人原则。④ 从这个意义上说，冰球是世人了解加拿大的重要窗口和加拿大人通向世界的名片。

冰球对加拿大国民的凝聚力，还体现在它作为马赛克文化的一部分，能帮助新移民加速了解加拿大社会、社会价值和文化特色，融入主流文化之中。了解、尊重居住国的文化，并通过亲身体验成为其中一部分，不仅有助于和其他国民交朋友，有共同的话题和更近的心理距离，也会在培养自己的国民意识的同时，赢得他人对本族文化的尊重。加拿大总理哈珀的下述评论，对冰球的社会凝聚力做了精辟的注解："冰球深深植根于加拿大人心中，跨越加拿大各地域、各阶级和各族群……很多新移民来到加拿大后，马上成了冰球迷，他们的热情丝毫不逊于，甚至超过其他加拿大人。他们的参与，大大增强和加速了他们对加拿大的认同。可以说，冰球的民族凝聚力，再怎么强调都不为过。"⑤ 而作为国球，冰球无疑是加拿大的马赛克文化对世界体育运动作出的最大贡献。

---

① Henderson, P. & Prime, J. *How Hockey Explains Canada: The Sport That Defines a Country*. Triumph Books, 2011.

② Redmond, Gerald. *Wayne Gretzky: The Great One*. ECW Press, 1993: 66.

③ Henderson, P. & Prime, J. *How Hockey Explains Canada: The Sport That Defines a Country*. Triumph Books, 2011.

④ 参见 http://www.canadianliving.com/life/community/hockey_culture.php.

⑤ P. Henderson & J. Prime. *How Hockey Explains Canada: The Sport That Defines a Country*. Triumph Books, 2011.

第三节　百花齐放的表演艺术马赛克

加拿大的表演艺术，沿袭了历史传承、多元文化和面向世界的传统，呈现一派百花齐放的景象。无论是电影、话剧，还是音乐、舞蹈，无论是在国内艺坛，还是世界舞台，到处都可见到加拿大艺术家的身影和足迹。多种民族共存的现实和多元文化政策的施行，以及由此而生的加拿大人包容和开创的文化心态，在艺术领域的反映，是无疆界式的和谐共存，是移民文化和本土文化的交融，是面向世界，勇于创新的探索精神。而加拿大的精粹——马赛克文化为其表演艺术提供了极富营养的温床。

一、音乐

从历史上来讲，欧洲的价值观、艺术传统和作品，很长时期内在加拿大表演艺术领域占据统治地位。戏剧舞台、乐坛和舞蹈的表演，都是如巴赫、贝多芬、舒尔曼、柴可夫斯基、莎士比亚、萧伯纳、莫里哀等欧洲大家的作品。交响乐与合唱音乐演奏的是德国曲调，舞台上跳的是爱尔兰吉格舞、波兰玛祖卡舞、苏格兰角笛舞等，芭蕾舞的演员是俄罗斯的，而戏剧则有浓厚的英法色彩。

尽管欧洲作品迄今仍在加拿大和世界各国盛行不衰，但加拿大的文艺创作家和演奏（唱）家，在第二次世界大战以后开始探求、摸索能表现加拿大人和加拿大北方气候地理的艺术表现形式，加拿大特色的作品开始出现在艺术殿堂。以音乐为例，作曲家如约翰·温兹维格、让·帕皮诺—古特尔、R. 摩里·谢弗、安德勒·普莱弗斯特、哈利·索姆斯、维欧莱·阿彻尔、格伦·布尔等，对加拿大的音乐和众多交响乐团，都产生了重要影响。他们的许多作品，都具有加拿大独特的本土风格，如谢弗的《北方白色》、《众星之王子》和《芜湖之音》，温兹维格的《红玉米穗》，帕皮诺—古特尔的《北极夜》和《乡景》，阿彻尔的《北方风景》以及布尔的《冬诗》。

然而，加拿大享誉世界的不是作曲家，而是演奏家。加拿大最著名的古典音乐演奏家，是当代钢琴演奏名家，尤其擅长巴赫和哥德堡变奏曲的怪杰格伦·古尔德。他独特的演奏手法、对作曲建构的真知灼见和对乐曲的自由诠释，使他的演奏充满争议：有的听众颇受启迪，有的却斥之以鼻。哲学家马克·金韦尔对此评论说：“他的影响是无法逃避的。在他之后无人能不遵照他的样板……每个人都得循其道而行：你可以模仿他或摒弃他，但你不能漠视他。”① 古尔德自称很少练琴，宁愿研究曲谱，无琴心练，甚至在录制从未练过的勃拉姆斯曲目时，直到录制前几星期才开始练习。他记忆力惊人，过目不忘，不但能记住大段的钢琴音乐，还能记住各种各样的交响乐和歌剧乐谱。一次与朋友切磋时，他竟然说出“只要你叫得出的曲目，我都能弹”的豪言。

钢琴怪杰格伦·古尔德

古尔德的怪癖是有名的：他爱好边弹琴边哼曲，经常搞得他的录音师无所适从，不知怎样把他的伴唱从钢琴声中排除。古尔德自己说，他伴唱是下意识的，而且越觉得所弹钢琴不能表达他对音乐的理解，伴唱声就越大。古尔德弹琴时身体的摆动，也是出了名的特别。他对演奏环境的所有细节都有严苛的要求：演播室必须保持特定的高温，害得空调师的工作强度不亚于录音师。钢琴必须用木块垫到一定高度，脚下要垫一小块地毯，座位必须离地面 14 英寸，音乐会演奏时必须坐他父亲传给他的一把旧椅子。对怪杰古尔德，当世音乐大师李奥纳德·伯恩斯坦的评论是：“绝无仅有。我就是喜欢与他同台献艺。”②

虽然在 50 岁时英年早逝，古尔德在钢琴演奏上的开创性成就，为其后一代又一代的加拿大钢琴家，如安·休威特、马·汉密林，路·洛迪、简·库普等，铺垫了成名之路。与其交相辉映的，是世界最优秀的爵士乐钢琴家之一的奥斯卡·彼得森，以及世界最杰出爵士乐歌手之一的戴安娜·克拉尔。

对许多人来说，加拿大最享誉世界的，还是其层出不穷、天资卓越的通俗

---

① Kingwell，Mark. *Extraordinary Canadians Glenn Gould*. Penguin Canada，2009：59.

② Bazzana，Kevin. *Wondrous Strange：The Life and Art of Glenn Gould*. McClelland & Stewart，2003：158.

歌手。在璀璨耀眼的众多歌星中，有获奖无数的当代最著名法语和英语流行音乐天后席琳·迪翁，一首脍炙人口的《泰坦尼克号》主题曲《我心永恒》，唱响世界。有当今乡村流行乐坛绝对的实力派天后仙妮亚·唐恩，有着名摇滚歌星布莱恩·亚当斯，还有多次获得格莱美大奖的摇滚歌星阿兰妮斯·莫里塞特，以及格莱美大奖和朱诺大奖得主莎拉·麦克劳克林。在地广人稀的国度，出了如此众多的歌星，加拿大在世界歌坛可谓独领风骚。

二、戏剧

加拿大戏剧界的发展模式和趋势，与音乐界差不多。早期占统治地位的是欧洲戏剧和剧作家，英语作品大多出自莎士比亚、肖伯纳、塞缪尔·贝克特、契诃夫、易卜生和其他英裔加拿大剧作家，法语作品则出自莫里哀、拉辛和其他魁北克剧作家。但过去数十年间，通过乔治·里加等剧作家的齐心协力，加拿大出现了一批本土剧作。例如，乔治·里加的名作《丽塔·乔的喜悦》，通过讲述一个年轻土著女子的城市生活，首次把土著问题和人物搬上了舞台。大卫·弗里曼的成功之作《匍匐》，以喜剧手法揭示了残障人对他们所处社会环境的仇视和不满。魁北克剧作家麦克·特朗布莱的力作《美丽的姐妹们》，则通过十四位亲友帮助抽奖得主粘贴一百万张邮票，揭示了人生的虚幻、晦暗和人性的嫉妒、贪婪，受到魁北克和其他加拿大观众的异常欢迎。近代受到越来越多关注的加拿大剧作，如大卫·弗伦奇的自传体家庭伦理剧《出走》、约翰·格雷关于加拿大第一次世界大战空军英雄比利·毕晓普的《长空雄鹰》、汤姆逊·海威斯讲述印第安保留地居民生活的《莱斯姐妹》，也都在一定程度上奠定了现代加拿大戏剧的基石。

近年来颇为引人瞩目的当代加拿大剧作家也不在少数。蒂莫西·芬利的《伊丽莎白·莱克斯》，讲述了伊丽莎白女王一世和莎士比亚剧组一位专扮女角的男演员的对话。女王因不忍等着看她爱过的被控叛国罪的埃塞克斯伯爵遭处决，所以招了剧组来演《无事生非》。她在情感中挣扎，知道自己一生都在为了君临天下而做男人，为了做君王而保持独身，罔顾情感。与此同时，同性恋的男演员罗文斯科洛夫特，也为了事业不得不男扮女装，隐藏他对一个水手的情感，因为同性恋在当时是不容许有爱情的。该剧的主题旨在挑战性别观，因为两个主人公对各自反串的角色性别都勉为其难、不堪其烦。剧中有一句经典台词：伊丽莎白对男演员说："你要是教我如何做女人，我就教你如何做男人。"芬利的另一名作，是与诺贝尔文学奖得主爱丽丝·门罗合著的《新来者》，全剧通过描写加拿大移民生活的七个历史片断，探索了加拿大作为一个移民国家的本色和意义。除此之外，罗伯特生 · 戴维斯、罗伯特 · 莱帕杰、琳达 · 格里菲斯、琼 · 麦克劳德、杰森 · 谢尔曼等，也都成为现代加拿大剧坛的生力军。

加拿大歌剧的发展轨迹与戏剧一样，早期占统治地位的主要是威尔第、普契尼、柴可夫斯基、布里顿等欧洲名家的作品。直到 1950 年后，才出现加拿大题材的歌剧，先是希利 · 威兰德 1951 年的歌剧《迪尔德丽》，后有哈里 · 索摩斯等人 1967 年为加拿大百年大庆而创作的《路易 · 里尔》。后者演的是 19 世纪末萨斯喀彻温省的一位著名梅缇斯土著英雄，因为反抗加拿大政府的扩张政策，领头起义、被处绞刑的颇有争议的历史事件。该剧历久不衰，1967—1968 年在多伦多和蒙特利尔上演，1969 年被改编成电视剧在加拿大国家电视台播出，1975 年加拿大国家歌剧院又加以改编，成功地在多伦多、渥太华和华盛顿肯尼迪中心演出。2005 年和 2010 年，《路易 · 里尔》又分别在蒙特利尔歌剧院和不列颠哥伦比亚大学重演。《华盛顿星报》的温德尔 · 马格雷夫将其称赞为“本世纪最有想象力和震撼人心的剧曲之一”。著名戏剧评论家肯尼斯 · 温特斯也在《多伦多邮报》发文评论说，该剧“集音乐之大成：宏大、有感染力、激情、多姿多彩……对音乐把握得当，大胆、冷静、娴熟地把握住了当代社会、戏剧和音乐的脉搏”。

值得一提的是，近年来加拿大歌剧界的显著成就，都离不开各个歌剧院和表演家的支持，包括加拿大歌剧院、温哥华歌剧院等，国际著名歌唱家如本 · 赫普纳、罗梭 · 布朗、麦克 · 夏德、理查德 · 马吉森等。例如，多伦多锦绣新剧作公司近年来推出了许多新剧目，包括尼克 · 戈瑟姆和安玛丽 · 麦克唐纳德的《尼格莱多旅馆》以及陈嘉年和马克 · 布劳内尔的《铁路》。后者以 19 世纪末中国劳工帮助修建加拿大太平洋铁路的历史为背景，讲述了一名女扮男装的年轻人“小虎”，为了寻找失散多年的父亲，千里迢迢到金山参与兴建铁路、寻找父亲的故事。该剧后来由加中两国合拍成电影《铁路》，香港导演胡大为执导，孙俪主演，梁家辉、好莱坞明星山姆 · 尼尔、彼得 · 奥图和加拿大著名演员卢克 · 马可法莱恩和夏洛特 · 沙利文等加盟。除此之外，尼亚加拉湖滨小镇每年一度的萧伯纳戏剧节和安大略省斯特拉特福德市的莎士比亚戏剧节，也是经久

不衰，除吸引了世界各地的观众外，还为推广加拿大戏剧艺术，培养戏剧人才，作出了贡献。

三、舞蹈

从历史和社会角度来看，加拿大的舞蹈艺术反映了其移民文化传统。以芭蕾舞为例，尽管古典芭蕾起源于文艺复兴时期的意大利宫廷，却成型于法国，并很快风靡全欧，因此很自然地受到法裔加拿大人的青睐。过去半个世纪，加拿大的舞蹈艺术，在多伦多的国家芭蕾舞剧院、温尼伯的皇家温尼伯芭蕾舞剧团以及蒙特利尔的加拿大大芭蕾舞剧团的带领下，发展迅速。这三个剧团都是由外来移民为追求艺术梦想而创建的。英国移民西莉雅·弗兰卡创建了加拿大国家芭蕾舞剧院，同样来自英国的衮尼丝·洛伊德和贝蒂·法勒利，共同创建了温尼伯芭蕾舞剧团。父母分别为俄罗斯和波兰人、自己来自拉脱维亚的路德米拉·契里耶夫，创建了加拿大大芭蕾舞剧团。她们的经验和国际人脉，不仅带来了世界芭蕾舞大国的宝贵经验，而且吸引了不少当世名角前来加盟，为加拿大在世界芭蕾舞版图上争得重要一席。

这些芭蕾舞剧团，每个都将艺术理念与实际相结合，根据观众的兴趣和期望，形成自己的独特风格。例如，皇家温尼伯芭蕾舞剧团，在1958—1988年的30年间，在名导演斯波尔的带领下，走大众化路线，坚持小而灵动的方针，以不到26人的阵容，赢得了大众喜闻乐见的“五色球”美誉。① 其节目涵盖多种舞蹈风格和题材，从古典舞到爵士舞，从抽象派到喜剧叙事体，可谓百花齐放。

在三大芭蕾舞剧团创建后不久，加拿大就培养出了自己的芭蕾明星：凯伦·凯恩、弗兰克·奥古斯丁、雷克斯·哈林顿、艾弗琳·哈特、维罗妮卡·坦南特。他们崭露头角，赢得国际大奖，在加拿大和其他国家的芭蕾大戏中担纲领舞。这些成绩随着多伦多国家芭蕾舞学校的成立，得到了很大的巩固。作为世界上最好的芭蕾舞学校之一，国家芭蕾舞学校为全国各地的舞蹈团体输送了大量杰出的古典和现代舞蹈家、艺术导演、编舞和师资，为加拿大舞蹈领域打下了坚实的基础。加拿大现在不光拥有许多出色的古典芭蕾剧团，而且还有许多激情四射的现代舞蹈和多元文化舞蹈团体。

在现代舞方面，加拿大的舞台舞一直朝多样化的方向不断发展。一些有志

---

① Wyman, Max & Crabb, Michael. *Dance History*. The Canadian Encyclopedia Historica-Dominion, 2012.

向的舞蹈演员和舞编，通过独立力行，脱离了正规剧团因经费问题所致的种种束缚，在艺术上不断进步。这群新人与传统美学观念渐行渐远，自由发展出各式各样的创新，令不同种类的舞蹈汇聚交融，百家纷呈，包括爵士舞、街舞、日式舞踏，以及各种各样的亚洲传统舞蹈。这些独立舞蹈艺术家与实验派音乐家、电影制片人和舞美设计人自由合作，近年来其作品在多伦多弗林格独立舞蹈艺术节及其他城市的类似场合大受欢迎。21 世纪初以来，经费问题和观众兴趣的变化，使专业舞蹈的发展日渐式微，但加拿大的舞蹈文化，却随着非主流舞蹈传统的兴起，呈创新丰富之态。其中南亚舞蹈经名家提携，已得到大众的广泛认可，并在不断探求与西方舞蹈形式的有机结合。西海岸的舞蹈团体，也正在探索如何融合亚太地区、欧洲和北美舞蹈文化，以表现现代温哥华的多彩多姿。另外，乌克兰舞蹈、非洲—加勒比舞蹈、西班牙弗拉门戈舞甚至阿拉伯的肚皮舞，都在当今加拿大的马赛克舞台上赢得了自己的一席之地。

正如原住民文化是加拿大马赛克文化不可或缺的一块拼图，原住民舞蹈艺术这朵奇葩，也是加拿大舞坛百花园中群芳争艳的有机部分。早在欧洲殖民者踏足北美大陆之前，舞蹈就成为加拿大原住民世世代代宗教、仪式和社会生活的重要组成部分。最早的记录见于雅格斯·卡迪耶 1534 年的日记：在恰勒姆湾（我们）遇到七条独木舟，上面载着“当地土人，个个手舞足蹈，做出许多欢天喜地的样子”。① 卡迪耶之后的其他人，也频频提及土著舞蹈。

对于外界来说，最能代表原住民艺术认同的，是称为“匏佤”（Powwow）的一种歌舞，用于族民聚会、祭祀、待客和显示团结，成为民族艺术和精神的集中体现。匏佤开始前，一般由象征美德的匏佤女郎，引领资深族人和年长者入场，后面跟着男领舞和男伴舞，接着是女领舞和女伴舞，再后面依次是男花式舞者和女披巾舞者。现代匏佤舞者穿戴鲜艳，质料讲究，引人注目。舞蹈以象征神圣大地的皮鼓为中心，男歌手们围鼓而坐，随着领唱用鼓槌敲击鼓面，掌握节奏。女歌手们则围着男歌手站立一圈，象征生命之源与保护生命，并在半途加入合唱。舞姿有许多是自然仿生的，也有传统舞与花样舞之分。例如，鸡舞模仿鸡的交配仪式，鼓声的轻重节奏，象征大神的雷声。源自印第安克罗族的克罗蹦舞，模仿的是艾草榛鸡，舞者随着鼓声的抑扬顿挫大步起舞。草舞起源于用庆典舞步扫平长草以腾出舞场，舞步错综复杂，属于匏佤歌舞中比较耗力的舞蹈。响铃裙舞原先是奥吉布瓦族的一种康复仪式，裙摆系上几圈小响

---

① Wyman，Max & Crabb，Michael. *Dance History*. The Canadian Encyclopedia Historica-Dominion，2012.

铃，舞者有时需随着节奏跳滑步或侧滑步，脚步不离开地面。花式男舞服装鲜艳，佩戴上下彩撑，以复杂步伐旋舞，尤其需要耐力和即兴表演能力，一般由年轻人来跳。传统男舞一般着传统鹿皮装，戴彩撑，拿盾牌、舞棍或鹰饰，有的还戴兽具。凡此种种，都印证了原住民丰富多彩的歌舞艺术、源远流长的历史传承和热爱自然和生活的文化心态。

响铃裙舞

花式男舞

在数百年的殖民和移民过程中，加拿大原住民一直竭力保留他们曾经辉煌的舞蹈传承。鉴于欧洲殖民者对土著文化的敌视和不屑，鉴于舞蹈在欧洲移民文化中的不同取向，原住民的舞蹈形式和风格，对近代加拿大舞蹈艺术可谓影响甚微。也曾有欧裔编舞，偶尔会根据原住民的民间传说和舞姿，一知半解地试图编排一些舞蹈；但这往好了说是拙劣的善意模仿，往坏了说则是欲罢不能的种族主义。不过，到了20世纪末，广为接受和不断发展的原住民舞蹈传统，成为许多原住民社团文化的重要成分。而随着加拿大主流社会原来以欧洲文化为中心让位于多元文化理念，一些主流编舞，特别是英属哥伦比亚的专业人士，开始以真正谦恭的态度接触、了解原住民舞蹈，探索其传统是否可以与非土著舞蹈形式互动。

总的说来，加拿大的舞蹈艺术，是数世纪以来文化输入、适应和交融的结晶，但又不乏原住民的艺术精粹。特别是近代加拿大社会宽松的多元文化政策，造就了加拿大舞坛百家争鸣的欣欣向荣的局面。即便有人认为加拿大尚未形成自己真正的统一舞蹈风格，就其海纳百川和开放革新而言，加拿大舞蹈艺术的经久活力，不逊于世界任何国家。

西海岸舞蹈节上的达摩拉哈密德舞者

四、电影

加拿大素有“北方好莱坞”的美称，其影视事业非常发达，高科技电影技术领先世界，明星演员和编导也人才辈出。从早期无声电影到如今的3D和巨型宽银幕电影，都留有加拿大影视界的足迹和贡献。尤其值得一提的是，由加拿大发明家格莱姆·弗格森、罗曼·克罗伊特和罗伯特·科尔合创的IMAX（爱美可视）电影公司。他们首创的全景宽银幕高清电影拍摄技术，通过大于传统胶片的拷贝、强大的六音道超级音响系统、高科技放映机、巨型全景银幕等，将画质和音效提升到无与伦比的高度，使观众能身临其境地体验立体影音，感受艺术的震撼。迄今为止放映的IMAX影片或转换成IMAX格式的影片，如《幻想曲2000》、《阿波罗13号》、《星战前传II：克隆人的进攻》、《蜘蛛侠II》、《极地特快》、《机器人历险记》、《泰坦尼克号》、《阿凡达》等，都获得了观众的高度赞赏和好评。近年来IMAX公司的业务发展迅猛，1971年在多伦多成立首家IMAX影院，到2012年9月，IMAX公司在全球52个国家共拥有宽屏影院692家，其中包括中国的22家（另有27家已签约）。

加拿大的影视演员和编导也在世界影坛上叱咤风云。关于加拿大电影界早期的发展，不能不提到电影明星玛丽·皮克福德（1892—1979年）。出生于多伦多一个演艺之家的她，天生就是个演员坯子、万人迷、多产影星：年仅六岁便上台演剧，1909年16岁时首演电影《琼斯夫人的大宴》，当年便演了51部电影，差不多每周一部。1910年出演了49部电影，1911年演了48部，1912年27部。刚刚20岁的她，却已经演了176部电影。在她27年的演出生涯里，总共演了236部电影，当今电影演员难以望其项背。除了演电影之外，皮克福德还搞编剧和制片。然而，她最大的成就是作为36名创始人之一，设立了电影艺术科学奖（即奥斯卡金像奖），以及共创了素享盛名的联美电影制片公司（United Artists）。皮克福特的演艺巅峰，是1929年因主演她担任制片的《轻佻女郎》，获得奥斯卡最佳女主角奖。之后于1976年荣获奥斯卡终身成就奖。

另一位中国观众非常熟悉的加拿大电影明星兼制片人，是扮演电影《音乐之声》男主角冯·特拉普上校的魅力四射的克里斯托弗·普拉莫。玛丽·皮克福特获得奥斯卡最佳女主角奖的那年（1929年），他刚刚登上话剧舞台。1965年因合作主演巨片《音乐之声》而成名，后成为20世纪北美顶尖的莎剧演员。他所演的哈姆雷特、依阿古、李尔王等角色风靡一时。2010年普拉莫因在《最后一站》中扮演托尔斯泰获奥斯卡最佳男配角奖提名，2012年凭借电影《初学者》，一举获得第69届美国电影电视金球奖和第84届奥斯卡金像奖的最佳男配角，并以82岁高龄成为历史上获奥斯卡奖年龄最大的男演员。在获奖仪式上，普拉莫对着手上的小金人奖杯，满怀深情而不无诙谐地说："亲爱的，你只比我大两岁。可在我一生的岁岁月月里，你都跑哪儿去了？"他接着转向观众说道："我刚出生就已经在排练奥斯卡获奖感言了。天可怜见，岁月太久我都把它给忘了。"

加拿大的电影明星人才辈出，近年来尤以喜剧演员为甚。驰名好莱坞的加拿大笑星有主演《神勇三蛟龙》、《内部空间》、《新岳父大人》等著名喜剧片的马丁·肖特。有素以演无厘头喜剧著称的莱斯利·尼尔森，他主演的《空前绝后满天飞》、《白头神探》、《绝命错杀令》等影片令观众掩口捧腹。有主演《王牌大贱谍》系列和为《怪物史莱克》配音的麦克·迈尔斯。有加拿大最优秀、最令人捧腹的喜剧演员之一的约翰·坎迪。他大腹便便，长相可爱，善于模仿，具有加拿大特色的口音，扮演的角色幽默可笑而心善，尤以《巴克大叔》和《飞机、火车与汽车》（又译《落难见真情》）为最。还有目前人气正旺、被誉为“好莱坞喜剧天王”的金·凯瑞，他表演手法夸张但又流畅、自然，寓生活哲理于喜剧表演。其主演的《神探飞机头》、《变相怪杰》、《阿呆与阿瓜》等大片，随手拈来的幽默诙谐的动作和表情之中，充满了一种讽刺、嘲笑的内涵。

除了喜剧演员之外，享誉好莱坞的加拿大影星，还有主演走红系列影片《回到未来》的迈克尔·福克斯、经典电影《金刚》中为人喜爱的女主角菲伊·雷、主演《白求恩大夫》和出演其他许多名片的唐纳德·萨瑟兰，以及出生于蒙特利尔的犹太人，加拿大最著名的近代影视双栖明星威廉·夏特纳。他主演的电影《星际迷航》和电视系列片经久不衰，可谓家喻户晓、深入人心，成为一代大众文化经典。他塑造的柯克船长，智慧、果断、刚毅、诙谐，颇有北美早期移民的不畏艰险、勇于探索、临危不惧、舍己为人的大将之风。

除了电影明星之外，加拿大在编导方面，也为世人称道。当代最著名的好莱坞编导之一，加拿大的詹姆斯·卡梅隆，长于自编自导，尤擅拍科幻片和动作片。1984 年他自编自导的影片《终结者》一问世就获得了成功，受到影界一致好评和广泛关注。1985 年他和史泰龙共同编剧的《第一滴血 2》，也获得观众的青睐。1986 年卡梅隆编导的第二部影片《异形 2》，以其英雄主义的精神，引起轰动，并获得了七项奥斯卡提名。1989 年和 1991 年，詹姆斯·卡梅隆分别推出大片《深渊》和影迷们翘首以待的《终结者 2》，后者以其特技场面和震撼效果，征服了观众，不但取得巨大票房成功，而且获得了四项奥斯卡奖（最佳视觉效果、最佳音响、最佳化妆和最佳音效剪辑）。1994 年卡梅隆的作品《真实的谎言》的出炉，又一次证明了他的导演天才和感悟力。

詹姆斯·卡梅隆迄今为止的编导巅峰，是 1997 年拍摄的好莱坞大片《泰坦尼克号》和 2009 年开拍的 3D 影片《阿凡达》。尽管在拍摄《泰坦尼克号》的过程中遇到重重困难，卡梅隆以他执著的精神、坚强的意志和严格的要求，终于获得了巨大成功，实现了他的豪言壮语：“‘泰坦尼克号’可沉，《泰坦尼克号》不可沉！”仅 3 个月时间，《泰坦尼克号》的全美票房收入就高达 4 亿 7 千万美元，而国际票房更是超过了 18 亿美元。更有甚者，这部影片获得了 14 项第 70 届奥斯卡奖提名并囊括了其中的 11 个奖项，包括最佳导演和最佳影片奖。另外，就票房而言，《泰坦尼克号》和《阿凡达》雄踞世界电影史上票房价值头两名，尤以后者堪称影界之最，除了荣获 2010 年金球奖最佳导演外，其全球票房高达 26 亿美元，在世界电影史上无出其右。目前，詹姆斯·卡梅隆正筹划拍《阿凡达》续集与前传。影迷们将继续瞩目卡梅隆不久后献上的饕餮大餐。

加拿大的表演艺术，经历了一条从无到有，从舶来、模仿到自创，从单一到多样的发展道路。尽管大多数艺术形式不像有的国家那样源远流长，但就丰富性和创新性而言，加拿大的表演艺术毫不逊色，甚至在很多方面有超越之势。这除了归功于鼓励民族文化发展的多元文化主义政策外，还得益于加拿大人包容、友善、谦和、不拘一格的文化心态。

第八章 加拿大的福利制度

社会福利制度的出现与发展必然是回应了某种社会、文化、政治与经济环境，且被此环境所形塑。

——詹姆斯·雷比，美国社会福利史学家

第一节 历史和文化土壤中的福利制度

加拿大是一个非常年轻的国家，却有着举世公认的优厚的社会福利。其优厚的社会福利已成为吸引外来移民的一大法宝。2010 年，《环球》杂志与新浪网联合以中国人的移民倾向为主题组织了一个网络调查，共有 9330 名网民参与了调查（截至 2010 年 6 月 18 日 14 时）。结果显示：美国、加拿大、澳大利亚在“最想移民的国家和地区”中位列前三甲，分别占 28.9%、24.4% 和 16.3%。加拿大的高福利水平在世界上享有很高的声誉，1994—1997 年联合国连续将加拿大评定为人类发展指数居世界第一位的国家，还多次被联合国评为世界上最适合人类居住的国家。人们不禁要问：加拿大人何以在较短的时间里建成了令人羡慕的福利国家？背后究竟有着怎样的福利思想指导着加拿大人呢？众所周知，一种社会制度的形成一定离不开该社会的文化、政治与经济环境等因素的影响，且被此环境所形塑。因此我们不妨从加拿大福利思想发展的历史和文化的土壤中去发现答案。

安东尼·吉登斯认为：福利国家在一定程度上是民族国家。① 1867 年《北美法案》标志着加拿大国的成立，从此英裔、法裔和本地的土著有了一个共同的国别身份——加拿大人。加拿大人这个国别身份为日后福利国家的建立奠定了基础。而联邦政府成立使得福利制度的基础——工业化得以形成。联邦政府成立后开始实行一系列“国家主义”政策，如：修建横贯大陆的铁路、向西部移民等。这些政策带来的好处是：中部的工业得到保护和发展；加拿大以农业为主的经济逐渐转化为多样性的一体化经济，从而促进了 19 世纪 80 年代第一次工业革命走向高潮。工业化浪潮把人们都吸引到城镇和城市中去寻找更多的经济利益和机会，工业化浪潮也给加拿大人带来了生存威胁。因为人们现在完全依靠定期的工资来生活，面临的是在工厂工作的无保障性：工厂破产、工伤事故和解雇等任何事件都可能中断其经济收入来源。当时的联邦政府在该领域根本无法有所作为，一是由于当时经济水平低下，二是由于掌管民事的权力划归各省。福利是源于人的需要的。为了改变这种状况，工人们开始建立工会，并向雇主提出新的要求。

19 世纪下半叶，工人们组织了共济会（或者叫兄弟会）。每个会员定期交纳小额会费，建立专项基金，当工人生病或者遇到意外不能工作时就可以从基金中领取生活费。许多工会就是在这个时候创建的，其目标之一就是努力提高工人的生活水平和保障他们在失去工作时能生存下去。共济会的出现反映了当时加拿大人的福利思想观念：这片新大陆给予每个人的机会是平等的。只有努力工作、自力更生的人才受到尊重；而接受救济是一种耻辱，是一个人失败的标志。因此，早期加拿大人的福利理想就是满足个人的基本生存需要。人们主要依靠家庭、朋友等得到这种有限的保护。《北美法案》使加拿大在一定程度上成为一个独立的民族国家，使加拿大经济由以农业为主逐渐向工业化的方向发展，社会结构和家庭结构也发生了根本的变化，这些为以后的各种福利措施的出台准备了社会条件。

两次世界大战对加拿大人的福利理想产生了重要影响。随着移民的大量到来和第二次工业革命的兴起，19 世纪末 20 世纪初，加拿大迎来了第一个经济繁荣时期。第一次世界大战为加拿大国家地位的提高和经济的发展提供了一个

---

① 安东尼·吉登斯．超越左与右：激进政治的未来．李惠斌，杨雪冬，译．社会科学文献出版社，2000.

良好的机会。欧洲战场对军事和生活物资的需要，刺激了加拿大经济的增长，其国内出现了战时繁荣，工业部门的发展尤为显著。大战结束后，军工企业和技术人员均顺利地转向广泛的民用工业，为加拿大以后的经济发展打下了坚实的基础。加拿大将士在欧洲前线取得的辉煌战果和付出的巨大代价，使加拿大获得国家自主权意识的提升和国际社会的承认。1931 年英国政府正式承认自治领的独立地位，不久英国议会通过《威斯敏斯特法案》，加拿大从此正式成为英联邦的成员国。

出于战争的需要，联邦政府 1914 年通过《战时措施法》，对当时加拿大的经济、政治生活实行全面控制。政府负责分配生活必需品，打击囤积居奇，征收个人所得税。联邦政府的全面介入对加拿大的战时发展发挥了相当大的作用。受 1911 年美国掀起的母亲年金运动的影响，面对阵亡士兵的遗孀和遗孤，一些省的议会通过了具有社会福利意义的《母亲津贴法》。第一次世界大战中联邦政府显示出的干预社会经济的能力让人们从中看到，政府可以广泛地影响社会生活，在解决社会贫困和保障人民生活方面可以发挥巨大的作用。社会福利不应当只依赖于民间慈善机构，而是应当由政府甚至雇主承担主要责任。正是在这种思想的推动下，联邦和省政府在这一时期出台了《养老金法》、《工伤赔偿法》和《母亲津贴法》，联邦政府在 20 世纪 20 年代开始向各省提供失业救济拨款。

第二次世界大战是加拿大历史上的一个重要阶段，它在许多方面对加拿大后来福利制度的形成和发展具有深刻影响：

（1）战争期间加拿大经济得到了很大的发展。原来严重的失业现象不但消失，而且呈现出劳动力供不应求的局面。战时经济的发展使加拿大避免了严重的通货膨胀，人民的生活水准并未因战争而降低，其国力反而更加充实了，因为加拿大是战时的主要生产基地，新的军工体系使它成为强大的工业国。

（2）联邦权力的扩大。鉴于第一次世界大战的教训，联邦政府的首要任务是防止战后出现大规模的失业。如果联邦政府要建立全国性的失业保险体系，就必须修改宪法中对联邦权力的规定。因为根据 1867 年《北美法案》第 92 条第 7 款和第 13 款的规定，“省内的省级医院、精神病院和慈善机构的建立、维持和管理”以及“省内的财产和公民权利”属于省权的范围。为了谨慎地解决这个宪政问题，当时的金政府（Mackenzie King）于 1937 年指定了一个皇家委员会，也称为罗厄尔·西罗伊斯皇家委员会（Rowell Sircis Royal Commission）。1940 年 1 月，罗厄尔·西罗伊斯皇家委员会提交一份报告，报告中包括两个方面的建议：一是建立全国性失业保险体系；二是为了获得充足的资金以实现上述目标，联邦政府“租用”各省在个人所得税、公司所得税和继承税领域的征税权，而全部的失业救济金和失业保险的重担则由联邦政府承担，从而形成由各省管理，接受联邦政府资助的全国性社会服务制度。报告虽然被自治领——省会议否决，但其提出的联邦政府“租用”各省部分征税权的建议被保留下来，成为后来加拿大联邦政府扩大财源、承担更多社会保障责任的重要途径。1940 年 7 月 10 日，英国议会批准了对《北美法案》的修改(1949 年之前，加拿大的宪法修改需经英国议会批准)，增加了第 91 条里的第二项 A 款，把失业保险的立法权赋予加拿大联邦政府。

（3）全国统一税收制度的形成。1941 年 4 月，财政部长伊尔斯利参照罗厄尔・西罗伊斯皇家委员会报告的建议，在预算报告中向各省提出财政建议——由联邦政府征收个人所得税和公司所得税到战后一年为止。鉴于宪法条款赋予联邦政府在战争时期可以利用“和平、秩序和良好管理”的名义行使超范围立法的权力，各省都在暂停征税协定上签了字。这是联邦政府与省政府签订的第一个租税协议。它不但使联邦政府在战争期间扩大了财权，集中全国的物力、财力应付战争，更重要的是它直接导致了战后第二个“租税协议”的签订，为战后福利的更大发展提供了财政保障。1946 年，战时租税协议就要期满了，联邦政府对战时租税协议的一些内容作了修改，并据此在战后重建会议上提出了第二个租税协议。联邦政府希望继续保留在个人所得税和公司所得税上的征税权，并增加继承税的征税权（继承税没包括在战时税收协议中)。截至 1947 年，共有 8 个省（安大略、魁北克除外）与联邦签订了租税协议，同意将各省的个人所得税和公司所得税的征税权租借给联邦政府，期限 5 年，继承税为 4 年。安大略省一直到 1952 年才部分地参加进来。通过租税协议，联邦政府在为各省社会福利项目拨款的同时，要求各省的福利计划要符合全国计划的标准和要求，从而有利于各省的社会福利都保持在相当的水平。联邦政府的税收来源的扩大，为全国统一的社会保障制度的确立奠定了财政基础。

第二次世界大战时期是加拿大在“战争中成长”的时段。不仅国内的经济得到高速发展，而且国家地位在国际上也得到了很大的提升，从而提高了加拿大人的民族自豪感。联邦与省之间钱权关系的调整为加拿大社会保障制度的确立扫除了宪政制度上的障碍。人们普遍认为，在战争中做出牺牲的人们有资格过上国家所能提供的体面生活，而且政府应该在援助个人方面起到更积极的作用。在第二次世界大战期间和战后，联邦政府正是顺应这种趋势，克服宪法障碍，促进了加拿大社会保障制度的大发展。

加拿大虽然在经济上起飞较晚，然而，两次世界大战为加拿大的经济发展带来了千载难逢的机会，尤其是第二次世界大战，对其经济的发展更是起到了巨大的推动作用。经济的繁荣为加拿大社会保障制度的确立奠定了坚实的基础。战时政策打破了数目众多的僵化、凝固的否决机制，推动了税收和社会福利权限在联邦政府的集中，为战后各种福利保障措施的出台提供了财政支持。战争之后，名目繁多的社会福利措施纷纷出台生效，福利国家制度成为国家合法性的决定性源泉和各党派竞争的首要目标。

社会运动和社会思潮都是一定社会历史条件下的产物，是人们对社会现实不满足之后的反省与自觉。“社会运动”（Social Movement）是指有组织的一群人，有意识且有计划地改变或重建社会秩序的集体行为。社会福利思潮则是一定时期内反映大多数人的社会福利愿望的思想潮流。社会福利思潮与社会运动相互促进，共同决定了社会福利的发展方向，对现代社会福利事业的发展起着重要的引领和推动作用。加拿大福利理想的发展过程中也不乏各种社会运动和福利思潮，正是这些社会运动和福利思潮引领和推动着加拿大福利制度的逐步确立。在分析考察其发展动态时，我们可以感知加拿大人在福利制度形成过程中的文化心态。

“济贫”思想深入加拿大人的骨髓。加拿大曾经是英国的殖民地，因而其社会福利的发展一直与英国有着千丝万缕的联系。早在18世纪中叶，加拿大的社会福利和慈善活动就受到英国“济贫”思想的影响，有些省就以《济贫法》为蓝本通过了自己的济贫法案（如新斯科舍和新不伦瑞克），但有些省由于生产力低下和人口稀少，当地的市政组织一直没有建立起来，因而没有实行类似于英国的济贫法。总的来看，当时的加拿大人还是主要依靠家庭、朋友和邻居的帮忙以及一些慈善组织的救济。政府对老百姓的救援只在大规模灾荒及饥馑的情况下发挥作用。

城市改革运动和社会福音运动在帮助加拿大人实现自己的福利理想的过程中起着重要作用。20世纪初，随着城市劳动力大军的大幅增长和城市化进程的加快，一个以蒙特利尔和多伦多为核心的全国城市体系逐渐形成。到1921年，加拿大城市人口已经达到与农业人口相等的数量，成为一个工业国。城市作为经济活动的中心，为整个社会经济的发展作出了贡献。但随即出现了诸如居住条件和工人健康状况恶化等社会问题。针对各种社会问题，19世纪80年代开始兴起城市改革运动，19世纪90年代开始了社会福音运动（Social Gospel）。城市改革运动主要是通过一些报纸、杂志对美国、英国和加拿大城市中存在的社会弊端的报道来吸引当时人们注意。报道的议题主要有包括公园和运动场在内的市政工程的建设和管理、城市居民健康与道德品质的改善、社会公正的扩大、城市规划运动和市政府改革等。在城市改革运动的推动下，1888 年安大略省议会通过了一项保护和改造弃儿的立法。1893 年，省议会又通过了一项更进步的儿童福利立法。城市改革运动使政府的角色发生了变化，政府开始在社会福利领域承担更多的公共责任。而社会福音运动是一些进步宗教人士发起的一场旨在动员各派教会通过政治、工会和社会福利组织等途径来改善劳动工人生活条件的运动。社会福音运动所取得的最大的成就是“加拿大道德与社会改革委员会”的成立。1913 年该组织更名为“加拿大社会服务委员会”。1914 年 3 月，该委员会针对各种社会问题召开了一次全国范围的大会，即“社会服务大会”。这次大会是社会福音运动的高潮。除了宗教界人士之外，加拿大联邦、省和市政三级政府都派出代表参加了大会。大会的议题非常广泛，包括了教会与工业生活的关系、儿童福利、城市与乡村所面临的问题、商品化的弊端以及移民等问题。1914 年的这次大会充分证明人们已经越来越关注社会保障问题了，劳动者尤其关心当遇到工伤、年老和失业问题时他们是不是可以通过社会保险这种方式来保护自己。5 个月后第一次世界大战就爆发了。城市改革运动和社会福音运动的开展表明：无论是从世俗的角度还是从宗教的角度，加拿大人对社会福利和社会保障的认识都有了较大的提升。

凯恩斯主义福利思潮与贝纳特“新政”是加拿大福利制度的另一特色。凯恩斯主义形成于 20 世纪 30 年代世界经济大危机时期。凯恩斯主义的理论体系主张通过国家干预经济和有效需求管理来实现充分就业和经济增长，其核心是国家和政府采取各种措施如增加政府支出和货币发行量，扩大全社会对消费和生产资料的需求以消除危机，实现充分就业。政府通过税收、公共支出等政策将国民财富进行再分配，从而实现降低分配不公的社会目标。凯恩斯主义的国家干预理论为实施社会福利政策、提高社会保障水平提供了理论指导。它不仅为经济危机时期加拿大社会保障措施的出台提供了理论基础，也对战后加拿大社会福利制度的建立和发展产生了深远的影响。1935 年 1 月贝内特政府的贝内特“新政”就是受凯恩斯主义和美国罗斯福“新政”的影响出台的，当然也是当时加拿大人的福利愿望的表达。

1929 年，席卷整个资本主义世界的大危机同样也波及加拿大。世界市场的萎缩使加拿大经济受到更加严重的破坏，工厂开工率严重不足，失业率居高不下，人们发现如果没有社会的帮助他们根本无法继续生存。人们不再把失业看成是个人失败的象征，而更多地认为是一般人生活中的普通现象。人们认识到失业不再仅仅是一个人、一个地区的问题，而是一个全国性的问题。绝大多数加拿大人都认为贫困不是由于个人或者家庭的原因，而是经济和社会体系的失败造成的。宪法规定，社会福利属于省的管辖范围。但是，大危机期间异常巨大的救济金支出使各省的财政濒临崩溃，仅仅依靠地方政府或者省政府已经无法承担救济的责任。在这种情况下，工人提出了建立失业保险制度的要求，各省纷纷要求联邦政府承担更多的救济责任，向省提供更多的援助以保障失业者的生活。

面对当时的社会现状，受世界盛行的凯恩斯主义思潮和美国罗斯福新政的影响，也为了迎接即将到来的大选，1935 年 1 月，贝内特政府提出了一系列改革措施，即所谓的贝内特“新政”。其中包括《最低工资法案》、《最高工时法案》、《就业与社会保险法案》等一系列法案。《就业与社会保险法案》的目标就是要建立一套失业保险体系。虽然最后由于新政的出台太过仓促，保守党在选举中遭到失败而下台了，但令人欣慰的是议会通过了这些法案。自由党的金政府上台后曾经把贝内特的新政法案提交法院进行试探，结果加拿大最高法院宣布贝内特“新政”措施侵犯省权而违宪。虽然贝内特“新政”失败了，但为联邦政府接管各省的失业救济及相应的社会福利职责，建立现代社会保障指明了方向。金政府立刻着手与各省商议修改宪法，但没有得到省的同意。为了谨慎地解决这个宪政问题，金于 1937 年指定了一个皇家委员会（罗厄尔·西罗伊斯皇家委员会），目的是“根据近 70 年来经济和社会发展，重新审查联邦的经济和财政基础以及立法权力的分配”。凯恩斯主义的“国家干预”思想对加拿大产生了很深的影响，它从理论上支持了战后联邦政府扩大联邦权力的行动。

社会民主主义福利思潮与《马什报告》推动了加拿大福利制度的建立。社会民主主义福利思潮是欧洲的主流福利思潮，出现在 19 世纪末 20 世纪初。由于工人运动的发展和高涨、资本主义政治经济结构的变化，社会民主主义应运而生。社会民主主义思潮表现为：在政治上主张发展社会民主，强调阶级调和和阶级合作，提倡国家对经济与社会实施强有力的干预。在经济与社会生活上，强调国家应尽可能承担起全面的社会责任，主张国家应该采取有效措施为全体民众提供充分的社会福利。受其影响，同时英国政府为了鼓舞人民的斗志，战胜法西斯，在 1942 年底，发表了题为《社会保险及有关的服务》的报告，即著名的《贝弗里奇报告》（*Beveridge Report*）。该报告制订了一个以社会保险制度为核心的全面的社会保障计划，为英国人民规划了一幅战后生活的美好蓝图。《贝弗里奇报告》第一次明确提出了通过对社会福利制度的建设来完善国家的功能，并把社会福利的发展看做解决困扰社会稳定与进步的各种社会问题的手段。这个报告的产生，将人类对社会福利的认识推到了一个新的高度，深刻地影响了现代社会福利思想的发展，对于社会福利的理论与实践具有里程碑的意义。

《贝弗里奇报告》在加拿大引起了轰动，联邦政府决定依照《贝弗里奇报告》的精神为加拿大也制订一个社会保障计划，并把这个任务交给了“战后重建咨询委员会”的研究主任伦纳德·马什。伦纳德·马什在不到一个月的时间内就写出了报告，题为《加拿大社会保障报告》，也称《马什报告》。该报告的主要建议是：①建立全国性就业和投资计划以保证充分就业，对就业困难的人进行职业培训；②大规模扩大社会保险对工人的保护，使工人免于就业危机的威胁，该体系由联邦政府负责，但工人赔偿不在其中，仍由省政府负责；③为所有有收入的雇用劳动者建立社会保险项目，包括自雇劳动者，保护他们免受年老、永久性残疾和死亡等“普遍性危机”的威胁；④建立广泛的健康保险体系；⑤设立普遍性的家庭津贴。《马什报告》在扩充社会保险项目的基础上，对贫困和经济不安定因素进行了全面的“进攻”。麦克尔·布利斯在为该报告写的序言中称，《马什报告》是战争中和战后加拿大社会保障发展的关键性文件，相当于加拿大的《贝弗里奇报告》”。① 由于该报告大大地扩充了联邦政府在社会保障方面的权力，没有获得各省支持。《马什报告》虽然没有获得通过，但它的主要建议及体现普适性和公平性的理念被后来的各种社会保障方案所吸取，影响着战后加拿大社会保障制度的最初框架的形成，同时将加拿大人对社会福利的认识推到了一个新的高度。

工人运动在加拿大建立福利制度的过程中也起着重要的作用。加拿大工会最早建立于19世纪初，随工业革命的深入而有了很大的发展。19世纪七八十年代，加拿大工人阶级掀起了历史上第一次斗争高潮。面对工人阶级的要求，加拿大政府开始介入劳资关系，试图缓和阶级矛盾。就在1887年大选来临之时，麦克唐纳总理任命了一个皇家委员会调查劳资关系。联邦建立后的20年里，工人运动对社会福利发展的推动作用非常有限，因为产业工人的力量还是比较弱小，争取权利的运动也遭到政府的压制。1872年《工会法》颁布之前，加拿大法院根据英国《习惯法》，宣判罢工妨碍了经济自由竞争，是压制行业发展的阴谋。1872年的《工会法》规定，工人为提高工资和缩短工时而建立的工会不违反《习惯法》。这样虽然确立了工会的合法地位，但联邦政府利用掌管刑法的权力，同时宣布可以利用阴谋罪和围攻罪的条文禁止或限制工人

① Leonard Marsh. *Report on Social Security for Canada*. University of Toronto Press，1975.

罢工。

19 世纪末 20 世纪初，随着移民的大量到来和第二次工业革命的兴起，加拿大进入第一个经济繁荣时期。工人力量的发展和各种问题的出现使工会的力量也大为加强，会员数量从 1900 年的 2 万人增加到 1911 年的 12 万人。第一次世界大战结束后，加拿大经历了三年的经济衰退，加上严重的通货膨胀，导致工人运动出现了又一次高潮。1919 年 4 月，联邦政府建立“劳资关系皇家委员会”进行调查。在该委员会调查期间，爆发了加拿大历史上最著名的温尼伯大罢工。尽管该委员会提交的调查报告中的建议遭到雇主代表的反对，但从 1921 年开始，联邦政府开始向各省提供失业救济拨款。大危机期间，工厂开工率严重不足，失业率居高不下。即使是没有失业的人，工资也减少了 10% ~20%。在这种情况下，工人提出了建立失业保险制度的要求，甚至提出了“我们为全面而不支付保费的失业保险而战”的口号。经过不断的斗争，人们逐渐认识到工伤、单亲家庭和失业等问题所带来的生活障碍和贫困是一个社会问题。政府甚至雇主应该在保障人民生活方面承担主要责任。正是在这种思想的推动下，联邦和省政府在这一时期出台了《养老金法》、《工伤赔偿法》和《母亲津贴法》，联邦政府在 20 世纪 20 年代开始向各省提供失业救济拨款。

第二世界大战期间，加拿大工人阶级的工会力量增强，于是工人们就利用这战时工会拥有的强大力量向政府施加压力，迫使联邦政府于 1944 年颁布“第 1003 号政府令”，规定发生劳资纠纷时应接受“劳工关系委员会”的仲裁（这一法令后来于 1948 年以法案的形式固定下来）。这一法令所带来的直接影响是：在 1944—1945 年有许多工会代表工人与雇主签订了有关工人福利的第一批合同，有力地推动了加拿大社会福利建设的进程。

20 世纪五六十年代，工会的作用得到了进一步的发挥。在工会的领导下，工人们逐渐减少了罢工活动，主要采取集体谈判的方式来谋求更多的经济利益。这时候的工人阶级更多地通过依赖政府颁布的法案和政府对劳资关系的调解来为自己谋求利益。战后工人阶级的要求与斗争有力地推动了一系列社会保障法案的出台。

工人运动反映了广大工人对社会福利的需求和目标，催生了建立固定的制度性社会福利的社会思想。统治阶级为了维护其统治，在镇压工人运动的同时，推行大规模社会福利政策，保障工人的最低生活水平，使其不至于为生活挺而走险。工人运动在某种意义上是国家福利制度形成的助推器。

从以上分析中不难看出，1867 年《北美法案》为加拿大福利国家的建立提供了政治基础；两次世界大战为加拿大的经济起飞提供了极佳的历史机遇；社会运动和社会思潮为福利国家制度提供了福利思想的普及和理论支持；加上工人运动的催化作用，加拿大在20世纪70年代终于建立起了完善的社会福利制度，跨入世界福利国家行列，实现了无数加拿大人为之不懈奋斗的福利理想。

第二节　政治、经济、文化层面的福利制度

加拿大的福利制度只用70年的时间就走完了其他一些国家花费100年才走完的道路。完善的福利制度一直是加拿大人的骄傲。从历史发展的角度看，世界上任何一个国家出台实施的每一种福利制度都是有其具体动因的，或是为了缓和尖锐的社会矛盾，或是迫于某种社会发展的需要，或是由于某个政党的执政，等等。它们实施福利政策有着各自不同的思想基础和出发点。加拿大是一个殖民地国家，又是一个移民国家，其联邦政府是由过去不同殖民地联合而组成的。建国过程也有别于世界上任何其他的国家，没有经过火与血的洗礼，而是和平协商的结果，但这并不表明加拿大不像世界其他国家一样面临各种矛盾。相反，由于民族构成多样、地域分散、自然资源和经济发展不平衡，各省加入联邦的时间有前有后，居民对联邦的感情和态度存在很大差异，因此一直存在着英裔和法裔之间的矛盾，存在着省政府和联邦政府的分权等问题，其中英裔和法裔的矛盾一直困扰着加拿大政府。在如此背景下，加拿大人建立福利国家又有着怎样的思想基础和出发点呢？有哪些重要的因素推动了加拿大福利制度建立的进程？从其发展历史看，加拿大福利制度的一些重要举措开始于20世纪初，形成于五六十年代，到70年代得到了逐步完善，建成了福利国家。在其形成发展过程中不免会受到当时国际和国内大环境的影响，也会有诸如经济、政治、文化等小层面因素的影响。要想对加拿大福利制度有一个比较透彻的了解，这些方面都值得我们去探讨。

在经济层面上，20世纪最初几十年间加拿大大踏步迈向工业化。在19世纪，加拿大一般只有一些作坊，而且人口较少。到了20世纪，随着科学技术的发展，以煤作为基本能源、以蒸汽机为基本动力的工业，已逐步让位于电力、石油和内燃机带动的新的工业。加拿大的工业化进展正好赶上20世纪科学技术的发展，加上第一次世界大战这个催化剂，加拿大工业化得以实现，从而跻身于工业化国家的行列。从第一次世界大战到第二次世界大战，加拿大虽是参战国，但由于没有受到战争的直接破坏，经济反而出现了战时繁荣的局

面。第一次世界大战期间，加拿大成为供应协约国的基本军需品的重要基地，小麦、面粉、肉类和奶制品的出口量猛增。由于军械生产发展的需要，冶炼工业、机械工业也有了很大的发展。第二次世界大战的情况也是如此。钢铁生产、输油管道、电子产品、合成橡胶等都得到发展。这就使加拿大成为一个具有一定实力的工业国，并为进一步发展成为发达的工业强国奠定了基础。工业的发展带给社会巨大的财富，使联邦政府拥有足够的财力对贫困的人实施救助。

20 世纪最初几十年里，加拿大经历了世界经济危机和两次世界大战的考验，社会上有大量的人口需要救济。第一次世界大战后就出现了退伍军人、寡妇和孤儿的问题。联邦政府不得不通过若干法案对这部分人群的生活进行补助：1920 年的退伍军人保险法案；1927 年的士兵安置法案；1930 年的退伍军人补助法案等。这些法案开了联邦政府对公民实施收入保险的先河。1927 年还通过了一个由省和联邦政府共同负责的老年人补助法案。20 世纪 30 年代出现的经济大萧条使加拿大失业人口大增，救助这些失业人口需要花掉大量的财政收入，当时市政府的财力难以为继，这样就迫使省政府和联邦政府来承担更多的救济责任。1935 年联邦政府通过了《就业和社会保险法案》，意在使联邦在失业方面承担的责任能够机构化。1940 年又通过了《失业保险法案》。

加拿大经济的显著特点之一是外向型经济。外国资本或公司在其经济份额中始终占据重要地位。加拿大是一个自然资源丰富却缺乏资本和技术的国家，引进外国的资本和技术就成为加拿大发展经济的选择。在很长历史时期，外国资本主要来自英国，第二次世界大战后外国资本则主要来自美国。下表是外国资本 1867—1945 年在加拿大投资份额的变化：①

外国资本 1867—1945 年在加拿大投资份额的变化 （单位：百万加元）

年份	外贸总额	美国		英国		其他国家	
		投资额	百分比（%）	投资额	百分比（%）	投资额	百分比（%）
1867	200	15	7	185	93	—	—
1900	1305	205	16	1065	81	35	3
1913	3746	780	21	2793	74	173	5

① 王昺，姜芃．加拿大文明．福建教育出版社，2008：124.

续表

年份	外贸总额	美国		英国		其他国家	
		投资额	百分比（%）	投资额	百分比（%）	投资额	百分比（%）
1918	4536	1630	36	2729	60	177	4
1922	5207	2593	50	2464	47	150	3
1930	7614	4660	61	2766	36	188	3
1939	6913	4151	60	2476	36	284	4
1945	7092	4990	70	1750	25	352	5

从表中可以看出，在第一次世界大战后，英美两国的经济实力有了明显的变化：美国在加拿大的资本投资大大超过了英国，并且在不断增加，成为加拿大主要的外资来源。

第一次世界大战及整个20世纪20年代，是飞机、汽车、无线电、洗衣机等机械或家电产品迅速增长时期，美国大公司在加拿大设立了许多分公司，1923年美国投资占加拿大整个外来投资的60%。1947年《关税贸易总协定》问世后，加拿大与美国之间的关税急剧下降，美国资金在加拿大市场的占有率进一步上升，1955年达到76%。据1963年统计，外国资本对加拿大经济的控制程度如下：制造业为60%，石油天然气为74%，采矿和冶炼为65%，而其中70%～80%是美国资本。尽管这些外资的引入能够直接创造就业机会和有利于财政收支，尤其是国际收支的平衡，然而它在一定的条件下却会加重加拿大的失业问题和财政收支的恶化。另外，外资控制的经济容易造成产业结构的不合理。以20世纪50年代后期在加拿大采购铀矿为例，美国的加紧采购，使加拿大采掘业中铀矿工业成为一个主要部门，而在60年代当美国缩小了采购规模时，这些部门的工人就面临着失业。

在这样的经济发展背景下，加拿大政府为保护本国劳动力大军，减少社会异常，保护经济和社会的稳定，设立了一系列福利项目：1927年的养老金计划、1930年的工伤事故保险、1940年的失业保险、1944年的家庭津贴、1971年的疾病保险和1972年的健康保险。加拿大学者阿米塔奇认为，加拿大政府在其关于社会政策的陈述中充满着对经济发展的目标的尊重和经济自主的独立等价值的强调。这些深层的价值观念有效地将社会福利作为除经济发展外的社会第二目标。

在政治层面上，一个国家福利制度的建立取决于多种因素，有国际和国内环境；也有经济之外的诸如政治等原因。两次世界大战不仅给加拿大的经济发展创造了机会，使其步入工业国家的行列，而且由于其在战争中作出的巨大贡献，加拿大逐步走向完全的独立，取得了较全面的国际地位。

在第一次世界大战中，加拿大组建了65万人的军队，作为大英帝国的一部分，派出志愿兵军团组成独立的集团军到法国和比利时战场作战。英裔加拿大人为加拿大对协约国的胜利所作出的军事和经济贡献而感到骄傲。1926年，英国枢密大臣阿瑟·贝尔福声称，自治领享有同英国“平等的地位”，标志着加拿大在外交上获得主权国家的独立性。

第二次世界大战爆发时，加拿大政府也是集中动员经济力量，积极帮助同盟国家。第二次世界大战中有4.2万名加拿大军人献出了自己宝贵的生命。加拿大为反法西斯战争胜利作出的贡献增强了其民族自尊心，提高了其国际地位。第二次世界大战后的加拿大已成长为一个完全独立自主的国家。

随着经济实力的增强和主权地位的提高，加拿大在国际事务中的作用比以前大大加强：加拿大是联合国的创始会员国之一，也是英联邦、法语国家组织、西方七国集团、北大西洋公约组织的成员国。发展社会保障的国际潮流对加拿大产生了重要的影响，当时英国、法国、美国等发达国家都已在国内广泛实施各种福利措施，如第二次世界大战后的英国由于采取了一系列社会保障及服务，成为令人羡慕的对象。加拿大联邦政府为保持在国际舞台上的国家形象和在世界市场中的竞争力，开始改善和提高本国在健康和教育等基本社会设施上的投资。第二次世界大战后的加拿大政府十分注重教育事业的发展。加拿大在1954年的教育投资是国民生产总值的3%，到1977年达到8.2%。虽然这个百分比后来有所下降，但在对教育的支持方面，加拿大一直保持着世界领先者的地位。加拿大理事会早在1965年就明确指出：教育不是支出，而是投资。加拿大实行的是公共教育体系。公共教育机构由政府管理，对所有公民平等开放，经费开支主要来自税收。由于国土辽阔，人口隔绝等原因，加拿大近代教育体系的建立并非易事。教育事业的发展对促进加拿大人人力资源素质和保持经济在世界市场中的竞争力发挥了十分重要的作用。

加拿大的国内环境也为福利制度的建立创造了条件。1929—1933年的经济大萧条，同样给加拿大带来灾难性的冲击。1933年，1/5的工人失业，联邦政府不得不提高对失业的贫困者的救济。经济萧条使许多加拿大人认识到完全的自由竞争、“适者生存”并不是管理国家的最好政策。加拿大人开始相信，政府应该更多地介入经济管理领域和在社会计划中承担更大的责任，以稳定经济秩序，保证每一个人最基本的生存条件和权利。大危机的深刻冲击使全社会在政府责任和保障制度方面达成共识。另外，经济和社会组织方式的发展增强了人们的政治动员力，表现为普选权扩大、工会化、大众性政治党派的出现和利益集团的激增。社会福利政策的提出和改革是对候选人能否当选起重要作用的因素，谁能搞好福利制度谁就能当选，如果处理不当就会丧失民心，甚至在竞选中惨败，如：1962 年和 1965 年自由党政府的上台就与他们承诺要引入加拿大的养老金制度和医疗制度有关，而自由党 1972 年的失利则与他们对失业保证金制度的改造设计有关。由此看来，民意似乎是促成福利制度建立的强大的推动力。

福利国家的出现也是工业化和城市化所引起政治要求的结果。加拿大幅员辽阔，地区之间的经济发展极不平衡。为了维护联邦国家的统一，在经济发展的年代里减少地区之间的两极分化，即如何使经济机会的分配更平等些对政府来说具有优先的意义。1940 年皇家专门问题调查委员会在自治领一省关系的问题上写了一份报告。该报告认为："如果加拿大要成为一个国家，不仅国家义务和体面要求，而且公平和国家的自我利益也要求对这些贫困地区的居民给予同样的服务和相等的机会。"正是在这种思想的指导下，联邦政府以大量开支发展养老金、医疗保障计划，资助失业者和残疾人。这些计划也促使纽芬兰加入联邦。1949 年 3 月，纽芬兰成为加拿大第 10 个省。在实行福利制度的过程中，联邦政府逐步介入本来属于省权范围的经济和社会领域，省政府的活动范围不断缩小，依赖联邦政府提供资助的领域越来越大。1945—1959 年，加拿大联邦政府的权力得到巩固，加拿大学者班丁在他的《福利国家和加拿大的联邦主义》一书中指出，当代加拿大的政治家并不怎么把收入保障看做维持民主的手段，而看做一种保守国家文化和政治统一的工具，看做联邦体制稳定的基础，至少是中央政府作用的基础。收入保障成为联邦政府进行经济和政治平衡，保持人民统一团结和管理经济的有力工具。各党派的领导者对这个关系到所有加拿大人和政治稳定的问题都十分重视。由此可见，沟通和加强这样一个距离遥远、人口分散的国家内部的联系，维护国家的统一构成了加拿大福利国家建立的强烈动机。

政府的党派政治构造不可避免地成为社会福利发展的决定性因素。加拿大联邦政府中一直由保守党和自由党垄断着联邦政治。但在 1957 年前，自由党在加拿大连续执政长达 22 年之久。1963 年，自由党又重新执政，由皮尔逊任总理。1968 年，特鲁多取代皮尔逊担任自由党领袖，并担任总理。除 1979—1980 年，进步保守党领袖克拉克曾短期组阁外，特鲁多一直担任总理至 1984

年。自由党一贯奉行凯恩斯主义的经济政策，主张国家干预，增加国家投资，刺激经济发展，扩大就业和推进社会福利，以达到保持繁荣的目的。自由党的这一政策，在促进战后加拿大经济的繁荣和创建福利国家的过程中起了决定性作用，并对此后加拿大各届政府产生了巨大的影响。

从文化层面来看，加拿大在20世纪初用较短的时间建成了世界知名的福利国家，其深厚的文化土壤也是很重要的一个因素。众所周知，加拿大是一个由移民建立的历史不长的国家。境内民族有100多个，其中土著族群20多个，近代移民70多个。地广人稀，艰苦的“拓荒”生活以及恶劣环境下的生存需要使加拿大人产生了一种集体主义意识，也养成了既不断努力进取，又求稳、怕乱的心态。对由于不同种族、不同宗教、不同语言、不同地区所代表的利益引起的各种矛盾，加拿大人倾向于用宽容的精神和民主的方式解决。在这种文化心态下，加拿大政府依靠社会福利和保障制度来调和社会矛盾也就不足为奇了。

加拿大人拥有丰富的思想文化传统。不同历史时期到加拿大的移民，不仅为加拿大提供了人才和劳动力，而且带来了自己的文化和传统。早期从不列颠群岛来的英裔居民就把他们的制度和意识形态带到了加拿大。他们在政治、经济、社会和文化等各领域所发挥的作用和影响是任何其他民族群体都远远不及的。19世纪末和20世纪初的英国和爱尔兰大批手工艺者移民又带来了工联主义的意识和社会主义的思想，而来自美国、东欧和中欧的移民则带来了西方的民主传统等。这些文化传统在第二次世界大战后逐步形成了几种主要的政治思潮，有占主流地位的自由主义，处于右翼的保守主义，处于左翼的是与劳工运动有密切联系的社会主义。

政治思潮总是和政党联系在一起。加拿大长期以来执政的两个政党——保守党和自由党就是保守主义和自由主义的代言人。平民合作联盟则是加拿大历史上第一个社会主义政党，后为新民主党。加拿大保守主义的历史根源一方面来自英国的托利主义传统；另一方面，也来自美国的效忠派。加拿大的保守主义认为那些具有特权、在社会上处于优势地位的人，有责任来帮助同一社会中处于贫困地位的人。另外保守主义接受机会均等这一普遍观点，对社会不平等现象进行重新思考，吸纳了自由主义的个性原则。加拿大的自由主义政治思想经历了传统自由主义（贸易自由主义）和新自由主义（福利自由主义）两个发展阶段，其出发点都是个人主义。贸易自由主义要求政府实行放任政策，鼓励自由竞争和自由贸易；而福利自由主义要求政府采取各种有效的措施，为个人自由发展提供各种机会和保障。加拿大的社会主义则对特权、对资本主义制度下的分配不公持批评态度。但是，它们奉行的是一种通过议会斗争、通过谈判对现行制度进行改良的阶级合作主义的政治哲学，其改良的具体主张逐步与福利自由主义取得一致。平民合作联盟的领导人路易斯认为："如果农民、工人和无产阶级都能认识到他们的共同利益并团结成一个有效的政党，从他们自身的经验和需要出发制定纲领和原则，那么在这块土地上没有力量能阻止他们建设一个以所有人的福利为基础的自由社会。"① 1961 年新成立的新民主党，在其纲领中首先提出了它的平等观和集体主义，如"每人都有工作"，"每人都有得到医疗的权利"，说明了社会主义在向自由主义靠拢。通过分析 20 世纪初盛行于加拿大的几股思潮，不难发现加拿大保守主义和社会主义都不同程度地受到自由主义的同化。福利自由主义因其广泛的对社会福利的普遍关注和对国家保护下的自由发展的倡导，赢得了当时社会的普遍支持。在这种思潮氛围下，加拿大政府出台一些重要的福利政策，建成福利社会就是水到渠成的事情了。

第三节 混合型的国家福利保障模式

加拿大是世界上福利较高的国家之一，其完善的福利制度使加拿大成为世界上人文发展指数最高的国家。完善的合理的福利制度即社会保障体系不仅体现了一个国家的政治、经济和文化发展的水平，而且也体现了一个国家人民的价值的取向，即他们是以什么样的再分配制度来弥补他们初次分配制度的不足而体现某种程度的社会公正的。第二次世界大战后加拿大政府开始设立的社会福利制度，是基于三个主要的原则：条件均等（Equality of Condition）、机会均等（Equality of Opportunity）与均等对待（Equality of Consideration），形成了收入分配计划、医疗保健计划和社会服务计划三大类，涉及养老保险、就业保险、医疗保险、工伤保险、公共救助及各种社会服务等各个领域。加拿大发达的福利制度引起了世界各国学者的关注。瑞典的社会政策专家艾斯平·安德森（Esping Andersen）通过对 OECD 的 18 个国家的福利保障制度进行研究，把加拿大和美国等国家划归自由主义的福利保障制度模式。尽管加拿大与美国同属于自由主义的福利保障制度模式范畴，但加拿大的福利模式一直为美国人所羡慕，尤其是医疗制度。1988 年一项民意调查表明，95% 以上的加拿大人认为本国医疗制度优于美国；而大部分美国人（65%）也认为加拿大的医疗制度

① 王昺，姜芃. 加拿大文明. 福建教育出版社，2008：130.

比美国完善，愿意接受类似于加拿大的医疗制度。我国香港学者黄黎若莲认为："要试图解释不同国家发展差异的原因，社会福利文化或价值观值得我们做深入的思考。"

加拿大的主流价值观是福利制度的基础。加拿大是在欧洲文化传统基础上建立的移民国家。与美国一样，加拿大的主流价值观是自由主义，主张个人主义和人道主义，维护私有财产权的神圣地位；把市场机制作为自由实现个人目标的最有效途径，主张政府在这种体制下只发挥调节功能，而不是基础性、主导性作用。然而，加拿大的建国之路与美国完全不同，它没有经过战争和鲜血的洗礼，和原宗主国英国保持长期、密切的政治联系，保持公共秩序一直是英国和加拿大当局高度重视的社会政策；个人权利相对于社会目标占第二位。这种"大不列颠连续性"使加拿大人强调服从法律，受到更多旨在保护更大集体性的法律和行政统治的约束。因而加拿大价值体系中带有更多平稳、中庸的因素，有更多强调集体或公众权利的因素。所以学者贝莱米和埃尔文（Donald F. Bellamy，Allan Irving）认为加拿大福利体系的主导价值观念背景有两个方面：一是占统治地位的自由主义价值观，强调个人主义和自我依靠；二是集体主义的价值观。① 这种"平稳、中庸"的"个人主义+集体主义"福利文化观强调个人与集体的一致性，这就使得加拿大在社会保障制度模式设计中，既重视平等与团结，重视再分配的效应，也重视权利与义务的对等。这与美国的强烈的个人中心主义价值观，强调通过个人奋斗，强调利用市场的商业保险原则来设计社会保障制度，还是存在很大差异的。在这种社会背景下，加拿大人尊重权威，重视国家在公共生活中的作用，重视通过国家满足自己的需要。加拿大人认为国家应担负起举办福利、照顾民众的责任，涉及公共利益的福利保障事业更应该由国家来管理，不可交由民间执行。

文化价值观是制度这个体系的"灵魂"，加拿大的福利保障模式会不可避免地体现他们的个人主义与集体主义相容的价值观。以下围绕加拿大社会保障包含的主要方面，即养老保障、医疗保障、就业保障来进行分析。

在养老保障方面，加拿大建立的老年人收入保障体系基于两个基本目的：一是保证老年人的基本收入（反贫穷目的），二是保持个人退休前和退休期间收入的合理比例（收入调整目的）。加拿大的养老保障体系非常完善，具有保障机制多层次和资金来源多元化的特点。其主要包括三个层次：加拿大养老金计划/魁北克养老金计划（Canada Pension Plan/Quebec Pension Plan），老年保

① 毕天云．社会福利的文化透视：观点与简评．社会学研究，2004（4）：53.

障金系统（Old Age Security）和私人缴纳的储蓄养老金保险（Private Pensions and Savings）。其中加拿大养老金计划/魁北克养老金计划（CPP/QPP）和老年保障金系统由联邦政府统一管理。加拿大养老金计划是为曾在加拿大工作并支付CPP/QPP供款的退休人士提供补助，资金主要来源于雇主和雇员的缴费。CPP/QPP给付额依申请人受雇期间所缴付的供款数目而定。符合资格者可在60岁便开始申领这项退休金。CPP/QPP每年均按生活成本指数调升一次。CPP/QPP领取者身故后，其配偶可继续领取遗属退休金。老年保障金系统包括老年保障金（OAS）、保证收入补贴（Guaranteed Income Supplement，GIS）和配偶津贴（Spouse's Allowance），是加拿大国家养老保障制度的基石之一。老年保障金（OAS）是每月给付一次的老人福利，一般而言，年龄65岁或以上的加拿大公民或合法居民，不论曾经或现在有没有在加拿大工作，均可提出申请。由于老年保障金领取者必须报税，所以有工作收入的老人，将会通过缴税退还部分福利。

保证收入补贴（GIS）是另一项联邦政府老人补贴。根据申请人的收入水平及婚姻状况的具体情况，GIS可为老者提供老人保障金以外的额外补助。GIS必须续年申请，才可继续领取给付。配偶补贴是从1975年开始实施的保障项目，相当于一种"准老年保障金"，对象是领取老年保障金者的低收入或无收入配偶，及配偶或习惯法伴侣已经去世的遗属。这部分的资金则全部来源于联邦政府预算。而私人储蓄养老金保险，即雇主（公司）发起的由雇主和雇员分担的养老金计划和个人退休储蓄计划，则可以由私人保险公司协助完成。从加拿大养老保障项目分布上看，多项制度相互配套，使需要的社会成员可以依赖不同层次的保障。从资金来源上看，有由税收支持的保障项目，也有由保险费支持的社会保障项目。这些表明，加拿大的养老保障系统呈现出"市场+个人责任+国家责任"的特色。

在医疗保障方面，加拿大采用的是西欧福利国家的国家卫生服务保障模式，实施的主体制度是公共卫生保健制度（Public Health System，PHS），是继英国之后国家卫生服务保障制度模式的又一典型代表。加拿大的医疗保障制度由"住院保险"（Hospitalization Insurance）和"医疗保健"（Medical Care）两项公共福利计划组成。这种全民健康保险制度的最大特色就在于由联邦政府直接兴办医疗保障事业，制定全国性医疗保健标准，全体公民公平地享有免费或低收费的医疗服务。资格界定只是居住时间的长短，并不因其种族、职业、收入以及年龄的不同而不同。联邦政府通过税收筹措医疗保险基金，采用预算拨款的方法为各省区医疗保障和服务计划提供资助。各省和地区负责管理和实施自己的医疗保健计划。在1977年之前，联邦政府根据各省医院和医疗保险计划开支50%的比例提供资助。1977年4月的财政法生效后，则是根据国民生产总值平均增长率和人口变化提供资助。尽管公共保险之外的补充性诊疗服务属于自费范围，可自愿缴纳保险金，由私营保险公司承担，但总的来说，加拿大实施的全国医疗保障项目市场机制的作用不明显。加拿大人从医疗保障体制建立之初就认为，医疗是一种特殊服务，不能任其市场化或私有化。其采用的医疗保障模式体现了公平性与福利性，而且体现了全体公民人人平等与权利一致的价值观。

在失业保障方面，加拿大1940年通过《失业保险法》，开始实施全国统一的失业保险制度。经过多次修订和完善，失业保险计划现已覆盖加拿大就业人口的95%。失业保险基金与国际惯例相同，采用的是由政府、雇主和雇员三方共同负担失业保险费用的模式。1998年雇员按本人工资的2.7%缴费，雇主缴纳雇员费率的1~1.5倍。① 领取失业金的标准一般为失业前平均工资的60%，1周最高不超过300加元，连续支付最长不超过50周。失业前的最近一年里，从事受保职业10~14周的，可领取最低数额的失业金，工作满20周的即可领取全额失业金。加拿大的失业保险计划采用的保障结构是“法定失业保险+特殊失业补助”。“法定失业保险”覆盖加拿大所有有正式职业并被长期雇用的人员，失业保险金来自于雇主和雇员共同缴纳的失业保险金。“特殊失业补助”的享受对象为有特殊困难的伤病失业者，有老年失业者和女性孕期失业者，其资金主要来源于国家财政。无论是哪一种失业救助，都需要有资格认定。如果说加拿大的失业保险制度在建立之初更多的是强调其救济功能的话，那么1996年对《失业保险法》进行修定并更名为《就业保险法》，标志着加拿大的失业保险制度由消极的失业保险向积极的促进就业方向转换，新法强调“就业津贴”的意义，更偏向于为失业者提供培训，使其重新回到工作岗位上。由此可以看出，加拿大的失业保障具有保险与援助相结合的特色，体现了个人主义与集体主义相容的原则。它既对普通失业者享受失业保险规定了明确的权利和义务，体现了权利和义务相结合的责任要求，又为许多特殊的失业情况提供了合理保障。

加拿大的福利制度是属于自由主义还是保守主义？1990年丹麦的社会政策专家艾斯平・安德森（Esping Andersen）在其《福利资本主义的三个世界》一书中，把加拿大、美国和澳大利亚划归自由主义的社会保障制度模式。德

---

① 王昺，姜芃．加拿大文明．福建教育出版社，2008：306.

国、法国、奥地利和意大利这些具有法团主义和国家主义传统的欧洲大陆国家为保守主义的社会保障制度模式。瑞典、挪威、丹麦、芬兰这四个斯堪的纳维亚国家为社民主义的社会保障制度模式。很多学者认为他的这种划分方法体现了鲜明的意识形态福利文化观的色彩。自由主义的福利保障制度的模式是指福利制度中占支配地位的是不同程度地运用经济调查和家庭收入调查的社会救助，辅以少量的普救式转移支付和作用有限的社会保险计划。这种福利模式一般缺乏高水平的社会保障给付，而是强调市场的自由运行与国家的最小干预。“最小福利主义”原则就是这些国家制定社会保障制度政策的主导思想。人们对于福利普遍接受的是一种工作福利的理念。拥有保守主义的福利保障制度模式的国家和政府在福利保障和福利供给中发挥着主要作用，保障对象是劳动力市场中的工作群体及其家人，而针对大众的普遍社会津贴计划却较为缺乏。欧洲大陆的保守主义社会保障制度模式强调家庭和社区的社会照顾责任，倡导集体主义，主张法团主义，把社会保障的制定看做阶级之间相互妥协的过程。社民主义的社会保障制度模式是指由国家提供给全民的普适性的保障制度，以确保以公民权利为目的的“国家福利”体系。它主张的是一种“普遍主义”的社会价值观念。在肯定市场作用的基础上，主张政府干预经济。社民主义强调平等与民主化，其核心观念可概括为“合作、协调、团结、公正”。

从以上对三种福利保障制度模式的特点分析中不难看出，加拿大模式更多呈现的是一种混合的福利国家模式的特点：老年年金、家庭补助和医疗保障是普遍型计划，由政府税收支持，根据社会权利理念，福利待遇覆盖了全部的社会成员。失业保险、工伤保险以及 CPP/QPP 是按照保险原则，向缴纳保险费的人提供保障。这体现了自由主义的福利保障制度中工作福利的理念。而在社会救济计划中的母亲补贴、失业救济和老人救济等则是依收入调查给付的项目。与同划归为自由主义的美国相比，加拿大各种社会保障项目普遍比美国实行得早，项目涵盖范围、资格条件、救助标准通常都优于美国。在加拿大，失业救济的期限为 50 周，美国则为 26 周。加拿大政府为所有公民支付基本的医疗费用，使全体居民能享受到比较充分的医疗服务，政府还规定了医生和医院的收费标准。美国政府只为老年人、穷人和残疾人支付基本医疗费用。而加拿大的养老保险制度，是福利国家型的养老保险制度，起源于英国。它更多地借助财经政策的调节作用，采用普遍养老金制度保障老年人的生活。与享有“福利国家的橱窗”美誉的北欧国家瑞典相比，加拿大的养老保险也并不逊色。在瑞典，一个普通产业工人退休后每年所得基本养老金与补充养老金之和，大约相当于他退休前完税后年净收入的 70%，这与加拿大养老金计划的参数设置基本一致。在加拿大，联邦政府是社会福利的主要承担者。政府制定全国性的保障和福利标准，各省参与这些福利保障计划并对项目进行管理，对所有加拿大人提供基本的福利保障。

一个国家的文化价值观不仅影响着该国的福利制度的起源，而且对于制度变迁中的路径选择也具有关键的作用。福利政策总是置于一定的社会文化环境之中的，一种福利制度必然会反映该社会的主导文化的特征。从 20 世纪 80 年代开始，加拿大对社会保障制度进行了一系列的调整和改革。联邦政府逐步将老年保障年金降低到中、低等收入水平，减少并最终取消了家庭补贴，缩减失业保险的人员范围和标准等。1996 年又将《失业保险法》更名为《就业保险法》，标志着加拿大失业保险制度"从福利到工作"的转变。尽管如此，加拿大福利保障的改革趋向于持续性稳定过渡的特征。在历次改革中，加拿大政府对医疗保健和养老金的保障项目并没有做出较大的调整，维持了大多数公众的安全感和社会信心。加拿大被誉为宜居国家，享有和平、安宁的美誉，这与该国相对完善的福利制度分不开。加拿大人认为自己的福利保障制度反映了人道主义、平等、相互关怀的社会价值观。

第九章 加拿大经济

一个国家并不需要在每一个行业中都有绝对的成本优势，而是要在某些行业中拥有相对的优势。

——“相对优势法”

第一节 得天独厚的经济资源

加拿大拥有得天独厚的经济发展条件，她与美国为邻，地广人稀，自然资源极为丰富。四十多年来，她稳居西方七大强国之列。加拿大是一个能源战略型、资源加工型、技术密集型、外贸依赖型的富庶国家。她以先进的制造业、高科技产业和服务业闻名于世，在原子能和水力发电、通信和空间技术、石油化工、地球物理勘探、纸浆造纸和客运车辆制造等方面占领先地位。

加拿大与西方大多数发达国家一样，采取国有和私营两种并存的经济制度。私营经济占主导地位，但国有经济［由国家出资设立或经营的皇冠公司(Crown Corporations)］控制着国民经济命脉的一些重要部门，如能源、交通、水电、航空、建筑、住房及金融等。

皇冠公司分属联邦和省政府。公司名为皇冠，意指加拿大的国有企业犹如女王，不受政府政治因素的影响，不因政府更迭而改变。加拿大联邦政府和省政府虽然不参与皇冠公司的具体经营活动，但通过立法、对公司领导人的任命及审计等方式对其进行监控。加拿大有200多个皇冠公司，主要的皇冠企业有加拿大住房与抵押贷款公司、加拿大出口发展公司、加拿大退休金计划投资管理部、公共机构退休金投资管理部、加拿大广播公司、四大博物馆（文明博物馆、自然博物馆、科技博物馆和国家美术馆）、国家艺术中心公司、四大区港口管理部（大西洋区、大湖区、劳伦斯地区和太平洋地区）、联邦桥梁公司、大西洋海事公司、加拿大铁路公司、加拿大航空公司、加拿大原子能有限公司、加拿大土地有限公司、加拿大邮政局、加拿大皇家铸币厂等。

私营经济体规模大小不一，有不足5人的微型企业，也有少于100人的小型企业和少于50人的小型服务企业，100人以上500人以下的中型生产企业以及500人以上的大型企业。2007年1月加拿大工业部的资料显示：加拿大企业总数约为240万个，其中99.8%为中小企业，近一半的企业为“雇主企业”（Employer Businesses），而另一半则被称做“不确定企业”（Indeterminate Businesses）。“雇主企业”是指能维持至少一个人固定工资的企业，而不能维持发放工资的企业被认为是“不确定企业”，因为雇员的数量是不确定的，这类企业可能会雇佣合同工人。也就是说，加拿大除了极少数大型企业外，绝大多数是中小企业。在所有的企业中，无论是雇主企业还是不确定企业，大约有1/4的企业是生产商品的，其余3/4的企业是提供服务的。

加拿大的经济特色可以概括为以下四点：

（1）加拿大的经济区别于其他西方国家经济，具有浓厚的“资源性”特征。加拿大煤的储量为850亿吨，主要分布在不列颠哥伦比亚省、阿尔伯塔省和萨斯喀彻温省的西南部。煤出口几乎占其总产量的1/2。已探明的石油储量约为十亿吨，主要分布在阿伯塔省，仅次于沙特的储量，居世界第二，其中97%以油砂形式存在。已探明的油砂原油储量为1732亿桶，占全球探明油砂储量的81%。石油出口量为每天100万桶。2007年天然气的探明储量为1.7万亿立方米，年出口量约1千亿立方。铁矿的储量为336亿吨，主要分布在拉布拉多高原的诺布累克、谢弗维尔和拉布拉多城，魁北克省的哈佛圣皮埃尔附近、纽芬兰岛和温哥华岛。1964年在北部的巴芬岛也发现了大型的铁矿。铀矿的储量为69万多吨，约占全世界总储量的1/5，萨斯喀彻温省的铀城是北美洲最大的铀矿产地。镍的储量约为900万吨，仅次于太平洋的新喀里多尼亚岛和古巴，居世界第三位，主要分布在加拿大安大略省东南部的萨德伯里、纳尔森河中游和伦迪尔湖畔的林累克。另外，钴、铅、锌、铬、钛、钼、铂、铋、钍、银、钾盐、石棉等矿物的储量均居世界前列。加拿大的矿产品在本国内部消费较少，大部分销往国际市场。加拿大是世界最大的矿产品出口国，出口量占加拿大商品出口总额的14%。

森林覆盖面积占加拿大总面积的44%，仅次于俄罗斯，居世界第二位。其中80%是针叶林，南部的大湖区也生长有阔叶林。加拿大的木材蓄积量约为190亿立方米，仅次于俄罗斯、巴西和美国，居世界第四位。加拿大主要出产杉、松、杨、桦、糖槭等林木，它们是木材加工和造纸工业的原料。纸浆的产量仅次于美国，出口量则居世界首位。加拿大是世界上最大的新闻纸生产和出口国，生产的新闻纸占全世界总量的1/3。加拿大制材工业的70%分布在不列颠哥伦比亚省，以温哥华、维多利亚等地为中心。此外，魁北克和安大略两省约占1/4。加拿大锯材、板材、胶合板等的产量居世界第三位，木材和胶合板等林产品是重要出口创汇来源。加拿大是世界最大的林业产品出口国。

加拿大的土地资源也十分丰富，全国的耕地面积达四千多万公顷，有牧场及草地三千多万公顷。中部平原面积广大，地势平坦，多黑钙土和栗钙土，水源丰富，牧草肥美，极适于发展农牧业。五大湖沿岸平原和罗伦斯河谷地多冲积土，灌溉条件好，而且气候较温暖，也是发展农牧业的合适地区。加拿大是世界上最主要的粮食生产国之一，粮食产量仅次于美国、中国和印度，居世界第四位。每个农牧业劳动力一年可提供20万公斤粮食或4000多公斤牛肉和2000公斤猪肉。加拿大农作物及食品主要有：小麦、大麦、燕麦、大豆、油菜籽、红肉类（牛肉、猪肉和羊肉）、水果、蔬菜、烟草、饮料、酒类等。加拿大国内仅消费其农产品的1/2，其余全部用于出口。加拿大是世界上第四大农业产品出口国。

加拿大境内有众多河流和湖泊。她拥有漫长的海岸线，是世界上海岸线最长的国家，被太平洋、北冰洋、大西洋三洋环绕。东部大西洋沿岸有富饶的水域。纽芬兰附近的大西洋海域是寒暖流交汇处，与日本北海道渔场和欧洲北海渔场并称为世界三大渔场。加拿大75%的水产品出口，出口量仅次于挪威和日本，居世界第三位。

加拿大不仅水产资源极其丰富，而且蕴藏着巨大的水能资源。长久以来，“绿色和可再生”成为加拿大能源开采和利用的准则。水力发电是加拿大历史最悠久的“绿色”产业，居世界领先地位。水力发电量占加拿大全部可再生能源发电量的97%，并占全球水能发电量的13%左右。加拿大拥有近500家水力发电厂，设备产能超过70000兆瓦（MW）。水力发电释放的温室效应气体在所有发电设备中最少，原煤发电是其60倍，天然气发电是其18～30倍，并且水力发电不产生任何其他气体污染物。加拿大的潮汐洋流及海浪能量资源也极其丰富。1984年，在新斯科舍省芬迪湾的安纳波利斯罗亚尔建立的20兆瓦潮汐能发电厂开始运营。加拿大努力在海洋能源领域成为世界的领导者，并且在以下领域成为了公认的专家：海上构建及海上作业领域，采用横轴及纵轴涡轮技术以控制潮汐流势，海浪潮汐发电站的运转，有人或无人操作的特制的海底工作远程控制系统、模型及大型无电网发电机，大型组装远程无网式大规模离岸及近岸海浪发电机、海浪技术测试设备及模拟设备，海浪及潮汐能量资源评估，基于海浪能源技术的脱盐技术，以及数学模型、海浪测量和分析以及涌流测量技术。

另外，风能发电也是加拿大发展迅速的可再生能源行业，具有无限的发展空间。2008年，加拿大成为世界上第12个建立了超过2000兆瓦风力发电产能设施的国家。加拿大风能协会预计，在2016年，至少12000兆瓦的产能设施将会开始试运营。

加拿大的天空通常比较晴朗，太阳能的采用有很高的可行性。一些省政府承诺长期购买清洁能源，这种承诺促进了加拿大太阳能领域的快速发展。预计有54万平方米的太阳能集热器在加拿大运转——主要是由无釉塑料质地的太阳能集热器进行泳池加热（占71%）以及用无釉多孔太阳能空气集热器进行商用建筑的采暖（26%）。太阳能集热器每年可减少38000吨二氧化碳的排放量。加拿大还鼓励居民在自家屋顶利用太阳能发电，将多余电能输入电网，据此获取家庭用电开支的减免。

从加拿大丰富的生物资源中转化的可再生生物能目前占加拿大总体能源供应量的6%。加拿大生物能的生产方式包括燃烧、高温分解、气化、厌氧处理、填埋沼气的应用以及对生物油发酵和加氢催化处理。加拿大广阔的农业及林业生物资源储备、大量的有机废料、加上各企业开发的尖端转化技术，为再生生物能的生产提供了独特的条件。

拥有如此丰富的自然资源，无疑是有别于其他西方强国的重要经济发展优势：加拿大无须大量进口原料，用不着看出口国的脸色，更不用觊觎别国的资源，反而可以大量出口自己的资源。

（2）环保是经济发展的重要准则。在富足、安详的生存环境中，加拿大政府和人民的环保意识强于其他强国。加拿大有关生态环境方面的立法属于加拿大联邦、省和地方三级政府共同管辖的范围。在很多情况下，企业和个人分别要遵守省与联邦的规范要求，尤其当各省都有自己独特的环境保护制度时。例如，安大略省的《环境保护法》（*Ontario's Environmental Protection Act*，EPA）规定可以对拥有、管理或控制污染产业的任何人签发行政命令，不管污染是否由此人或其实体所造成。对于出售或出租后仍制造污染的产业，新的业主或租客，即使不是污染的制造者，将被视为污染的制造者而被责令承担责任。以保护树木为例，即使树木位于私人物业内，如果树干高达 1.4 米、直径超过 20 厘米，业主必须向市政府申请许可才能砍伐或移除。否则，业主将面临一万元一棵的罚款。首棵树移除免费，以后的两棵及以上一次收费 50 元。温哥华市西南海傍大道（Southwest Marine Dr.）一幢房屋主获准砍掉 4 棵生病的树，可是最后该物业被发现共砍掉了 18 棵树。多砍的 14 棵生机勃勃的大树部分树干直径广达 6 至 8 英吋，该业主已获令必须植回未经许可而砍掉的树木，同时聘请岩土工程师，检查有关岩土是否安全，该业主还可能被罚款 14 万元。

当然，企业在环保方面的正面举措可以为企业赢得无形资产。加拿大国际林木产品有限公司为使经济发展与生态保护相协调，总共购进 20 多架直升飞机，专门用来采伐和运输林木，作业时将被采伐的树木直接吊离原地，不破坏周围其他树木。该公司多年来始终遵守“采伐一颗树，栽种两颗树”的规定，从而在取得可观经济效益的同时也获得了良好的社会效益。

（3）加拿大的经济发展与邻国美国关系密切如唇齿。加拿大就像美国的一个州，美国是加拿大最重要的贸易伙伴，加拿大同时也是美国最大的经济贸易伙伴，占其贸易量的 1/5。1989 年两国签署《美加自由贸易协议》，1994 年签署《北美自由贸易协议》。从 2004 年加拿大对外贸易情况来看，与美国的全年贸易额达到总额的 75.85%。当然，美国的经济衰退也直接影响到加拿大的经济发展。2008 年金融风暴之后，美国失业率升高，加拿大同样失业率增加。但因为人口稀少，国土广袤，资源丰富，还因为加拿大政府采取了一系列保护经济的措施，加拿大经济的受创程度比美国轻很多，回暖也比美国迅速。

（4）加拿大政府能有效地调控宏观经济。众所周知，一国经济的发展与环境因素和人口素质密不可分。国家的职能之一是规划经济发展蓝图，完善经济发展的保障机制和法规，保护国人的利益，维护环境的可持续性。加拿大前总理特鲁多的治国理念是：市场经济本身是绝不会产生平等的，国家既是指导市场的工具，又是对市场产生的财富进行再分配的工具。在私有经济占主导地位的加拿大，国家宏观调控成功的前提条件是有保障的：加拿大联邦政府、省或地区政府以及市政府的有序分工合作可以帮助调整全国经济发展的步伐；政府以税收和拨款的方式对财富的再次分配可以为经济发展提供资金驱动力；前瞻性的预算和法规可以促进科学和技术、刺激创业和投资、威慑和惩戒经济发展中的违法违规行为；政府对国人的培训和福利保护可以为经济发展输送高素质的人力资本。

第二节　加拿大经济行动计划

加拿大经济行动计划始于 2009 年 2 月，旨在通过增加对基础设施项目的投入扩大就业、提振经济。该计划总共提供近 620 亿加元，相当于加拿大经济总量的 4%。加拿大总理哈珀在参观一所大学的基建工程时说："经济行动计划在全球经济衰退期间为加拿大成功创造了更多的就业机会并保证了经济增长。"自 2009 年启动经济行动计划以来，加拿大政府已提供 160 亿加元（约合 159.3 亿美元）用以改善公共基础设施，包括道路、桥梁、供水系统和娱乐设施等。加拿大新增了 42 万个就业机会，遍布全国的约 2.3 万个项目已经完成或正在进行。

2009 年加拿大经济行动计划出台的大背景是 2008 年金融危机，直接诱因是 2008 年 11 月底加拿大出现的执政危机。当时保守党政府向国会提交的财政展望报告引起三大反对党的一致讨伐。反对党自由党、新民主党和魁北克人党指责政府没有采取具体措施刺激经济，并于 12 月 1 日签署协议，称将联手推翻哈珀政府，组建联合政府取而代之。现任总理哈珀为避免政府倒台，在总督的同意下强制暂时中止议会。2009 年 1 月 26 日国会复会，1 月 27 日，加拿大财政部长杰姆·弗莱厄蒂向政府和议会递交了"2009 年加拿大经济行动计划"预算案。这是哈珀政府提出重振经济的新年度财政预算案，也是加拿大历史上最早提交的预算。舆论认为，保守党政府提出的预算案在经济危机的特殊情势下，兼容并蓄了保守政党和左翼政党的经济原则，大幅减税和增加公共投资并举，是一份走中间路线的预算。

根据这份综合预算计划，加拿大联邦政府将提供 472 亿加元应对金融危机、刺激加拿大经济的发展，省和地区政府将提供 144 亿加元的刺激方案。加拿大联邦政府两个年度将出现高达六百多亿加元的赤字。这将是加拿大政府在连续十二年财政盈余后首次陷入财政赤字。这笔巨额赤字支出相当于加拿大两年总体经济的 1.9%。加拿大希望通过这一高赤字政策，在全球经济同步衰退期间刺激其国内经济增长，建设更现代化、更绿色的基础设施，培养更熟练的劳动力，实施更低额的税制，创造更有竞争力的经济，帮助加拿大从这场经济衰退中及早走出来，为长期繁荣打下基础。加拿大 2009 年经济行动计划主要内容是投资和减税，如下表所示。

加拿大2009年经济行动计划

单位：百万美元（基于现金收付制）

	2009—2010年经济刺激	2010—2011年经济刺激	两年经济刺激总和
减轻加拿大公民税负：			
所有纳税人的个人所得税减免	1885	1950	3835
全国儿童福利计划补充和加拿大儿童税务优惠的增加	230	310	540
加强加拿大工作收入税务优惠	580	580	1160
针对老年人的救济	325	340	665
减轻加拿大公民税负小计	3020	3180	6200
创造和保护就业机会，协助失业人士的行动：			
加强对加拿大工作者的福利	1115	1550	2665
增加工作培训机会	919	986	1905
维持就业保险低费率	818	1631	2449
创造和保护就业机会，协助失业人士的行动小计	2852	4167	7019
建设基础设施，创造就业机会：			
省、地区和市政基础设施的投资	1710	4156	5866
原住民基础设施投资	230	285	515
联邦基础建设项目投资	1007	780	1786
对置业和住房部门的支持	3340	425	3765
加拿大公民社会福利房投资	2025	2050	4075
建设基础设施，创造就业机会小计	8312	7696	16007
创造明天经济：			
投资高等教育和研究	1089	1155	2244
科技投资	1049	725	1774
创造明天经济小计	2139	1880	4018
对各行业和社区的支持：			
对各行业的支持	1171	1296	2467
对各社区的支持	879	935	1813

续表

	2009—2010 年经济刺激	2010—2011 年经济刺激	两年经济刺激总和
支持汽车业的国际伙伴关系	9718	0	9718
对各行业和社区的支持小计	11768	2231	13998
联邦政府经济行动计划的刺激总和	28090	19152	47242
加：省和地区的预计贡献	8441	5978	14419
全国经济行动计划的刺激总和	36531	25131	61661

经济行动计划的刺激作用不言而喻，经济行动计划的受益者，不管是个人还是行业，不胜枚举。人力资源是一国经济发展的重要引擎。在全球经济衰退的大环境中，出口订单以及相关行业需求相继减少，企业为了生存被迫裁员减薪；个人收入减少，支出也随之递减。一国经济步入恶性循环：需求进一步减少，生产规模进一步缩减，更多员工失业，市场需求更加削减。恶性循环如何逆转？一旦国际市场回暖，即使企业希望回到以前的规模，熟练劳动力的流失也将成为企业恢复生产规模的首要障碍。加拿大政府高瞻远瞩，及时介入。一方面，政府引入 38 亿加元的减税方案。拿出 5.4 亿加元增加对有孩子家庭的补贴，增加 11.6 亿加元的工作收入退税，免去 6.6 亿加元的老年税负，让加拿大人有钱消费，为经济复苏出力。另一方面，政府拿出 70 亿加元增加就业保险福利，延长工作分享期限（让员工工作日按工资领报酬，额外休工日领取就业保险金），增加技能培训机会，控制就业保险费率的增长。加拿大政府将以前 45 周的就业保险福利延长为 50 周，将工龄长的员工享受的失业保险的期限从 52 周增加到 104 周。在工资保护方面，员工在老板破产后也能拿到工资、度假工资或服务终止费。以上措施既保护了加拿大国民的利益，又为经济复苏保存和培养了熟练劳动力。

基础建设项目服务大众，但规模大，耗资多。在金融危机、经济紧缩、美国建筑行业需求急剧下降的时期，加拿大政府冒着赤字的风险，拨款 160 亿加元投资基础建设。项目主要包括道路、桥梁、公共建筑、供水系统、废水处理系统、垃圾回收、文化娱乐等设施的建设，还包括老年人、残疾人和加拿大原住民的社会住房建设以及公共建筑的维修和维护，使之更现代、更绿色，拉动内需，创造工作岗位。政府同时以每户 1350 加元的减税额度鼓励国人修缮住所，使住所翻修一新、更环保、更节能。此项举措到2010年12月共创造了82000个就业岗位，加拿大建筑业因此成为首先回暖的行业。

知识经济又称为明天经济，它关系到一国的未来。各企业和团体更多地关心自身的切身利益和眼前利益，政府则有义务为国家的整体利益和未来导航。着眼明天，着眼未来，加拿大政府2009年经济行动计划拿出22亿加元投资高等教育和研究，拿出18亿加元投资科学与技术。请看政府投资的具体项目。萨斯喀彻温省的Shell Quest项目是一个大型碳捕捉、碳储藏示范项目，它从清洁能源基金获得1200万加元的资助。项目地点在萨斯喀彻温省的Fort地区。该项目利用现有技术为三个氢生产机构捕捉二氧化碳，运到北方100公里以外的地点，再将二氧化碳注入2公里深处的地底埋藏。再比如，新布伦瑞克电力公司大西洋电力转换项目是由新布伦瑞克省政府与新斯科舍省、爱德华王子岛省以及联邦政府协力进行的一个为期4年的电力展示项目，共耗资3200万加元，其中联邦政府资助1590万加元。这个智能电网项目采用最新技术，管理新斯科舍省、爱德华王子岛省和新布伦瑞克省内社区的可再生电力的输送。该项目可以让公共事业公司在更好地理解顾客对智能电网技术反应的基础上转变能源生产形式，促进区域内可再生能源的最佳使用，并且让区域内2000名用户拥有自己的消费数据，帮助他们改变消费行为，节省电费。不列颠哥伦比亚大学合成气项目耗资800万加元，是采纳和利用新技术的展示平台。它将木质生物质气化，生成合成气供燃气机燃烧以产生可再生的清洁热能和电能。它是北美首个既生产电能也生产热能的系统，可生产200万瓦清洁电能，满足不列颠哥伦比亚大学目前的电力需求。

加拿大政府拨给行业和社区的资助款有140亿加元，其中90多亿加元划归汽车行业，所以汽车行业接受的资助超过了其他各行业以及社区资助的总和。加拿大的汽车行业的确重要，它是加拿大最大的制造业，创造了2008年加拿大10%的制造业GDP，20%的商品出口额。2008年底，加拿大的汽车及部件制造业有10万就业人口，而且汽车业还为相关行业创造了大量工作机会，每10个汽车业的岗位可以创造5个汽车部件岗位，7个金属、塑料、橡胶、机械等行业的岗位，24个工程、会计、法律、金融、贸易、运输、仓储等行业的岗位。由此可见，支持10万汽车及部件制造岗位，也就支持了约20万个相关岗位。例如，通用汽车和克莱斯勒的产品占整个加拿大汽车业的45%。考虑到汽车供应链的极端相互依赖关系，加拿大政府和安大略省政府以及美国政府联手支持汽车行业，共提供146亿加元的贷款和破产保护融资，保护了52000个岗位。通用汽车和克莱斯勒分别先于预期于2009年7月10日和2009

年6月10日摆脱破产保护状态。加拿大政府和安大略政府获得11.7%和2%的通用汽车和克莱斯勒的股权，并有权任命一位董事。

加拿大是世界上最大的林业产品出口国，其中纸浆和新闻纸出口量居世界首位，木材和胶合板是重要出口创汇来源。但森林业的现状是：技术含量低，资源和能源消耗大，市场单一，竞争力不强。在金融危机市场萎缩的大背景下，加拿大政府资助该行业的目的是借国际需求的缓冲期提高本国森林行业的竞争力，降低耗材和耗能，研发高附加值产品，开发新市场。2009年6月设立的10亿加元的纸浆和造纸绿色改造项目，鼓励造纸厂投资新技术，提高能效和环保效果。从绿色能源项目获得4千万加元拨款的不列颠哥伦比亚省的Castlegar市的赛勒加纸浆厂项目，成功安装48000千瓦的汽轮机，利用废弃的木料和热能生产生物能。该项目不仅节能环保，而且创造了145个工作岗位。

600多亿加元的短期赤字的确为国家赢得了发展机会。事实上，在经济行动计划的刺激下，加拿大的GDP在2009年三季度、四季度和2010年一季度有了稳步的增长。在西方七国中，唯有加拿大在2009年3月至2010年3月赢得就业率的增长，而且加拿大的财政状况是西方七国中最好的，投资税率是最低的。这一切将为加拿大吸引更多资金，赢得更多市场，为经济的中长期发展打下坚实的基础。下面四幅图①分别说明了加拿大年化环比真实GDP增长率、财政盈余状况、就业率的变化和新企业投资税率。

加拿大总理斯蒂芬·哈珀2011年3月17日在安大略省布兰普顿市表示，经过为期两年的经济行动计划第一阶段，加拿大将步入经济行动计划第二阶段。2011年加拿大经济行动计划的主题是低税收促就业促发展。该计划总预算为35亿加元。

政府将帮助企业和企业家取得成功，保持低税率，投资全国性重要项目，保持加拿大作为最佳投资地点之一的品牌形象，以此来创造就业。具体措施有：向小型企业提供临时性雇工免税额，鼓励企业招收新雇员；延长工作分享项目和老年工人针对性计划；对购买制造和加工机械设备的资本投资，延长加速的资本折旧率两年以支持制造加工业；以长期立法形式每年向天然气税基金投资20亿加元，以便向市政提供长期、稳定的基础设施发展资金；投资农业、林业和采矿业，以促进这些行业的技术创新。

政府将支持家庭和社区，使所有加拿大国民都享有高水平的生活，使加拿大的社区安全而充满活力。加强“保证收入补助金计划”，资助那些基本上依

---

① Canada's Global Economic Leadership—A Report to Canadians 2010年6月。

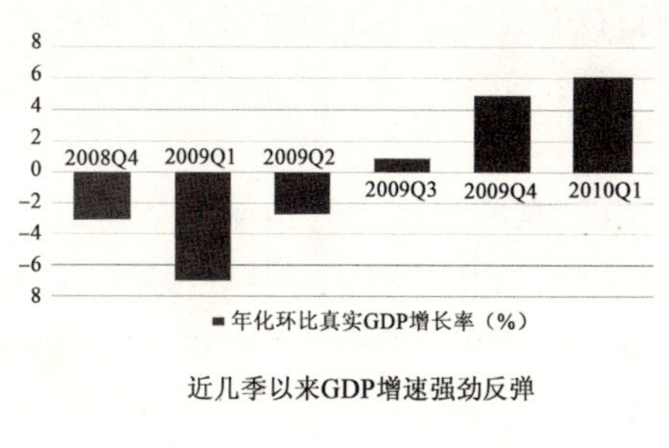

近几季以来GDP增速强劲反弹

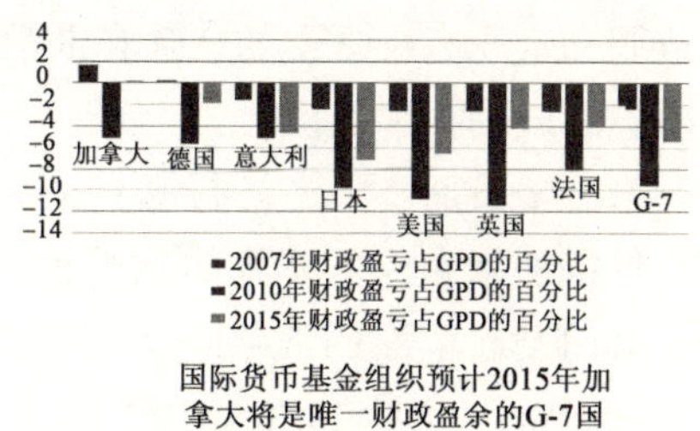

国际货币基金组织预计2015年加拿大将是唯一财政盈余的G-7国

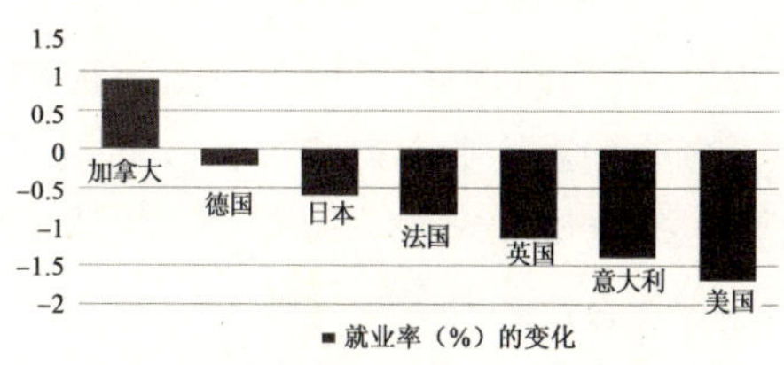

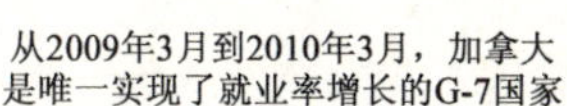

从2009年3月到2010年3月，加拿大是唯一实现了就业率增长的G-7国家

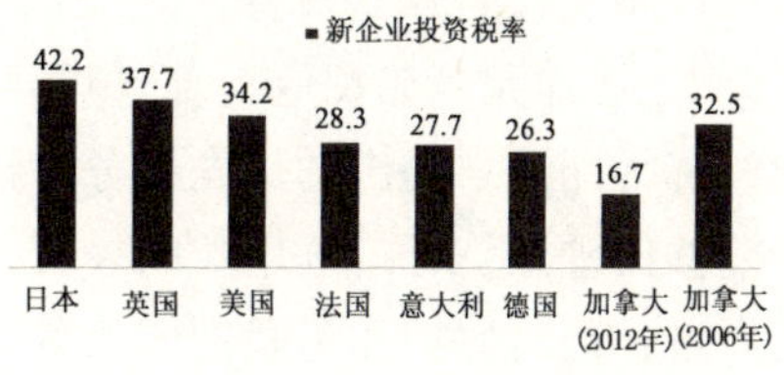

2012年加拿大的新企业投资税率将在G-7国中最低

靠“老年保障金”和“保证收入补助金”生活的经济困难的老年人。这项措施将向单身老年人提供每年最高达600加元，老年夫妻每年最高达840加元的额外福利。政府将为此投入2.3亿加元，改善全国各地68万多名老年人的财务状况。政府拟免除家庭医生最高4万加元、医师和护士最高2万加元的加拿大学生贷款中的联邦贷款额，吸引更多医疗保健人员到缺乏医疗服务的乡村和边远社区工作；引入“照顾家庭成员免税措施”，向照顾体弱家属的人提供2000加元税务减免。体弱家属包括配偶、同居伴侣和未成年子女；引入“少年儿童文娱活动免税措施”，为少年儿童参加艺术、文化、娱乐和身心发展活动所发生费用提供最高额为每人500加元的免税；引入“志愿消防员免税措施”，向在本社区完成至少200小时消防服务的志愿消防员提供3000加元税务减免；提供7.7亿加元应对环境变化和空气质量问题，其中包括延长家庭节能改造项目，以便帮助房主进行节能改造，减轻高额能耗带来的负担。

政府将推动尖端技术研究，同时将提供机会和奖励措施，鼓励加拿大国民掌握劳动市场所需的工作技能。在三年时间里，通过工业研究资助项目提供8000万加元新增资金，帮助小型和中型企业与高等院校合作，加速关键信息和通信技术的采用；新设10个加拿大尖端研究主席，他们当中的一些将活跃于与加拿大数字经济战略相关的领域；每年拨出4700万加元增加所有三个联邦拨款委员会的预算，间接费用也纳入资助的范围；支持高等院校和企业的科研联系，改善新技术商品化过程，支持新技术在市场上的演示活动；加强并扩大兼职和全职高校学生的贷款和助学金计划；实施职业、技术和专业考试费税务减免，鼓励技术认证。

第二阶段加拿大经济行动计划采取以下新的平衡预算措施：堵塞税务漏洞，保护加拿大税务体系的完整性和公正性；2011—2012 财政年度，在政府所有部门发起全面的战略与运行审核。2010—2011 年财政赤字比 2009—2010 年降低 25%，预计 2011—2012 年的降幅将进一步超过 25%。不包括战略和运行审核所实现的开支节省，政府仍可望在 2015—2016 财政年度之前创造财政盈余 42 亿加元。弗拉厄提部长说："今后，哈珀政府将专注于第二阶段加拿大经济行动计划提出的优先任务，该计划的基石就是平衡财政预算。通过专注于能够促进经济可持续增长的投资，我们的政府将寻求改善所有加拿大人的生活质量，同时保护作为我们国家的标志性特点的公共服务与文化。"

2012 年加拿大经济行动计划的主题是：就业、发展、长期繁荣。经过 2009 年和 2010 年 600 亿加元的刺激，2011 年 35 亿加元的巩固，加拿大经济已率先摆脱 2008—2009 年经济衰退的影响，远远超过衰退前的状态。加拿大领导人描绘本年度加拿大经济蓝图的浓墨重彩放在长期的繁荣：4.5 亿加元用于创新和世界级的科研，创造高价值工作岗位；3 亿加元用于改善投资环境；6 亿加元投资于技能培训、基础建设、创造工作机会；3 亿加元用于支持家庭和社区。

加拿大政府采取的一系列经济宏观调控行动，彻底改变了其在西方大国经济疲软的大环境下的被动局面。政府从制高点规划经济发展蓝图，整合各个行业，从社会的各个层面为不同民众考虑，竭尽全力发展和完善社会保障制度，加大企业的投资力度，鼓励发展经济，安稳民心，使其安居乐业，同时继续保持健康的生态环境。因此加拿大保有"最宜居国家"的美誉。

第三节　加拿大的经济巨鳄

享誉世界的加拿大金融服务业在加拿大经济中起着重要的作用。2008 年金融危机以来，美国银行业遭遇重创，一些中小银行纷纷倒闭，而邻国加拿大却没有一家银行破产，其国家金融体系和监管机制功不可没。

加拿大金融服务业的核心是中央银行即加拿大银行（Bank of Canada），其余重要组成部分是商业银行、信贷银行、信托公司、人寿和健康保险公司、财产保险公司、共同基金、证券公司、融资公司和租赁公司等。银行、信托公司、保险公司及证券公司是金融业的四大支柱。

加拿大1/4的人口从事金融服务业。银行业占金融服务业总资产的一半以上，六大商业银行控制了银行业总资产的92%，分别为加拿大皇家银行、加拿大道明信托银行、加拿大帝国银行、丰业银行、蒙特利尔银行和加拿大国民银行。与美国现行高度分散的单一结构的银行体系不同，加拿大有一套英国式的高度集中的庞大分支行体系。因为地广人稀，居民集中区较少，广设单一结构的银行很不经济，而且早期加拿大基础经济产业是农业、林业、木材加工业等，这类经济活动对资金的需求有高度的季节性，因此银行分支体系可以在各地区之间进行资金的余缺调剂。

加拿大银行是其中央银行，在维持和促进加拿大总体经济的发展方面发挥作用。加拿大银行主要通过监控银行同业间的隔夜拆款利率来实施货币政策，控制纸币与硬币的供应以及货币量的总供给，通过买卖加元来维持加元的稳定性。加拿大银行对银行机构负有间接的监管责任，为确保付款清算的正常进行，加拿大银行于1999年开始使用大额电子清算系统，确保银行间清算的平衡。加拿大银行不提供票据支票清算服务，散布全国各地的清算中心负责确认辖区内每家银行分行每天结算的总额，再将结果传送至加拿大银行，加拿大银行在第二天下午三点以前调整好每家银行在中央银行的清算账目。与其他国家中央银行不同的是，加拿大银行对商业银行及金融机构没有直接监督与管理的权力，这种职能主要由金融机构监管办事处和加拿大存款保险公司执行。金融机构监管办事处可以对金融机构进行资本评级、收益评级、综合风险评级以及综合风险的发展方向评级。加拿大存款保险公司的职责是保证存款人的存款安全，增强银行的信誉和公众对银行的信心；对所有投保银行的业务经营和财务状况实行金融检查；加拿大存款保险公司有义务向财务地位不稳定的银行提供财务和管理方面的援助，可以在特殊情况下接管濒临倒闭的成员机构，并在银行倒闭时向存款人提供部分赔偿。

一般来说，银行由联邦政府管辖，而信贷联盟、证券公司和共同基金则由省府规范，保险、信托和租赁业务则由联邦及省共同规范管辖。

加拿大首富——汤姆森家族是加拿大具有影响力的金融信息集团。2008年4月8日，加拿大媒体巨头汤姆森集团和英国新闻和财经信息提供商路透集团证实，它们正在商讨并购事宜。2008年4月17日，汤姆森、路透合并完成，并于同日在伦敦、多伦多和纽约三地同步上市。汤姆森和路透整合后，全球财经资讯提供商"三足鼎立"的格局形成——汤姆森路透、彭博和里德爱思唯尔。

汤姆森是全球主要的金融信息提供商之一。路透是金融信息服务的元老，其90%以上的收入来自金融信息服务。路透的金融信息业务是从1849年开始的。当年，出身德国的保罗·朱利叶斯·路透用信鸽在德国与比利时之间传递股价。一年之后，信息改由电报传送。由于1865年首先在欧洲报道美国总统林肯遇刺的新闻，路透知名度大增。到20世纪，路透新闻几乎覆盖了全球每一个角落，路透金融信息和即时数据服务在交易商和大公司当中很有市场。多年来，路透一直遵循这样的"戒律"：在任何情况下，都不得轻易将自己置于任何"单一利益"之手；保持路透的自主、独立和不受偏见左右的自由；不遗余力地扩张，以保持领先地位。路透被汤姆森集团并购的消息公布后，英国广播公司一位资深评论员感叹道："150多年来一直秉承独立精神的路透，今日休矣。"有数据显示，在国际金融信息网络的"终端市场"，彭博的份额是33%，路透是23%，汤姆森是11%。两家公司合并成为全球最大的金融新闻和数据提供商，其市场份额将升至34%，比目前居第一位的美国彭博高出1个百分点。

1934年，罗伊·汤姆森在加拿大安大略省创建汤姆森公司。其后兼并、收购和出售等活动贯穿汤姆森集团的历史。汤姆森集团现有的四部分核心业务均通过收购组建而成。汤姆森法律与条例信息集团有西部法律公司、斯威特和麦克斯韦公司、汤姆森和汤姆森公司、卡斯维尔和美国研究所等分公司。汤姆森金融信息集团为全球金融界提供电子信息服务，品牌企业包括奥特伊艾克斯、显现、先声、IFR、ILX系统和投资文本等。汤姆森学习出版集团出版教科书和教辅用书，有彼得森公司、课程技术、沃兹沃思出版公司、布鲁克斯/科尔、德尔玛、西南大学出版公司、盖尔集团等著名公司。汤姆森科技与医疗卫生信息集团出版各种工具书和计算机软件等，品牌企业包括美国健康顾问、德尔文特信息、科学网等。

汤姆森公司是全球专业信息服务领域的领导者，是出版领域最大、最领先的跨国企业，出版物涉及法律、税务、金融、高等教育、企业培训、科学研究与发展、医疗卫生等领域。汤姆森公司为遍布全球的政府、企业、高等院校、研究单位及专业机构提供集成的信息解决方案。它综合而全面的数据库具有无可匹敌的信息广度和深度。针对客户的特定需要，它定制信息解决方案，设计工作流程应用程序，提供强有力的技术和服务，从而帮助客户不仅拥有更多的信息，而且提高创新和生产的效率。

汤姆森公司前首席执行官曾这样说过："我们的目标是在适当的时机通过适当的工具将适当的信息传输给适当的人选，以帮助他们能更快、更好地做出决策。"为此，汤姆森集团坚持"产品多元化"的经营理念，坚持"以信息技术和国际化战略为先导"的发展理念，把"应有尽有"作为服务理念的核心。集团的董事会主席说："汤姆森的顾客需要了解各种信息。商业、组织和研究的成功与否，就某种意义而言，同决策的速度密切相关。"汤姆森集团努力以无与伦比的深度和速度为顾客提供其"需要"的信息，其积极发展和应用各种信息技术工具就是为了确保顾客需要的信息"应有尽有"。

汤姆森公司有40000名员工，分布在全球45个国家，与中国有40多年的交往历史，公司的缔造者罗伊·汤姆森爵士于1972年与周恩来总理进行了私人会面，汤姆森集团旗下的汤姆森科技信息集团于1998年开始在中国开展业务。2001年1月汤姆森开设了北京办事处。2005年12月1日，汤姆森科技信息集团与中国信息产业部结为合作伙伴，成立了信息产业部—汤姆森知识产权发展联合实验室。这一合作通过引进世界一流的知识产权信息解决方案，促进中国企业对自主创新的认识，提高中国企业自主创新的能力。汤姆森科技信息集团还是2006年中国国家知识产权局知识产权报举办的中国公众知识产权知识竞赛的独家冠名赞助商。

交通运输设备巨头——庞巴迪公司（Bombardier）是全球交通运输的佼佼者。

据传媒报道，本山集团拥有了自己的"空中一号"。那是一架加拿大庞巴迪公司生产的挑战者850型公务机，飞机注册号为B-7697，机身中段上部喷涂有"本山号"，整机造价高达3000万美元，约合2亿元人民币，机舱内最多设有17个座位。客户可以定制个性化的机舱设施，例如把座位设定在7～10个，另外可以把多出的空间改为酒吧、套房或者办公区，甚至健身房。庞巴迪挑战者850的航程设计在5000公里左右，航程可以覆盖中国及日韩和东南亚地区。作为私人飞机，这架飞机平时维护费用不菲，飞行员、日常维护和保险等费用需要500万元人民币左右，而燃料费用大概需要 1.5 万元/小时。

庞巴迪公司始创于 1942 年，总部位于加拿大蒙特利尔市，是世界上第三大飞机制造公司，是第一大支线客机制造商，同时也是世界上最大的铁路及轨道交通设备制造商。个人摩托艇和雪橇制造分别排名为世界第一和第二。庞巴迪有 75000 名员工，遍布美洲、欧洲和亚太地区的 24 个国家和地区。不同肤色、不同国籍和不同文化背景的 7 万多庞巴迪人遵守着共同的价值理念：努力满足客户的期望，赢得客户的信任；专注于高水平的成就和贡献；通过团队工作，实现共同目标；信任并尊重员工，鼓励灵活与创新；绝对诚实地开展商业活动。庞巴迪人为全球的运输业作出了卓越的贡献。

庞巴迪公司有两个规模几乎相当的业务领域：飞机和列车。在航空领域，庞巴迪是制造支线飞机、公务喷气飞机和水陆两栖飞机的领袖。它还提供公务喷气飞机包机服务，并为公务喷气飞机和支线飞机市场以及军用领域提供技术支持、维护和飞行员培训。在铁路运输领域，庞巴迪是铁路车辆制造和服务的领袖，其产品包括铁路客车、货车、地铁、牵引设备和铁路信号和控制设备等。庞巴迪还提供车辆和车队维护、工程再造和车辆或部件大修等服务。

庞巴迪与中国的合作可以追溯到 1954 年，为中国铁道部提供了近 3000 辆冷藏车、动力车、客车和餐车。20 世纪末，庞巴迪在中国建立了 3 个合资企业。一个是青岛四方—庞巴迪—鲍尔铁路运输设备有限公司，由庞巴迪公司、加拿大鲍尔公司和中国机车车辆工业总公司于 1998 年共同投资建立，主要生产铁路客运车辆。庞巴迪运输在中国的另一个合资企业是和长春客车厂于 1996 年共同投资建立的长春—庞巴迪轨道车辆有限公司，该公司主要从事地铁车辆的生产，原合作方是德国的“阿迪全斯”，庞巴迪于 2001 年收购了阿迪全斯。第三个合资企业是由庞巴迪—鲍尔（毛里求斯）有限公司和常州轨道车辆牵引传动工程技术研究中心共同组建的江苏常牵庞巴迪牵引系统有限公司，主要从事铁路车辆牵引设备的制造、销售和维修。

从 20 世纪末至今，庞巴迪及其合资公司与中国铁道部、上海铁路局、北京铁路局、郑州铁路局、广州铁路局、广州地铁公司、深圳地铁公司、上海地铁公司等多次签署采购合同，生产高档客车、高速电力动车、地铁、城际客车和高原列车，为中国轨道运输作出了突出的贡献。庞巴迪还是中国内地支线飞机的主要供应商。

庞巴迪在中国以外的知名项目有加拿大温哥华的“空中列车”、美国迪士尼游乐园的单轨列车、采用线性电机的肯尼迪国际机场自动轻轨系统、法国时速 300 公里 TGV 高速列车的头等车厢、已运营在瑞典首都斯德哥尔摩的 C20

地铁和罗马尼亚首都布加勒斯特的地铁2号线等国际项目。

庞巴迪给自己定下的使命是，在所有参与的行业里都要做得最好，世界上有许许多多在财富上优于庞巴迪的企业集团，但庞巴迪在世界上只有一个。

国有企业私有化的代表——加拿大原子能公司不仅在加拿大家喻户晓，在全球能源行业也占有一席之地。

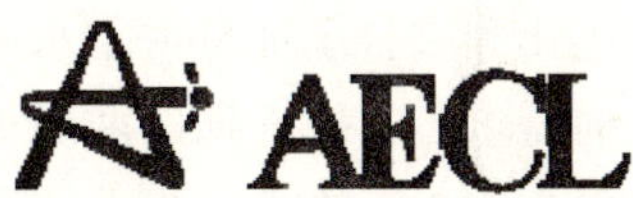

核能要比化学能经济许多。火电站利用化石燃料的燃烧所释放出的化学能来发电，核电站则利用核燃料的核裂变反应所释放的核能来发电，核电站所消耗的核燃料比同样功率的火电厂所消耗的化石燃料要少得多。例如，一座百万级的煤电厂每年要消耗约300万吨原煤，而一座同样功率的核电站每年仅需补充约30吨核燃料，后者仅为前者的十万分之一，一辆重型卡车即可拉走。煤电厂一年消耗的300万吨原煤需要每天一列40节车厢的火车作运输工具。

2011年10月，加拿大联邦政府以1500万加元将加拿大原子能有限公司的核子炉生意出售给兰万灵集团，从而结束了加拿大原子能公司的私有化进程。按照协议，原子能公司的3大主要业务（利润丰厚的维修工程、核子炉保养和新建业务），将由新的子公司加拿大重水铀反应堆接管。联邦政府依然拥有加拿大重水铀反应堆的知识产权，可以收取未来销售项目的专利费，15年的专利费可达2.85亿加元。联邦政府要承担加拿大重水铀反应堆加强核子炉的开发费，款额高达7500万加元，并同意负担估计成本余下的30%。子公司承诺维持原子能公司的1200个职位，但公司或联邦政府都没有说明如何处理其他800名雇员。自然资源部长奥利弗坚称，这宗交易有复兴核能行业的作用。这个行业在全国雇有大约3万人。当政府还在极力宣传这是使公共投资获得最大利益的正确选择时，兰万灵集团的管理层就将800多名任职于加拿大原子能有限公司商业反应堆部的高级技术员工、工程师和科学家解雇了。另据协议，包括现有加拿大重水铀反应堆和核废料处理等约45亿加元的有毒资产和负债还记在政府账上。因此反对人士认为，政府把资产和潜在利益转让给私营企业，却把负债和亏损转嫁给纳税人。从1952年加拿大原子能公司创建以来，纳税人已向该公司投入200亿加元，上述交易所得远远不能补偿纳税人的付出。

加拿大原子能公司是一家高度综合的核技术与工程公司，为世界各地的核电业主提供产品与服务。它曾是加拿大联邦政府100%所有权的企业，其商业运营范围包括反应堆的开发、设计和施工，特种设备制造，项目管理以及加拿大重水铀反应堆核电厂的建造，还包括为加拿大重水铀反应堆的运行提供各种服务和技术支持。

加拿大重水铀反应堆是加拿大原子能有限公司的旗舰产品，属于最安全、可靠、经济的商用发电堆型。第一座加拿大重水核电厂于20世纪80年代初期投产，此后，加拿大重水铀反应堆的设计在不断改进完善，以实现最优异的技术和性能。75万千瓦级的加拿大重水铀反应堆增强型设计，更是全面地集成、优化和融合了加拿大重水铀反应堆以往的成功经验，以满足电力市场迅速增长的需求。秦山三期的两座加拿大重水铀反应堆在中国是建造速度最快的项目，提前112天竣工，为业主节省时间投资约10%。同时，由于核电站提前投入商业运营，还为业主带来了15亿元的额外收入。加拿大重水铀反应堆ACR-1000是120万千瓦级反应堆，它是过去五十多年成熟核电技术的改进型设计，能更好地满足客户对高安全和低成本核能发电的要求。这个反应堆具有加拿大重水铀反应堆的全部优点——不停堆换料、简单的燃料设计以及灵活多样的燃料循环。此外，它还采用了进一步降低成本、提高性能的技术：紧凑型的反应堆堆芯、轻水冷却剂、“开顶式”建造工艺以及模块化技术。

加拿大原子能有限公司的大多数研发活动在位于渥太华西北大约200公里的乔克河国家实验室进行。该基地拥有一大批物理、冶金、化学、生物学以及工程领域内的世界级专家，他们以客户为中心，可以为客户提出创新的解决方案。该研发基地拥有世界上第三大的研究型反应堆，能为现有加拿大重水铀反应堆核电站和先进加拿大重水铀反应堆提供燃料和材料等方面的试验支持，为国家研究委员会的中子散射项目提供中子，并且为世界市场提供了大部分用于诊断和治疗癌症及其他疾病所需要的医用同位素。

第十章
加拿大传媒与公民社会

媒介塑造和控制了人类交往和行动的规模和形式。

——马歇尔·麦克卢汉，加拿大媒介思想家

第一节　多元文化中的媒介万花筒

西方的主要大国在过去的100多年间，纷纷形成了自己的公民社会传统和现实。公民社会是国家和社会个体之间的一个中介性公共领域，这一领域由与国家相分离的各种社会组织所占据，这些组织由公民自愿结合而成，在政府面前享有高度的自主权和独立性。为了保障或增进自己的利益或价值，抑或为了扶危济困、保护生态等公益目的，这些组织会积极开展各种有意义的活动，成为公民社会中最活跃的力量。在向公民社会转型的过程中，社会整体架构从政治国家（或政府）与个体家庭之间面对面的二元结构转型为多元结构。公民在自己的社会生活中面对的不再是唯一性的政府或国家，而是身处一个多元的社会网络和领域，并与其中的各种组织或机构进行良性互动。公民社会与民主政治互为表里，相互衬托，构成了一个世界大国的显著特征。

作为一个成熟的现代民主国家，加拿大拥有发达的新闻传播系统和传媒产业。大众媒介传播和新闻舆论监督是保证一个国家的民主政治与公民社会正常运转的必要条件。在公民社会形成和运转的过程中，新闻媒介致力于传播信息，开启民智，发动公众，凝聚共识，帮助公众行使自身权利，理性参与公共事务，监督权力运作，发挥了不可替代的作用。在国家命运的起伏跌宕和公民社会的历史演进中，新闻媒介更是社会大众的黏合剂和清醒剂，往往能在关键的历史时刻发挥自己独特的作用。首先，加拿大的多元化大众媒介系统是其多元文化的有机组成部分，恰如其分地呈现了加拿大的文化多样性；其次，加拿大自由而负责任的新闻媒体确保了公民在社会生活中畅快地实现自己的知情权、表达权、监督权与参与权；最后，新闻传媒在加拿大的公民社会中成为公共利益的代言人和捍卫者，在加拿大建设廉洁政府和清明政治的过程中充当了监督者这一重要角色。

众所周知，作为一个移民国家，加拿大在世界上率先倡导并矢志推行多元文化主义（Multi-culturalism）政策。多元文化主义政策的宗旨是：尊重人们对加拿大社会文化和种族多样性的理解；促进社会各种族平等地参与国家社会生活；承认不同民族社区的存在；保证所有社会个体享受平等的待遇和保护；鼓励各种机构致力于保护多元文化特色；支持不同民族间的理解；培养人们对不同文化的认可和欣赏；保护英、法两种语言之外的小语种的使用。简单地说，就是不同种族来源和不同文化背景的人可以自由地保留自己的文化特色，在社会生活中光明正大地追求同一个美好的“加拿大梦”，而思想和行动却不必统一到某一个固定的框框中。在全球化不断深入发展的当今世界，各个种族的人们接触交往日趋频繁，各种文化和亚文化不断相互碰撞，文明间的冲突时隐时现，多元文化主义政策在实行过程中遭遇重重阻力和种种争议，但其描绘和揭示的美好蓝图令人向往，目前仍是加拿大社会不懈追求的目标。

新闻媒介既是实现社会文化交流和沟通的有效工具，也是帮助不同种族和社会团体正视文化差异、构建身份认同、达成相互理解的必不可少的社会机构。加拿大拥有发达、完备的媒介系统，不仅为公众提供必需的社会生活信息，同时还呈现了色彩斑斓的加拿大多元文化景观。与其他发达国家的媒介系统一样，加拿大新闻传播媒介也具有历史久、种类全、覆盖广、产业强等特点。此外，在一个以多元文化或“文化马赛克”著称的国度，其媒介系统当然是多元文化的重要组成部分，并且相当直观地呈现该国的文化多样性和种族复杂性。

加拿大拥有完整的媒介演进史。印刷媒介（报纸、杂志等）拥有悠久的历史。该国在19世纪末20世纪初几乎与美国同时进入报纸的大众化阶段，报纸的发行量迅速增加，且售卖价格便宜，被称为"便士报"，社会大众能轻易购得并传阅。在报纸的大众化阶段，民众的识字率、教育水平和报纸的普及率相互促进、互为因果，社会发展因而快速地向前推进。在印刷媒体主导的大众化传播时代里，民主政治制度落地生根，公民权利意识日趋强化，各种社会组织应运而生，公民社会瓜熟蒂落。现如今，加拿大主要日报有英文的《多伦多星报》(*The Toronto Star*)、《环球邮报》(*The Globe and Mail*)、《全国邮报》(*The National Post*)、《多伦多太阳报》(*The Toronto Sun*)，法文的《蒙特利尔日报》(*Le Journal de Montreal*) 和《新闻报》(*La Presse*)，构成影响力强大的主流媒体（Elite Press）。《环球邮报》是唯一的全国性综合英文报纸，发行量有30多万份，目标读者多为受过良好教育的富有人群和商业人士。《多伦多星报》是发行量最大的英文报纸，发行量50多万份，被视为一家偏自由主义的大众化报纸。《全国邮报》的立场则被视为偏向保守。加拿大多元化报业的一大特色是存在很多种小报，发行规模大小不一，部分为免费赠阅，有些社区小报定位为面向本社区居民，算得上真正做到了"贴近实际、贴近生活、贴近群众"，在激烈的报业竞争中竟能活得有滋有味。

20世纪上半叶，加拿大是世界上首批开办无线电广播的国家。加拿大疆域辽阔，早期的基础设施难以延伸到偏远的角落，被视为公共财产的无线电波却可以轻易地覆盖偏远的地区，村村寨寨皆可以听到来自他处的声音，"村村通"很早就实现了。在那些出现危机的年代，早期的无线电广播使民众重拾信心，强化了国家意识，维护了国家团结。广播节目丰富多彩，曾独领风骚，广受欢迎，播出语言不仅有英语和法语，还有多种少数民族语言。遗憾的是，因为电视业的迅猛发展，无线电广播虽然在偏远地区依旧热度不减，但在大城市里风光不再，人们可能只是在汽车上的狭小空间内偶尔收听一些广播节目。

加拿大电子传媒中的龙头老大是地位独特且具有公益性的公营加拿大广播公司（Canadian Broadcasting Corporation，CBC）。它拥有英文和法文电台各两套，又有英文和法文电视各两套，甚至还向北部居民提供7种少数民族语言的节目，不仅覆盖本国绝大部分人口，还向国外出口节目。该公司还握有对全国广播事业的管理权，对此私营广播公司非常不满，认为该公司既当裁判员，又当运动员，难免导致不平等竞争。CBC的经营体制独树一帜，遵照《广播法》由一个独立的董事会和管理委员会经营管理，部分经费靠议会批准拨款，与政府保持一定距离。由此可见，它既不像典型的欧洲公共广播（Public

Broadcasting Service, PBS), 依赖政府全额拨款来运营, 也不同于典型的美国式商业广播公司, 在市场中肆意攫取利润。

私营电视台的发展也很强劲, 英语播出的加拿大电视网有限公司（CTV）是最大的民营公司, 法语播出的魁北克电视网（TVA）是第二大民营电视公司。私营电视公司使出浑身解数, 与公营电视 CBC 在各个领域展开激烈竞争, 手段之一就是大量节目采用美国生产的文化产品, 在黄金时间播出美国肥皂剧、综艺秀来拉高收视率、抢占市场份额, 发展势头强劲, 大有后来居上之势。电视业激烈竞争既是资本角逐, 遵循市场或商业逻辑的后果, 也是构建多元文化认同的需要, 最后受益的当然是该国社会中的芸芸众生。

随着传播技术的进步和消费文化的推动, 原先大众化的“广播”（Broadcasting）有部分内容变成了小众化的“窄播”（Narrowcasting）。社会大众的生活品位日趋多样化, 相应地, 媒体的传播内容和方式也越来越个性化。得益于网络技术的日新月异, 互联网传播一日千里, 成为 21 世纪传播影响力最广泛的媒体, 而互联网媒体也正是体现个性化、互动化、多样化传播最充分的媒体形式。不仅如此, 互联网传播大大地压缩了信息传播的时间和空间, 能把遥远地方的人物、景观和信息瞬间拉近到我们眼前。因为有了互联网, 地球上的每个角落都紧密地联系在一起。当代社会的高度媒介化以及由此产生的各种效应, 很容易让我们想起享誉世界的加拿大媒介思想家马歇尔·麦克卢汉（Marshall M. McLuhan）。这位多伦多学派的标杆式人物可谓先知先觉, 在 20 世纪 60 年代末就提出了“地球村”这一预言式的概念, 还提出了“媒介是人的延伸”、“媒介即信息”等振聋发聩的论断。① 尽管现代传媒业的加速发展与麦氏理论没有直接关系, 但是他的学术思想把传媒业与当代社会文化变迁紧紧地联系在一起, 使传媒业成为当代学术取之不尽的思想资源, 提升了传媒业的理论含量。因为麦氏惊世骇俗的理论, 人们开始意识到, 传播技术不仅直接催生传播革命, 还进而推动社会变革, 传播技术和传播媒介因此成为改变我们生活的最直接的动力。站在麦克卢汉这座学术灯塔的周围, 加拿大人觉得自己不再渺小, 不再迷茫, 对未来充满了自信和期待。

加拿大的官方语言是英语和法语两种语言。可以说, “一个国家, 两种语言”是一项基本国策。所以主要媒体一部分是英文的, 另一部分是法文的。

---

① 在麦氏宏大的理论视野中, “媒介”不仅指我们现今熟悉的报纸、电视等, 还包括火车、汽车、电话、飞机等。参见［加］马歇尔·麦克卢汉. 理解媒介——论人的延伸. 何道宽, 译. 商务印书馆, 2005.

印刷媒体如此，广播电视也是如此。《蒙特利尔日报》是加拿大发行量最大的法文报纸，发行量达30多万份，号称“美洲第一法文报”。另一大法文报蒙特利尔《新闻报》，曾经很长时间内是加拿大第一大法文报，发行量有20多万份。大量的法文媒体无疑维护了法裔魁北克人的语言文化传统，体现了联邦政府对魁北克独特文化的尊重和保护，维系了这个群体的民族情感和在北美大陆的文化身份认同，维持了他们对国家的认同感，从而在某种程度上也削弱了魁北克的分离主义倾向。

在一个种族多样、移民成分复杂的社会里，充分地践行多元文化主义只靠两种语言当然远远不够。在加拿大的媒介万花筒中，最引人注目的是数量庞大的少数民族媒体（Ethnic Media）。任何一个少数族裔在这片土地上都可以拥有使用自己语言的媒体，既能方便自己的日常生活和交流，又因此而拥有一片属于自己族群的情感空间。这些少数民族媒体有的规模很大，覆盖某个地区，有些规模很小，仅是社区媒体（Community Media）。以华文媒体为例，多伦多60多万华人拥有20多份华文报纸，既有收费的大报，又有免费的小报，报纸类型和定位各不相同，知名的华文大报有三家——《星岛日报》、《明报》和《世界日报》。近些年来，随着华人移民不断地增多，服务于华人的各种报纸、广播电视以及网站雨后春笋般地冒了出来。可以这么说，加拿大的华文媒体蓬勃发展，以至于达到令其他种族移民艳羡的程度。因此，那些来到加拿大的华人根本不用担心有语言障碍，这里有全天候围绕他们的中文媒体，跟在故乡感觉一个样，放心吧，加国无忧（“加国无忧”为加拿大一知名中文网站）！

当然，能幸运拥有自己母语媒体的不仅限于华人，来自其他国家和地区的移民同样可以享有类似的待遇。譬如，多伦多的20多万泰米尔人就拥有自己的报纸、电台和电视台。那些来自印度北部的移民，在这块土地上光能吃到咖喱饭，幸福度当然不够，自己动手办一份旁遮普语报纸吧，说不定还能申领到政府补贴呐。历史上印第安土著居民历经坎坷，可谓受尽磨难。现在再也不能亏欠他们了，哪能强迫他们天天读英语报纸呢！他们如今可以用自己的“母语”（或者是“祖母语”）办报啦。1999年开播的“土著人民电视网”（Aboriginal People's Television Network，APTN）直接雇佣土著工作人员，用他们的土著语言服务因纽特等土著民族。多元化的少数民族媒体层出不穷，琳琅满目。当然，这是大量移民和少数民族享受多元文化主义政策的后果。

在加拿大开办一家印刷媒体很简单，几乎没有任何限制，只需提出申请，然后到主管机构备案即可，没有刊号、出版号、书号这些要求。广播媒体办起来要麻烦一点，需要申领执照。在这样宽松的制度环境下，又有文化多元主义政策如阳光雨露般的滋润，各种各样的媒体自然会充满生机。某些少数民族媒体面世伊始也许是为了自娱自乐，它们拥有热热闹闹的今天，但是前景不容乐观。很多少数民族媒体能得到一些无偿的社会资助，可是在商业化浪潮的冲击下，没有真金白银很难维持下去，也很难发展壮大。因此，加拿大的多元化媒体，尤其是少数民族媒体，面临很大的生存压力。在商业逻辑和文化逻辑并驾齐驱的加拿大社会，这些媒体必须设法找到自己的利基市场（Niche Market）。生存还是死亡？这是个大问题。不过，生生死死也是正常的现象，生有生的道理，死有死的理由，也许自由地生、自由地死也是多元文化的一个重要特征。

在加拿大这样一个多元文化国度里，多样性的媒体为不同种族背景的人群调适文化心态提供了一大片精神园地，为他们构建各自文化身份认同提供了重要载体。大家处于一个相互认可、相互尊重、相互宽容的文化氛围中，建设和谐社会就不再是遥不可及的目标。但是，某些局外人心里还是会犯嘀咕，替加拿大人操心：多元化的新闻媒体会不会导致民心涣散？只有民族文化认同没有国家认同怎么行？作为美国的近邻，加拿大媒体难免受到美国强大的流行文化的影响，如何摆脱美国文化的浸淫从而保持自身的特色？加拿大政府当然不糊涂，对这些问题早就有所思考，有所应对。首先，加拿大多元文化的社会特征和联邦制的政府架构不需要强有力的国家喉舌，也不需要一元化的指导思想，众声喧哗不会撼动这个国家的根本制度。其次，在奉行个体主义（Individualism）的国度，个体的声音、权利和价值是第一位的，应首先得到尊重和保护，在此基础上的国家利益和国家认同才有说服力，捍卫个体主义价值观和民族文化认同与强调国家认同和国家利益没有必然的抵触和矛盾。

至于美国强势媒体和流行文化对加拿大文化认同的影响，确是不容忽视的事实。作为与美国接壤范围最广的国家，加拿大虽能安睡在这个超级大国的卧榻之侧，但也时时担心其不利的影响。美国的肥皂剧几乎霸占了加拿大商业电视台的所有时段，美国的时尚期刊、好莱坞电影、流行音乐、体育比赛几乎俘虏了全部加拿大青少年的心。所以有学者指出，加拿大与美国如此相像，以至于加拿大人不由自主地问自己的文化与美国文化的是否还有不同之处。这说明加拿大人不愿淹没在美国文化之中，有意识地维持自己的独特性。就目前所见，加拿大政府的应对之策有几条。其一，多次修订《广播法》规定本国广播公司每天必须播出一定数量国内制作的节目，不把自己的阵地拱手相送，从而间接限制了进口美国媒介文化产品的数量。其二，大力彰显多元文化的独特魅力，抵抗源自美国的有同质化倾向的“麦当劳式”文化和“可口可乐式”文化。其三，在体育竞技领域，囿于气候特点和人口分布，加拿大的冰球、篮球、曲棍球等职业比赛无法大规模展开，那就与美国的联赛合为一体吧，小兄弟总要与老大哥在一起乐呵乐呵的。

总之，加拿大独特的民族构成和多元价值观（或者说是中国人口中常说的“国情”）决定了该国媒介系统的多元化发展和多样性生存。加拿大媒介杂而不乱，参差有别，这不仅正对加拿大新老移民的胃口，也是公民社会中人们期待独立、多样、自由媒体的题中应有之义。

第二节　自由而负责任的媒体

这个标题仿自一个著名报告的标题——《自由而负责的新闻界》（*A Free and Responsible Press*）。20世纪40年代，美国报业因煽情报道、商业化和垄断加剧而广受批评。出于对新闻自由状况的担心，美国《时代》周刊创办人亨利·卢斯（Henry Luce）邀请芝加哥大学校长罗伯特·哈钦斯（Robert Hutchins）领导一群著名大学教授组成“新闻自由委员会”（又名“哈钦斯委员会”）来检视美国新闻界各领域和环境的成败得失，审视美国言论自由是否因读者、广告商、或业者的压力而受到伤害，分析新闻传播中一系列问题并提出相应对策。该委员会于1947年发表了名为《一个自由而负责的新闻界》的研究报告。① 该报告首次提出了新闻传播理论中的“社会责任论”。根据该报告，负责任的媒体应该对所发生的事件在能赋予其意义的语境中进行全面、真实、综合性和有智慧的报道；还应充当公众评论的平台，成为公众表达的载体；能对社会各构成群体给予观照并彰显社会的目标和价值观。

新闻媒体的“社会责任论”不仅为众多西方国家所认可，也能被包括中国在内的其他国家所接受，概因这种理论不是一味地鼓吹新闻自由和言论自由，而是强调新闻自由和媒体责任应相辅相成、相得益彰。在理论的本源上，社会责任论的逻辑起点还是新闻自由或媒体权力这个古老的话题。在200多年前的西方，新闻媒体开始被称为“第四权力”（the Fourth Estate，本义为“第

---

① 那个年代的大众传媒远不像后来的那般丰富多彩。Press主要指以报刊为主导的新闻界，如今当以Media替代。关于该报告，可参阅［美］新闻自由委员会．一个自由而负责的新闻界．展江，等，译．中国人民大学出版社，2004.

四等级”)。这一称谓或比喻产生的时代背景是西方报刊跳脱了政党报刊，过渡到商业报刊的新阶段，新闻媒体成为社会中一股相对独立的力量。在学理上，尽管“第四权力”之说有不同的来源和阐释，但是在日常话语中，一方面，人们借由这个比喻来凸显新闻媒体在社会中的地位和影响；另一方面，通过这个称谓社会大众寄予大众传媒诸多的期望和信赖。

作为“第四权力”的新闻媒体拥有的最本质属性就是新闻自由（Press Freedom）了，被剥夺新闻自由的大众媒体如同折断了脊梁，丢掉了灵魂，失去了其存在价值。在一个多维的视野中，可以发现新闻自由从来就不是一个孤立的主题，必须与一个社会或国家的政治、经济、思想文化传统和现实结合起来考察。我们现在化繁为简，尝试从两个维度来考察某个国家主流媒体地位是否独立，其传播是否自由、公正、平衡，能否能维护公共利益。这两个维度分别是：一是主流媒体与政府之间存在什么样的关系；二是自由主义传统的影响是否深入。媒介与政府之间的关系常被界定为若干种媒介理论或新闻制度，对此西方媒介学者提出过多种理论（而这些理论之间的差异也恰恰说明即使是西方的学者，对新闻制度和新闻自由也难以达成绝对的共识）。一位北欧学者诺登斯特伦（Nordenstreng）的“五种范式”理论离我们较近。他提出的五种范式分别是：（1）自由主义—多元主义范式（Liberal-pluralist Paradigm）；（2）社会责任范式（Social Responsibility Paradigm）；（3）批判范式（Critical Paradigm）；（4）行政管理范式（Administrative Paradigm）；（5）文化协商范式（Cultural Negotiation Paradigm）。虽然不同国家的媒介—政府关系千差万别，上述的媒介理论或新闻制度划分也常被批为持西方中心论的立场，但是这样的理论仍旧可作为一把参照的尺子。用这把尺子来衡量，加拿大的新闻制度最接近自由主义—多元主义范式。参照上一节的内容，“多元主义”的含义显而易见，此处无须赘言。可是，要阐明“自由主义”（Liberalism）就要大费口舌了，三言两语是说不透的，况且政治学意义上的自由主义与经济学中的自由主义又有诸多纠葛和错位。在新闻传播领域，人们长久以来试图厘清新闻自由的要素和内涵，也未能达成一致的意见，不同的学者和国际组织都抱持不同的见解和做法。譬如，1951 年国际新闻学会（International Press Institute）指出，新闻自由的内涵包含：采访自由（Free Access of News）、传递自由（Free Transmission of News）、出版自由（Free Publication of Newspaper）和表达自由（Free Expression of Views）等。1979 年成立于法国巴黎的国际媒体组织“无国界记者”（Reporters Without Borders）提出“新闻自由指数”（Press Freedom Index），针对新闻媒体与记者享有的自由及国家尊重与保障新闻自由的努力等列出52个评分项目，却也未能给新闻自由下一个清晰的定义。

让我们跳出理论的纠缠吧，来看一看相关的新闻自由排行榜中加拿大的位置。上述“无国界记者”组织连续多年把加拿大的新闻自由指数评为甲等，甚至优于它的邻居老大哥美国。另一国际性非政府组织“自由之家”（Freedom House）在用颜色标示新闻自由指数的世界地图上，也是连续多年把加拿大的颜色标为浅色（越浅越自由，越深越不自由）。依据这样的指数和排名，可以推断加拿大政府是尊重并保障新闻自由的，媒体记者是充分享有采访自由、报道自由的，社会大众是切实享受到了知情权和表达权的。

新闻自由从来不是天上掉下来的馅饼，也不是一夜之间创造出来的新玩意儿，它根植于一个伟大的自由主义的传统。同其他西方主要国家一样，加拿大在历史上深受自由主义思想的浸淫和熏陶。主要西方国家在历经漫长的封建时期之后，文艺复兴和启蒙运动孕育催生了自由主义思想。霍布斯（Thomas Hobbes）的《利维坦》（*Leviathan*）首先唤醒了个体主义，接着洛克（John Locke）提出了天赋人权，产生了一条自由主义思想的溪流，弥尔顿（John Milton）和密尔（John Stuart Mill）等人的自由主义思想渐次汇入，从而汇聚成西方自由主义的思想洪流。毋庸置疑，当自由主义成为一种社会思潮，自由的精神渗入民众的骨髓和血液，必定会对新闻报道和传播产生深刻影响。在新闻自由生根发芽直至茁壮成长的过程中，有两位英国人与一位美国人功不可没，他们是上述的弥尔顿、密尔以及曾任美国总统的杰佛逊（Thomas Jefferson）。弥尔顿于1644年的演说中指出人天生有理性，应当享有言论自由与出版自由，以便各种观念经公开讨论后获致真理。密尔1859年出版《论自由》（*On Liberty*）呼应弥尔顿的观点，并从功利主义（Utilitarianism）角度出发，强调言论自由与出版自由不只是天赋人权，更因有助于寻求真理、惠及大众而当属社会福祉。杰佛逊被誉“美国新闻自由之父”。他认为，不受限制的政府容易腐败，因此需受人民监督。他的下列话语广为称颂：“人是可以受理性和真理支配的，因此我们的第一个目标是给人打开所有通向真理的道路。迄今为止，找到的最好的办法是新闻自由……由于我们政府的基础是人民的舆论，首先就应当使舆论保持正确；如果让我来决定，到底应该有政府而没有报纸，还是有报纸而没有政府，我将毫不犹豫地选择后者。”当然，加拿大人对杰佛逊式的新闻自由观也不是照单全收的。他们不像美国人那样对政府充满警惕和怀疑，而是对政府的“善治”（Good Governance）抱有信心，主张政府应该拥有指引新闻媒体沿着“自由而负责任”的航道扬帆前行的法定权力。

媒体享有的自由其实分两种，积极自由（Freedom of）和消极自由（Freedom

from)。前者指有权利去做正当合法的事，后者指有权利免受外部力量干涉。为了保证这两种自由的真正落实，一个国家必须首先配以各种法律制度。加拿大虽然没有颁布全国性的新闻法或媒介法，但加拿大《1982年宪法法案》(*Constitution Act*，1982)中包含的《加拿大权利和自由宪章》(*Canadian Charrter of Rights and Freedoms*)第二条规定：每个公民都有“思想、信仰、言论和表达的自由，包括新闻报道和其他传播方式的自由”(*freedom of thought*，*belief*，*opinion and expression*，including freedom of the press and other media of communication)。此外，加拿大还拥有两部涉及新闻自由和信息自由的法律：《信息使用法》(*Access to Information Act*)与《隐私法》(*Privacy Act*)。依据前者，政府必须及时公开相关信息，充分满足公民和社会组织的知情权；依据后者，公民的隐私权应得到可靠的保障。除此之外，加拿大不同的媒介行业还拥有自己的行业标准和自律条例。

举世公认不存在绝对的新闻自由。《加拿大权利和自由宪章》本身也包含权利和自由不是绝对的精神；在一个自由与民主的社会中，法律不言而喻地可以对新闻自由规定合理的限制和边界。新闻媒介和新闻人必须牢记相关的他律和自律规定，谨慎使用新闻自由，不能任由言论自由伤及无辜。譬如，为了实现新闻自由与审判公正之间的平衡，加拿大在陪审制度中就适当限制新闻媒体对陪审案件的报道深度和权限，以防止和减少大众媒体对陪审员可能产生的影响；报道案件审判不能直接使用嫌疑人的照片和法庭审判场景图片，只能使用手工描摹图片，以规避对嫌疑人的不当伤害。

加拿大新闻传播还不得涉嫌种族歧视和性别歧视，这是一条PC（Political Correctness）原则。2009年元旦前夕，加拿大一家法语广播电台播出了一档名为“拜拜”的喜剧节目，其中一位主持人评论道：“我们不是种族主义者。黑人入主白宫是件好事，这很实际，黑白分明，向他开枪也更容易。”节目还采访了一位假扮奥巴马的演员。主持人说：“你们黑人都长得差不多”，并提醒观众看好钱包。很快，该节目遭到数百位听众抗议投诉。加拿大广播标准委员会称：“拿枪杀美国总统开玩笑，这种所谓的幽默感毫不可取，而且提到总统的肤色便于进行暗杀更让人不能容忍。这是一种冒犯他人、令人伤心、恶意的种族主义言论。”该委员会最后裁定，该节目的内容和形式严重违反了加拿大广播行业标准。这个事件说明了新闻传播中的言论自由是有边界的，越过了边界就是突破了道德和法律的底线，在伤害了别人的同时，也有损自己的社会形象和公信力，最终必定是搬起石头砸自己的脚。

不可否认，加拿大的媒体自由是其基本政治制度和自由市场经济的一部分，自由的媒体不是生存在真空中，而是生存在适宜的土壤中，需要政治、经济、文化、民众素养等方面提供养分。媒体的负责任则是保证媒体更好地满足民众和社会需要而不被抛弃的长久生存之道。自由而负责任的媒体符合加拿大这个多元文化社会中形成的共同价值观。对于加拿大政府和民众来说，大家都在精心呵护着这个新闻制度和媒介传统。政府没有施加不必要的检查制度（Censorship）和过多的管制措施（Regulation）。新闻检查制度钳制舆论，导致权力压制新闻自由，以致揭弊报道胎死腹中，民众心声被人为屏蔽，检查制度是新闻自由的死敌。马克思一生都痛恨书报检查制度。他在1842年质问普鲁士的书报检察官时说出下列让世人铭记于心的话："你们赞美大自然悦人心目的千变万化和无穷无尽的丰富宝藏，你们并不要求玫瑰花和紫罗兰散发出同样的芳香，但你们为什么却要求世界上最丰富的东西——精神只能有一种存在形式呢?"政府管制在特定的历史时刻有其正当性和必要性，但无时无刻的或于法无据的严管无疑会伤害媒体的独立性、自主性和创造性。

而新闻媒介和新闻人更要珍惜自己的独特地位，不滥用新闻自由，不唯利是图，切实做好公众利益的瞭望者，民主法治的捍卫者，文化传统的传承者。如此才能赢得政府的信任和民众的支持，进而稳固自己的独立地位。社会大众则要进一步提高自己的媒介素养（Media Literacy）。媒介素养指受众对各种媒介信息的解读和判断能力以及使用媒介信息服务个人生活、参与社会发展应具备的能力。加拿大有很多学校和社会文化机构开设媒介素养课程或活动，致力于提高青少年的媒介使用能力和公民意识。特别是在现今互联网发达的自媒体时代，博客、微博、脸书、推特等社交媒体模糊了新闻发布者和接受者之间的界限，普通公众也能参与大众传播，新闻把关人缺失，不真实信息乃至谣言容易滋生，偏听偏信和社会恐慌随时都可能产生。此时，良好的媒介素养意味着参与传播的个体在享受言论自由的同时，不能忘记还要成为负责任的、理性成熟的社会公民。

可以说，公民社会中的新闻自由犹如大气中的新鲜氧气。只有足量的氧气才能让人们自由地呼吸，健康地生活，只有足够的新闻自由才能让公众畅快地生活在公民社会中，没有压抑感和窒息感，进而自在地享受自己的公民权利，自在地履行自己的公民义务。

第三节　公民社会中的监督者

标题中的"监督者"对应英语中常见的Watchdog一词，意指在当代社会中担当“监督、守卫”角色的个体或公共机构，在西方社会是个很形象的词汇。此处使用“监督者”这样的译词可以说是准确性有余，而形象性不足，有点不够过瘾（倘若直译成“看门狗”或“看家狗”，有些国人和相关部门可能难以接受，毕竟该称谓在传统语文里含有贬义，听起来有点刺耳。相信在不久的将来，随着中外文化交流的不断深入，中国人能准确地理解并坦然地接受“看门狗”这个词汇）。在通常意义上，当代社会中充当监督者的公共机构包括司法、廉政、警察、审计、媒体等部门。与其他监督部门相比，新闻媒体具有自己的优势，某些时候还是一个狠角色。大众媒体在公民社会中发挥看门狗的作用就是指中文语境中新闻媒体的舆论监督作用。

根据德国百科全书式学者哈贝马斯的公共领域理论，大众传媒是现代社会公民行使自身法定权利、对公共事务进行监督和批判的重要平台。在公民社会或公共领域中，新闻媒介传递各种利益主体的声音，发布各种政策和政府信息，为公众评判公共政策和公共事务提供便利，切实满足了公众的知情权、表达权、监督权和参与权。可以想象，假如新闻媒体无法行使其各种重要功能，则公民社会难以发育成型，现代公民难以成为独立的个体；假如新闻媒体无法履行其监督权，则官员腐败、商业欺诈、学术不端等社会丑陋现象就难以揭露出来，整个社会就无法在一个健康的环境中运转。可以说，新闻媒体的核心价值和功能就是其舆论监督作用，体现了新闻媒体的民主政治属性。因此，在一个成熟的公民社会中，新闻媒体这个监督者是不能缺位的，新闻舆论监督是必不可少的。

舆论监督需要民主政治提供制度性保证。在美国政治学学者塞缪尔·亨廷顿的三波民主化理论中，加拿大属于在世界上第一波民主化浪潮中就建立民主制度的国家。由于历史的渊源，加拿大深受英国政治制度和新闻自由的影响，继承了一大笔珍贵的思想文化遗产。在立国之初，加拿大的新闻自由和舆论监督就是其固有的正资产，而不是外在力量强加的负资产，就是能推动社会进步、捍卫公共利益的正能量，而不是少数利益集团予取予夺的玩具。在这样的历史境遇中，加拿大政府和民众自然不会视新闻自由为异端，更不会视舆论监督为洪水猛兽，而是备加珍惜这样的历史正资产和正能量，并且坚定地信仰之、完善之，使之更好地服务自己的社会和民众。

有效的舆论监督当然离不开法律的支撑和保障。《加拿大权利与自由宪章》为加拿大公民的言论自由和媒体的舆论监督撑开了一柄硕大的宪法保护伞。在保护伞下，还有一些具体的法令、法案。这里要重点讨论一下《信息使用法》。政府信息公开是民主政治的构成要素，也是实施舆论监督的前提条件。加拿大1982年颁布的《信息使用法》授权公民、法人和社会组织接触使用联邦政府的文件和信息。该法赋予每一位加拿大公民或永久居民除了有限的限制和特殊情况之外查阅政府机构控制下的任何档案记录或者得到其复印件的权利。政府鼓励公众使用各种方式获得想要了解的信息，并规定不得无故拒绝、拖延或乱收费。在通过惯常方式得不到所需信息时，公众可以依据该法提出书面申请，一般情况下政府机构必须30天予以答复。政府机构的信息是用纳税人的钱生产、搜集、加工、保管和传播的，在保证国家安全、公民隐私不受侵犯的前提下，满足公众的知情权不是政府的分外事，而是其职责所系。公众能轻易地了解政府信息，就不会沦为“不知真相”的群众，进而不会被蒙蔽、利用、煽动。公民的知情权是人权的重要组成部分，不是政府对公民的恩赐，体现了政府对公民权的尊重，也揭示了政府与公众互动时的一种平视眼光和平等心态。

作为对政府信息最敏感且使用最频繁的社会组织，新闻媒体对政府信息更是如饥似渴，食其髓、知其味。有了充分的信息披露，媒体在察觉到政府机构的不当行为或可疑的商业欺诈后，会理直气壮地介入，了解到全部或部分真相后，然后就批你没商量。在加拿大舆论监督中，最常规的方式是以文字和图像的形式进行的客观报道，也有以文字评论和漫画的形式针对腐败进行的嘲弄和谴责。但要想挖出猛料、深度揭露，新闻媒体还要靠其独门暗器——调查性报道（Investigative Journalism）。在相对廉洁的加拿大，新闻媒体对政府的监督固然不像英美等国那样无比犀利且无孔不入，但加拿大记者在调查性报道方面的成绩丝毫不逊色于其他国家的同行。2004年，加拿大审计总长弗雷泽女士提交的审计报告指出，可能有人在实施联邦政府总额2.5亿加元的赞助计划时中饱私囊，大约浪费了纳税人1亿加元。① 该赞助计划由前自由党政府设立于1997年，具体的执行部门是工务部，负责在魁北克省大量拨款给若干支持自由党的公关公司，要求它们在一些展览会、体育赛会等重要节庆场所悬挂联邦枫叶旗，以消解魁北克独立倾向，突显联邦政府在该省的形象。消息一经披露，举国震惊，群情激愤，执政党自由党声望随之大跌。自由党总理保罗·马丁出席加拿大广播公司全国性电台节目，接受公众质询近两个小时，最后被迫表态：如为实情，必辞职。各种媒体连续跟踪报道，丑闻风波不断蔓延。第一位被摘掉乌纱帽的高官是前工务部长、现任驻丹麦大使加里安诺。尽管马丁总

① 该案例和下文的《危险的生意》报道来源于展江，张金玺等．新闻舆论监督与全球政治文明．社会科学文献出版社，2007.

理立即宣布几项应对措施，对该丑闻展开独立的公开调查，反对党依然不依不饶，连续三天在国会炮轰马丁总理。最终，马丁总理为该腐败丑闻多次道歉也无法扭转局势，他领导的自由党政府也沦为一个少数政府。由此可以看出，新闻舆论犹如“鹰眼”，全天候地紧盯着国家的大小公仆们，监视着他们的一言一行，让一切的权力运行都暴露在阳光下，让阳光成为最佳的“防腐剂”。做到了这些，整个社会实现政府廉洁和政治清明就不会是句空话了。

加拿大调查性报道的目标不仅仅是各级官员和政府机构，还会瞄准一些商业机构。2002 年，加拿大广播公司联合美国《纽约时报》等多家媒体对跨国公司麦克韦恩（McWane）发起长时间调查采访。该公司多年来有 9 名工人死于工作场所，工作环境恶劣，工人健康问题和安全设备违规问题频发，是一家臭名昭著的血汗工厂。马拉松式调查的成果是发表了名为《危险的生意》（*A Dangerous Business*）的报告。报道有力地揭露了该血汗工厂地狱般的工作环境和工人们的悲惨遭遇，在社会上引起了极大的反响，最终促成了工厂生产条件的改善，工厂违法行为得到有效纠正。后来，《危险的生意》获得了国际新闻界的诸多奖项，成为新闻舆论监督促进商业环境改良的典范之作。

在实施舆论监督的过程中，媒体和记者都需要展现各自的胆识和智慧，有时候要相互倚重，形成强大合力。每一位记者都不是一个人在战斗，他们拥有自己的组织——加拿大记者协会。该组织致力于协调政府、公众与媒体之间的关系。为了保证记者的调查性报道获得稳、准、狠的效果而又不会引发道德和法律问题，该组织发布了《加拿大新闻工作者协会关于调查性报道的原则声明》和《加拿大新闻工作者协会调查性报道方针》。前者确定了报道中的真实、透明、责任、公平、隐私等原则；后者明确了调查性报道的具体操作步骤和技巧。在加拿大，多数媒体都隶属于各大商业集团，背后的商业利益、种族矛盾、政治阴谋盘根错节。可以想见，在面对特定的监督案例时，媒体和记者有时会陷入尴尬、危险，乃至绝望的境地。在过去的 20 年里，就有记者因坚持强硬的报道立场而惨遭杀害。可是，大多数时候，媒体记者的职业素养（Professionalism）和正义感能鼓舞他们去继续充当吹哨人（Whistle Blower），去充当这个社会森林里的啄木鸟。可喜的是，社会大众的呼应和力挺会激励记者克服各种阻力，他们是舆论监督和调查性报道的最坚定支持者。在社交媒体发达的网络时代，舆论监督又获得了更多的有效渠道。传统的揭弊报道被阻断了，网上爆料却难以人为阻拦。而且，通过社交媒体，普通公众也可以直接参与到舆论监督中。这样就形成了以新闻媒体为主力、社会大众共同参与的立体舆论监督网。各种腐败、欺诈、丑陋现象统统无可遁形，最终都暴露在阳光下。

舆论监督是新闻媒介代表公众对权力运作进行监督，增加权力运行的透明度，是预防和减少腐败的一种有效形式。加拿大舆论监督实现政府和社会清廉的成效可以从一些数据上得到验证。总部设在德国柏林，致力于腐败问题研究的国际性非政府组织“透明国际”（Transparency International），近年来在基于各种调查数据分析处理的基础上，推出世界各国的“腐败感指数”（Corruption Perceptions Index，CPI）排行榜。一个国家的指数越高，表明该国政府和社会越清廉，加拿大已连续多年排名前十。在新鲜出炉的2012年度数据中，加拿大的腐败感指数排名再次稳居前十，又一次位列优等生行列（见下表）。

2012年腐败感指数前十名的国家

排名	国家	2012年腐败感指数（CPI）	排名	国家	2012年腐败感指数（CPI）
1	丹麦	90	6	瑞士	86
1	芬兰	90	7	澳大利亚	85
1	新西兰	90	7	挪威	85
4	瑞典	88	9	加拿大	84
5	新加坡	87	9	荷兰	84

与很多西方国家相似，加拿大维持着以私营报刊和公营广播电视为主的媒体二元体制。加拿大广播公司作为公营性质的媒体，可以摆脱商业力量的掣肘，是维护公共利益的可靠载体，在加拿大的舆论监督和打击腐败方面可谓居功至伟。不仅是加拿大广播公司，即使是私营媒体也不忘自己是社会公器，自觉地在社会中充当着“看门狗”的角色。有了越来越多且神通广大的媒体“看门狗”，那些图谋不轨的人就不敢轻举妄动，那些违背公理的事就会大白于天下，那些掩盖罪恶的人到头来会发现一切都是徒劳。有了这样的效果，公众就会对媒体更有信心，对政府更有信心，进而对他们的社会更有信心。

在加拿大公民社会中，客观上需要一个由多元化、自由的媒体构成的公共空间，其中的新闻媒体不仅为成分多样的全国受众提供各种社会新闻、生活信息、闲暇娱乐，以及多元化的观点、视角和价值观，还扮演着公共利益的代言人和守护神的角色。加拿大的多元化媒介完美地呈现了该国的多元文化，也折射出“马赛克”式文化拼盘上的斑斓色彩；加拿大自由而负责任的媒体保障了公民的知情权、言论权、参与权和监督权，塑造了具有现代公民意识的社会公民，亮丽的新闻自由成绩单也部分地诠释了加拿大的文化软实力；有力的新闻舆论监督增强了人们对廉政社会和清廉政府的信心，也间接增强了全体公民的国家认同感和社会凝聚力。加拿大传媒与公民社会的现状证明了，这个国家的大众传媒与公民社会相辅相成，相互促进，共同绘就了一个成熟的民主国家的底色和本色。

第十一章 加拿大人眼中的中国人

你站在桥上看风景，看风景的人在楼上看你。

——卞之琳的《断章》

第一节　加拿大人对中国人心态的转变

人类都有窥视他人内心隐秘的癖好。几个世纪以来，特别是中国被动地卷入近代世界体系中之后，中国人与西方人彼此凝视，都希望能深入对方的内心深处去探个究竟。结果虽不是两情相悦，但也算是相看两不厌。认识一个民族及其文化可以说是一个漫长而又复杂的过程，因为认识者总会受到历史和现实因素的种种制约。

中国文化及中国人的生活就像一条“变色龙”，总在不断地变化着。与中国人交往、了解他们的社会生活，主要有三种途径：研究他们的小说、新闻报道，以及研究那些住在自己家乡的中国人的家庭生活。米多斯认为，一个人对外国民族特性有了正确的看法并希望把这种看法转达给他人时，其最佳方式莫过于把所有有关的笔记都交给他细读。他人可以从大量的同类事件中推出一般性结论。毋庸置疑，这些信息来源有其珍贵的价值。形形色色的观察者，如记者、作家、学者、外交官、律师和商人等，观察范围甚广，内容细致深入。他们撰写了数量众多的著作、报道和心得体会，构成了今日西方人心目中中国形象的历史底版，并反复不断地被现实冲洗出新的照片。中国在变，中国人的精神在变，加拿大人眼里的中国人的精神也在变。那么，透过这延续几个世纪的目光，加拿大人究竟看到了怎样的中国人呢？

最初在加拿大人和西方人的心目中，欧洲、美洲是世界的中心，甚至一些人至今还对亚洲的政治、地理知之甚微。西方的中国形象是西方人自己建构的。一方面，他们的眼睛里嵌入了自身的历史文化，所以对中国的呈现既有真实的一面，也有变形、歪曲的一面。另一方面，他们受其社会文化心理需求左右，会摄取或夸大自己感兴趣的部分，而对自己不感兴趣的方面视而不见、充耳不闻。18 世纪时，西方的中国形象是如此之美妙，以至于中国人的内心会情不自禁地升起一股自豪之感。19 世纪中叶以后至 20 世纪前叶，西方的中国观发生了重大的变化，令中国人揽镜自照之下，顿生惭愧和愤怒之情，从而生出奋发图强的念头。如今，中国人的“汉唐气魄”正逐渐恢复，西方对中国的认识也在逐步地加深。

由此可见，异域文化的目光的确是我们观照自己的一面明镜。怀着坦诚、勇气与明辨的理性临照这面镜子，我们可以领略生活于中国本土意识之外的人们对自己的看法，从而“借别人的眼光加深自知之明”。在加拿大及其他西方人在各个历史时期的文献资料中，在中国与加拿大的历史交集、东西文化的交融、社会经济的交流史实中，我们可以寻觅到加拿大人眼中中国人的形象。

虽然中国与加拿大遥遥相望，但中加关系历史悠久，渊远流长。早在 17 世纪，一位法国人来到加拿大的劳伦斯河一带，误以为自己到了中国。后向土著人了解，他才知道要一直朝西走，距离中国还路途遥远。因心有不甘，他将自己到达的地方取名为“中国”，借此满足自己辛苦追求却未达成的愿望。所以，我们今天仍能在蒙特利尔的郊区找到一个叫“中国”的地方。1882 年，温哥华的卡士打（Cassiar）金矿区河床中掘出公元前 200 年的中国古钱币 30 多枚。1885 年，印第安人在电报谷（Telegraph Cuek）发现刻有中国文字的佛教铜质祭皿数件。这充分说明在遥远的古代，曾有中国人浮海东去，访问过这个枫叶之国。然而，最早的中国来客始于何时，仍众说纷纭。

因政治、历史变迁的缘故和世界人口的快速移动，中国人陆陆续续地移民到其他国家，开始在世界各地飘散。中国人移民加拿大也不可避免地出现在了世界移民大潮的波涛中。加拿大人与来加拿大的中国人打交道的历史并不算长，但加拿大的生成和存在在一定意义上得益于中国。从第一批中国人背井离乡、怀揣梦想来到加拿大，大概也就150年左右。加拿大华人的历史见证并折射出了加拿大人对华人，乃至对中华民族的心态的悄然改变：从最早的冷酷无情和仇恨，到极力排华，再到当下的平和。

在加拿大的早期中国移民有两种人：一是淘金客，二是为修建太平洋铁路而被招募来的工人。19世纪50年代的中国正处于乱世，战争频繁，民不聊生。对于走出国门的人来说，生存是首要的，若能在“金山”找到金子，则远在中国的家人就可以吃饱穿暖了。怀揣这种梦想，1858年4月25日，一艘名为“海军上将”号的轮船搭载着400多名矿工从美国加利福尼亚州进入菲沙河，其中包括从旧金山来的30多名中国人。随后，在“淘金潮”期间，一大批来自中国广东的劳工也漂洋过海来到加拿大谋生。因为中国人与生俱来的勤劳聪慧的民族精神，他们随遇而安，勤俭创业，善于积累财富，例如所有白人不愿意做的脏活、苦活、累活，华人一半甚至三分之一的薪水都愿意做。这样下去，白人可不高兴了，因为他们的利益受到了损害。从那时候起，仇恨华人的祸根在白人社会里被深埋下来。他们认为，中国人到这里只是为了掠夺加拿大的财富、抢夺他们的饭碗。中国人来的时候扎着长辫子，所以加拿大人希望白人割掉中国人的尾巴，总是切切地说“Chinky，Chinky，China man”。

受美国1859年建成横贯东西的太平洋铁路而发展经济的启示，不列颠哥伦比亚和加拿大政府进行了谈判。穿越整个美洲的落基山脉阻隔了不列颠哥伦比亚和加拿大东部的交通。因此，作为吸纳不列颠哥伦比亚加入联邦的条件，联邦政府允诺修建一条横贯整个加拿大的大铁路。1871年，不列颠哥伦比亚加入加拿大联邦。1881年，加拿大开始效仿美国修筑一条连接东西的太平洋铁路。全长近4000公里的太平洋铁路中，穿越落基山脉的路段是最难修的部分，这里雪峰密布，重峦叠嶂。从1881年至1885年，加拿大聘用了17000名华工从事最危险、最艰苦的工作，但薪酬待遇却仅仅是欧洲劳工的一半。耶鲁的《哨兵报》在1883年的报道中写道：“在这里的不列颠哥伦比亚铁路沿线，华工们正在迅速地命赴黄泉。对这些可怜虫既不提供医药，而且显而易见，对他们也漠不关心。”① 该报公开谴责了雇主为华工所提供的生活条件，并强烈反对他们对华工漠不关心。在修筑铁路时，4000多人因工伤、劳累和疾病而献出了宝贵的生命，客死异乡，而且多数被就地草草掩埋。因此有人说，每一公里铁路下，都埋葬了一个中国人的尸骨。令人悲愤的是，当时的加拿大总理麦克唐纳曾称雇佣华工修铁路为“两祸取其轻”，而且当地报刊称廉价的华工

---

① Pierre Berton. *The Last Spike*, *the Great Railway* 1881—1885. Toronto，1971：203.

为“必需的祸民”。他们把中国人当做祸民，在英文里是指邪恶的东西。1985年，加拿大政府在这里修建了一个纪念碑，纪念100年前这条铁路连接了太平洋和大西洋，使得加拿大的10个省、2个地区成为一个完整的联邦国家，但碑文上根本未提及为此作出了贡献的中国人。

华工的命运并没有因为铁路通车而有所改善。左边这张照片记录了铁路修成时的一个小型的庆典，其中竟然没有一个中国人的面孔。太平洋铁路沿线的很多城镇、山峰、河谷都以当时修建铁路的功臣命名，其中也没有任何和中国人有关的名字。唯一留存的是铁路沿线的中国人墓地和1892年一位无名诗人的诗句：“漂泊者终于被他的同伴放在此安息，没刻下一行字也未见洒一滴泪，在十字架上只简单地记着‘为修路而死’。”华人不但筑路的功绩被埋没，得不到承认，而且还在长达几十年中遭受被歧视的命运。

1875年，为限制华人在加拿大的生存和发展，加拿大政府还出台了种种不平等法案，如不列颠哥伦比亚省通过法案否决了华人的选举权，还明文规定华人不得从事会计师、律师或药剂师等职业。三年后，省议会更立法禁止在公共事务上雇佣华人。这时，不列颠哥伦比亚省的淘金全盛期渐渐衰退，失业的华人只能干一些粗活谋生，如洗衣工、家庭仆役、筑路工、玉石采集工、锯木工等。

1885年至1923年是一个制度性的种族主义产生时期，加拿大华人成为受害者和受攻击的目标。在此期间，两个重大的排华政策出台，一是人头税，二是新的移民法。

在铁路建成之后，加拿大政府就开始了驱逐“祸民”的行动。从1885年到1923年，加拿大政府出台了专门针对华人的“华人移民法案”，向8万多中国移民征收“人头税”。最初为每人50加元，1901年增至100加元，1904年猛增到500加元。当年500加元相当于一个人两年的收入，在当时可以买200亩土地。毫无疑问，高额的人头税对于当年的华工来说都无异于一笔天文数字。据加拿大华文媒体报道，1923年从香港来加拿大的年仅16岁的关祥国向叔父借了500加元缴纳人头税，后用了10年时间拼命工作才偿清这笔债务。直到1923年，“人头税”才被取消。

1923—1947年不允许加拿大以外的华人向加拿大移民；而在加拿大的华

人移民则丧失了许多公民权利。在 1923 年 7 月 1 日加拿大国庆节，渥太华通过一项新的移民法，全面禁止中国移民入境。这是继人头税政策后加拿大政府的另一项重大排华政策。其后数年，华人一直将加拿大国庆节视为“受耻日”。新移民法规定，只有中国使馆人员、在加拿大出生的孩子、商人和大学留学生等才能进入加拿大。此外，华人离开加拿大时必须向移民局登记，只准离境两年，否则将被取消入境资格。新移民法导致大部分已婚华人不能与妻儿团聚，无法过正常的家庭生活。1923—1947 年入境的仅有 8 个华人。可以说，这是华人加拿大移民史上最黑暗的时期。因为到加拿大的第一批移民绝大多数是男性，所以整个二三十年代，华人社区的男女比例为 10∶1。女性的稀缺也导致了 1931—1951 年加拿大华人人口的大幅度减少。可见，加拿大 1885 年后对移民的限制以及 1923 年以后对华人的排斥政策导致了一个已婚单身汉的华人社会。直到 1981 年这种畸形比例才趋平衡。虽然加拿大政府对华人征收人头税和限制华人入境的歧视性政策在 1947 年取消，但是华人心头的阴影至今仍然存在，难以消除。

这个时期的白人仍然对华人十分敌视，华人通常退却到自己的小天地里以避免同加拿大人竞争和免遭他们敌视。约克大学政治系教授詹文义分析到，主要有两个原因导致白人的敌视态度。一方面是文化的冲突。华人与白人之间存在较大的文化差异。华人一般不愿融合于西方文化之中，而是聚集于唐人街，固守中国传统文化、生活习惯和宗教信仰。某些傲慢自大的加拿大人把中国人当成是非常低贱的民族，并觉得无法理解中国人，因为其生活习惯与他们格格不入。毫无疑问，华人常常遭到加拿大人的鄙视和欺凌。另一方面是利益的冲突。华人吃苦耐劳，不计较待遇的厚薄，常博得雇主的好感，因此加拿大人常抱怨，他们的一些工作被中国人抢夺去了。举例示之，1907 年，温哥华就有上万的白人上街游行示威，要求不要华人劳工，而且跑到唐人街那边，对华人商店一通打砸。从消极的方面来看，华人所从事的职业受到很多的限制。从积极来方面看，这些不利条件反而使华人的民族商业和社团在华人社区里茁壮成长起来。

1939 年，第二次世界大战全面爆发。这场人类历史上最为惨烈的战争却成为加拿大华人移民史上的一个转折点。第二次世界大战爆发时，加拿大作为盟军一员参战。因害怕华人由此取得公民权，华裔青年没有被应召服兵役。尽管如此，华人以德报怨，在被误解、被歧视的背景下先后有 600 多位华裔青年想尽办法，自愿从军。这 600 多名为国家浴血奋战的华裔军人所作出的突出贡献直接导致战后的加拿大终于废除了对华人的歧视性政策。1947 年加拿大政府废除了歧视华裔的移民法案，开始承认华裔的公民权。当时参战的军人就理所当然地成为了历史上第一批拿到公民身份的华裔。

侨胞在他国的地位和财富的积累与祖国的政治经济强弱有着唇齿相依的密切联系。经过三十多年的改革开放，中国不仅在经济实力、军事、科技和软实力上持续上升，而且在国际事务中也占据了举足轻重的地位。随着我国综合国力不断强大，经济发达活跃，在现今加拿大贸易的各个环节中随处可见“中国制造”（Made in China）。走在加拿大各式各样的销品茂（Shopping Mall）或诸如便利店一类的商店，你都能看到许许多多、琳琅满目的中国商品，近乎于无所不包。物美价廉的“中国制造”不仅给加拿大人带来了看得见的实惠，而且对加拿大经济的发展也功不可没。在文化交流中，加拿大的孔子学院也犹如雨后春笋般发展起来。越来越多的加拿大人被博大精深的中国文化所深深吸引，开始学习中文。此外，大批的移民涌入加拿大，带来了大量的资金，甚至把多伦多和温哥华的房地产炒得天翻地覆。许多加拿大人深感诧异：多年来省吃俭用的穷中国人怎么就一下子就富了起来呢？在加拿大总理带领的代表团访问中国以后，加拿大人终于明白并意识到中国是一个巨大的潜在的市场。

今天的加拿大，奉行着多元文化和平共处的开明政策。加拿大政府鼓励多元文化的并存和发展，各族人民都能平等地参与社会生活，自由地保持和发扬他们的文化，共生共荣。加拿大的多元文化主义政策不是单纯的文化政策、少数民族政策、移民政策，而是囊括加拿大社会生活各个方面、针对所有加拿大人的政策。1971 年加拿大联邦政府宣布实施多元文化主义国家政策，1985 年成立“多元文化常务委员会”，1988 年议会通过《多元文化法》，1991 年成立“多元文化与公民身份部”。

加拿大前总理克拉克（Joe Clark）曾说：“我们大多数国民对加拿大的历史是非常自豪的。对多数的历史我们都非常自豪，但是有些部分是我们所不能自豪的。部分的历史是我们准备去重新认知的，比如一些少数民族对国家的贡献，华裔族群就一直被歧视，我们应当重新认识这个问题。”太平洋铁路建成整整一个世纪后，作为华工后代的盘占元先生奔走呼吁，于 1989 年在多伦多市中心紧靠中心车站的地方修建了一座华工纪念碑。此碑的建成不仅对盘先生这样的老华侨，而且对中华民族都意义重大而深远，因为加拿大政府终于正视了华人在加拿大历史上的贡献。

此外，加拿大政府对华人征收人头税的阴影在华人心头至今无法磨灭。几十年来，华人联会、中华会馆、平权会等几十个华人社团和华裔一直在团结一致，不懈努力，要求加拿大政府为这个历史错误作出道歉和赔偿。再者，中国国际地位的日益提升迫使加拿大政府不得不予以正视。2006 年 6 月 22 日，加拿大华人终于争取到了一个等待了百年的道歉。总理哈珀代表加拿大政府在国会正式向“人头税”的直接和间接受害人道歉，还承诺作出部分赔偿，将公道还给了曾对加拿大发展作出过巨大贡献的华人。这一迟到的正义表明加拿大政府正式认可了华人对国家的贡献，承认了历史上对华人的歧视与不公，也显示了加拿大政府的诚意和勇气。

显而易见，与当年华工的任人宰割相比，华人在加拿大的地位已经是从地狱到人间，甚至到了天堂。当代华裔加拿大人已经融入社会的各个阶层，成为真正意义上的加拿大公民。与先辈相比，他们无论是在社会生活方面，还是在从事职业方面都有很大的不同。在这个有“移民天堂”之美誉的国家，加拿大的华裔自由地施展着他们的才能，续写着与第一代华人完全不同的精彩故事。许多具有专业和技术资格的中国移民与正在成长起来的华裔加拿大人的第二代一起，开始凝聚了一个新的中产阶级。越来越多的华人开始走出唐人街，更主动地拉近与加拿大主流社会的距离。

第二节　中国人的形象和处事哲学

20 世纪 70 年代，在加拿大报纸上的漫画中，居然还出现过身穿长袍、头戴圆笠、蓄着长须、拖着长辫子的中国人形象。不过，这种现象很快就完全消失了。那么现在在加拿大人的心目中，中国人究竟是以何种形象出现的呢？不久前的一项调查显示，大多数外国人在造访中国之前，对于中国人的生活认识来源于各类媒体和影视印象，产生了某些刻板的成见。一提到中国，他们首先想到的是能飞檐走壁的中国功夫高手，或者戴着草帽在耕地的农民。但这种印象早已过时了。现在的中国到处可见高耸的摩天大楼、繁华的街道、遍布各个角落的无线网络。前不久一位朋友在加拿大闲逛，偶然看到店里摆放着一本杂志很抢眼，封面上有篇文章，讲的是“在中国最热门的十五个网站”，其中的一张图片也许能折射出中国人在加拿大人心中的形象。生活在社会主义国家的中国年青人在改革开放政策的引导下，正过

着甜蜜而生机盎然的生活。他们紧跟世界前进的步伐，喝着可乐，玩着苹果电脑，使用着小巧的移动电话。由此可见，抽象的了解和片面的认识无异于盲人摸象。

CamMacMurchy认为，中国已不再是一个到处戴着草帽的农民的国家，它或许在技术领域已经超越了加拿大。频繁穿梭于太平洋两岸，从事中加文化交流的加拿大人大山（Mark Rowswell）认为，中国最大的变化是观念上的变化。他颇有感触地说："当我们隔阂很远时，把对方想象得特别不一样，认为中国人和外国人根本没有共同的东西。后来我们接触了，语言障碍克服了，做贸易、交流，发现人的共性更多，是相通的。"

围绕几个不同的主题，我们列举了一些具体事例，描述加拿大人对中国人的印象，并探究其深藏的原因。需指出的是，这些事例仅仅是多位观察者对自己的印象所作的描述，只是许多"中国人特性"中的一部分。它们并不构成一整幅中国民众的肖像图，而更像是观察者根据自己的所见所闻，用炭笔对中国民众的某些特性所作的简略素描。它们只是组成一条光线，而无数的光线交织在一些，才能形成一道白光。①

1. 勤劳聪慧、随遇而安

在当今世界，勤劳是最值得赞美的美德之一，是永远受到尊敬的美德。勤劳是指习惯于勤奋地、专心地干任何工作。一般来说，虽然到中国的旅行者、长期定居的侨民和长期在加拿大生活从未到过中国的加拿大人对中国人的印象也或许不尽相同，但他们都确实相信中国人的勤奋。中国人的勤奋敬业是与生俱来的品质，是中国文化传统使然。

在华工初到加拿大时，常参与公共工程的建设，并因其突出的表现得到工程承包商的赞扬。负责卡里布车道利顿至彭斯桥一段工程的沃尔特莫伯利发现，他把工资发给白人工人后，他们多数人马上就溜之大吉，再往北边去淘金去了。沃尔特莫伯利评论说："这些人的令人齿冷的做法——往往是由于安特勒溪及卡里布山区的其他溪流传来了消息，说发现了蕴藏量丰富得惊人的金矿而引起的——减少了为保证工程能按照我们与政府的合同施工所需要的人力，迫使我违反本意而去大量雇佣华工。由此可见，白人工人的不守信用和不讲道德，是修筑卡里布车道时雇用华工的原因。在这条车道上承包工程的其他商人，与白人工人打交道时也有和我相同经验。我发现，雇用的所有华工，工作

① ［美］亚瑟·亨·史密斯．中国人的性格．李民良，译．西安：陕西师范大学出版社，2010：9.

十分勤奋，诚实可靠，不给我添麻烦。”莫伯利的此番话有力地证明了华工的勤奋和诚信，他们为加拿大的社会发展所作出的贡献，有力地反驳了白人对华工的指责和污蔑之词，如懒惰、欺骗、掠夺加拿大的财富等。

中国人的吃苦耐劳、勤劳聪慧是有口皆碑的，不论是西方人望而生畏的夜班巡岗，还是最辛苦的伐木、捕捞活儿，中国移民都不会挑剔。许多欧洲移民对非专业对口工作不屑一顾，宁可闲着也不愿将就，而华人移民就没这样讲究，研究员切肉、博士洗碗的例子多得数不胜数，谁也没觉得自己有什么不自在。加拿大友好人士 Mendel. M. Green 先生是一位专门从事移民事务的大律师。在他看来，中国移民身上有着一些其他国家移民没有的优势。他说：“中国新移民有一个最让人敬佩的优点，这就是对待工作的态度，非常勤奋努力，特别能吃苦，特别敬业。比如一个工程师，不论是硕士还是博士，来到加拿大都肯从最底层的工作做起，一步一步走向成功。不论是来自港台还是来自内地，所有的中国移民都是这样，就连移民到加拿大的小学生，学习也非常非常努力。在加拿大人的眼中，中国移民为成功作出的努力是非常了不起的。”① 中国人聪明，头脑灵活。中国学生普遍品学兼优，一时传为佳话。此外，中国人在各行各业的表现，都屡创佳绩，出人头地。尤其在商业方面，中国人做生意的机灵，刻苦耐劳的精神，渐渐为加拿大人所知，周边人皆自叹不如。

中国人最能适应他们所处的环境，随遇而安。譬如，刚到加拿大的中国人挤在狭小的空间里居住，既不通风又受干扰，但他们却并不在乎。然而，一个加拿大人绝不能忍受这样的境况，因为他们喜欢住独门独户的房子，安享自然悠闲的生活。当遇到困难时，中国人深知这是不可避免的，并以极大的耐心默默地忍受着。当获得成功时，他们一如既往地居安思危，移居加拿大的中国人能很好、很快地适应各种环境，而且他们的团结和凝聚力非同寻常。Mendel. M. Green 曾说：“如果说中国移民与其他国家的移民有什么特别不同的话，就是他们都讲流利的英语或法语，受过很好的教育，又有一定的经济实力，很快就能适应加拿大社区的生活环境。”

2. 顽强生存、能忍且韧

通过早期美国商人和传教士之口，白人心目中的华人形象之一是生命力顽强。不过，早期好莱坞的电影输送的对中国人的形象塑造也深刻地影响了华人的形象。中国人极富生存能力，其繁衍能力不容小视。加拿大人对中国的第一印象是人口过多，人口密度大。在中国，事实也正是如此。在中国这个辽阔的

---

① 杨小蔚．移民加拿大：没有免费的午餐．中国大学生，1999（1）：53.

国家，无论走到哪里，似乎到处都挤满了人。中国人的繁衍能力强，现有人口数量远远超过其他任何国家，这已是不争的事实。根据最新的第六次全国人口普查主要数据显示：中国现有的人口数也已达到约1339000000。

“忍”字包括三层完全不同的含义。首先，它表示长期不抱怨、不生气、没有不满情绪的一种品质或行为；其次，表示默默地忍受或承受任何苦难、泰然处之的一种能力或行为；最后，它也可以作为坚韧的同义词。中国人的忍主要表现为毫无怨言地等待和默默地忍受，靠毅力，也靠耐心。这种特性与最能直接体现中国人忍与韧的“勤劳刻苦”有着不可分割的联系。极度的贫穷和为生存而斗争并不一定激励一个人勤劳刻苦。然而，若一个人或一个民族具有勤劳刻苦的天性，则贫穷和为生存而进行艰苦的斗争就会使这种天性得到最有效的彰显，而且还会发展出忍与韧的品格。中国移民有耐心，长期以来一直在最为恶劣的条件下谋生。他们最终把本民族的勤劳刻苦与南美洲印第安人消极的忍耐结合在一起。

据说，检验一个人的品性就是要研究他处于风雨交加、饥寒交迫之中的表现和行为。在修筑太平洋铁路时，华工被广泛地安排在安德鲁翁德唐克的几段工程上。不管华侨铁路工人从事何种工作，他们的工资为每天1加元，而且不包括膳食。况且，华工自己还得掏钱在公司买一些昂贵的日用品和工具，所以他们最后所得只有80分。据统计，华工为翁德唐克节省了大约300万~500万加元的费用。中国人心甘情愿为低报酬长时间地干活，因为在他们看来报酬再少总比没有要好得多。长期的经验也说明勤劳刻苦未必有更多的机会。中国人只是满足于干活有钱拿，而这种满足正体现出他们忍的美德。加拿大地广人稀，加拿大人既习惯又欣赏缓慢而悠闲的工作、生活节奏，华人移民的大量涌入却改变了这一切。中国人的勤快给加拿大的社会带来活力，但加拿大也因此发生了或多或少的改变。让加拿大人颇有微辞的是，中国移民对饭碗颇为迷恋，为保住饭碗，宁愿忍受雇主的种种苛刻条件，甚至接受极低下的薪水和不合理的工时长度。许多人抱怨中国移民的这种“陋习”，因为这往往会压低整个行业的工资标准，连累其他同事不得不在接受低薪或自动走人之间作出选择。

中国人的韧性是世界一流的，是中国人所具有的一种内在天性。中国人在忍受任何困难方面具有令人惊叹、不可思议的能力。明明是处于毫无希望的境地，中国人却没有表现出失望。中国人这种无法匹敌的忍与韧也是对“适者生存”最好的诠释。一个具有能忍且韧这种天赋的民族，加上强大的生命力，肯定会有一个光明的未来。

3. 重亲情、讲传统

中国人重亲情、讲传统，这挺合同样喜欢家庭生活的加拿大人口味。每逢传统节假日，家人都会团聚在一起，共同庆祝，共享其乐融融。治疗专家 Ann Bernard 说："我对华人的第一印象是，有头脑又勤劳，多认识华人后，我觉得他们比较倾向于个人主义，民族感情不强，他们的家庭观念很强，对家人很负责任，决意为他们带来满足的生活。"中国人一直喜欢因循守旧，遵循过去的生活方式。对中国人来说，侵犯他们的风俗习惯就是侵犯了最神圣的领域。当受到侵犯时，他们会像母熊出于本能坚决地保护幼仔一样。比如，华人的家族观念非常浓厚。宗亲团体成为加拿大华人社会的基本细胞和最有力的支柱。最具代表性的是温哥华的宗亲团体，下表列举了该地一些大的宗亲社团：①

温哥华部分华人宗亲社团

黄氏宗亲（江夏黄）	李氏总公所	马氏总公所
云山总公所（黄王）	昭伦亲义总公所（谭覃许谢）	笃亲总公所（陈胡袁）
龙岗亲义公所（刘关张赵）	至德三德总堂（吴蔡周翁曹）	郑荣阳总堂
林西河总堂	爱莲总公所	凤伦总堂（司徒薛）
陈颍川总堂	伍胥山总堂	曾三省堂
梁忠孝总堂	余风采总堂	许高阳堂
廖武威堂	南阳总堂	民星书报社
罗豫章堂	溯源总堂（雷邝方）	
关陇西堂	李岗浅堂（开平李）	

"百善孝为先"。中国人十分重视孝顺。翻阅一下"四书"和其他古代典籍，尤其是《孝经》，就更让人容易理解。自古以来，儒道两家的做人之道、尊老敬老的思想已在中国人的脑海中根深蒂固。与"孝顺"联系最紧密，最常见的一个观念是"礼"。卡莱尔先生在《中央王国》中陈述道："礼是中国人所有思想观念的集中体现；在我看来，中国可以贡献给世界的最合适、最完美的专著就是《礼记》。中国人的感情靠礼来满足；他们的职责靠礼来实现；他们的善恶靠礼来评判；人与人之间自然的关系靠礼来维系——总而言之，这是一个由礼来控制的民族，每个人都作为道德的、政治的和宗教的人而存在，

① 李东海．加拿大华侨史．台北：中华大典编印会，1967：206-207.

受家庭、社会和宗教等多重关系的制约。”孝顺是多侧面的，是中国人独一无二的特性。对中国人而言，孝顺的内涵远远超出了行为的范畴，既包含行为的动机，还包含所有的其他道德内容。任何道德缺陷都可追溯到孝心。违背礼节、不忠心耿耿、不恪尽职守、对朋友不忠诚、临阵胆怯均是因为缺少孝心。

“树欲静而风不止，子欲养而亲不待。”没有哪个中国人愿意留下这种遗憾。在中国，孝悌是仁之本。孝在所有儒家美德中始终摆在首位，先于对君王的忠和夫妻间的爱。一位大臣的父母去世，他必须离职回家守孝。但是，宰相则不然。皇帝会不顾其泪流满面的申诉，要他在本该守孝的日子里继续尽心尽责于国家大事。因为在中国，最不可改变的是君臣父子关系，君为臣纲，父为子纲。目前，身居加拿大的中国人采取多种方法来向父母表示孝敬。他们会给父母勤打越洋电话、经常视频，发邮件、定期寄钱、回国探望父母，甚至为父母办移民，希望一家团聚，尽享天伦之乐。此外，孝道促使家庭成员和亲戚之间互相帮助。这种帮助常常超出血缘或婚姻关系，同宗也常常彼此扶持，正可谓“四海之内皆兄弟”。这也正是今天加拿大华人社区具有强烈的团结感的原因所在。

只要人心中有一份孝，那外表就会毫无掩饰地流露出这种真切、自然的感情。深爱着自己父母的孝子必然是心气和顺、和颜悦色的。这样的人才可能做到“老吾老以及人之老，幼吾幼以及人之幼”的博爱。孝道使老有所依，成年的子女有责任供养年迈的双亲。因此，加拿大华裔尤为注重对下一代进行“孝”的教育，经常举办一些活动让孩子们参与，希望他们从中受到启迪。加拿大《星岛日报》报道了在2010年的母亲节加拿大烈治文市温哥华佛光山讲堂数十位华裔儿童献孝心卡给妈妈，来表达他们的爱意。活动还安排了小朋友当场念出给妈妈的信，充满童真和孝心的言语让人相当感动。① 左图中，当看到9岁的女儿史洛谦（前右）送了张印有一个大大“孝”字的卡片和一大花束康乃馨时，沈柏容（前右二）笑得合不拢嘴，十分满足。

儒道思想无时无刻地浸透在中国人的人生哲学中。儒道思想的内涵远远超过了孔子和老子的思想中或儒道两家的著述中所涵盖的范围。儒道思想从它诞

① http://news.163.com/10/0511/11/66DB9MQ5000146BD.html.

生到传承至今日，经过不同时代的人们剔除糟粕、吸取精华，成为了中华民族独特的传统文化现象。这种特有的思想财富直接影响着海外中国人的为人处事。

“仁”向来被中国人列为“五常”之首。“仁”字在汉字中由“人”和“二”两部分组成，表明了仁产生于两个人的相互交往。中国人具备仁慈的品质。早在先秦时期，先贤孟子就提出了人皆有之“四端”：恻隐之心、羞恶之心、辞让之心和是非之心。儒学教人温良敦厚，这无疑对在加拿大的中国人产生了显著的影响。毕业于约克大学，现在是退休小学教师的 Elizabeth Reimers 说：“我认识一些华人，他们都是十分热情和友善的人。在我搬到北约克区以前，教学是我认识华人社区的唯一途径，我对他们的印象至今没有改变。”

中国人有一颗“仁爱之心”。一旦要“行善”时，他们肯定会找到大量行善的机会，并做出各种“善事”来。“中国援外”给加国人留下了深刻的印象。从 20 世纪 50 年代以来，中国援外已走过了六十年的漫漫长路。“重义轻利”等传统文化的精髓曾潜移默化地影响了中国的援外政策。即使在 1959 年到 1961 年的三年困难时期，中国对外援助的车轮也未曾停止前进。截至 2009 年底，中国累计向 120 多个发展中国家提供了经济技术援助，并向 30 多个国际和区域组织提供了捐款，支持这些组织开展多边援助活动。一位专家概括道：“回顾这 60 年来的援外之路不难发现，中国从来不逼债、中国专家不享受特殊待遇、中国援助不附加任何条件的具有中国特色的援外作风，在中国与受援国之间架起了信任的桥梁，也促进了当地的经济发展。”

除此之外，中国人投身于慈善事业，想方设法帮助那些困难之人。一位 68 岁的加拿大老人德利亚（Rheal Desy）和一位 32 岁的中国小伙，历时 4 年多、筹资在中国吉林市郊建了一所“和乐家园”，免费收留孤寡老人和残疾人。在多伦多建筑装修业中颇有名气的格外鑫公司的老板屈良国（LEO）对中国贫困学生读不起书的那种窘迫深有体会，所以一直魂牵梦系着贫困山区读不起书的孩子们。“做事业不要忘了做慈善！虽然我已经身在加拿大这个富裕国家，也在事业上做出了一点成绩，但脑子里似乎总有个声音在提醒我，还有一件非常重要的事情没有去做。直到在有一天，在我见到善长仁翁刘南山先生的那一刹那，知道他筹备成立‘爱心慈善基金’，我才明白，自己内心的这个梦想终于要发芽了！”屈良国加入了爱心慈善基金。正是有“不以善小而不为”的初衷，屈良国通过自己的行动和呼吁尽力把大家的爱心汇集起来，有钱出钱，有力出力。

许多不同国家的观察者都一致公认，中国人善于理解人。中国人在生疏环境中能最先掌握别人的特点，并且善于处理好关系，赢得好感。孔子曾经说“礼之用，以和为贵”。以和为贵，是中国人待人处世的基本原则之一。和的基本含义是和谐，意味着自然、完善、平衡和秩序。宇宙运行的最高尺度是和谐，美学的最佳境界是和谐，人类社会的最佳状态也是和谐。因而，对和的追求，既是一种得之于生活的感性经验，也是一种同信仰纠结在一起的对大千世界的运动规律的理性升华。“以和为贵”就是说和的大局高于一切。正是因为这一点，中国人可以为了和的大局忍辱负重，不计个人得失荣辱。

中国人善于运用这种辩证思维观察各种现象，特别是从不利中找寻有利的因素，从而使中国人拥有一套高明的处世与人生哲学。顺境中他们提醒自己“满招损、谦受益”，“居安思危”，“乐极生悲”，“人有旦夕祸福，马有转缰之危”；逆境中他们则告诫自己“韬光养晦、等待时机”，“吃一堑，长一智”，“失败是成功之母”，“苦尽甘来”，“天无绝人之路”，“置之死地而后生”，“塞翁失马，焉知非福”。

第三节　当代加拿大人对待中国的复杂心态

曾任加拿大驻华大使的柯杰（Joseph Caron）认为，中加关系的发展可分为三个阶段。第一阶段是中华人民共和国成立后到 1970 年两国建交前，在此期间，加拿大开始通过政府渠道，向中国出售粮食。第二阶段是加拿大顶住美国的压力与中国正式建交后，两国在经贸、科技、教育等各个领域开展全方位的合作，这些发展势头强劲的合作“构筑成两国友好关系的大厦”。第三个阶段从中国加入世界贸易组织后算起，中国变得比以前更开放、更国际化了。当代加拿大人对中国的态度可概括为钦佩、渴望和不安。

2005 年 4 月的伊雷（Ipsos-Reid）民意调查显示，尽管有约 40% 的加拿大人认为中国不久将在世界上占主导地位，但大约有 60% 的加拿大人认为中国的崛起不会威胁到世界和平。45% 的加拿大人表示他们关注中国在加拿大的投资水平，51% 的人认为加拿大的就业状况受到中国的影响，而 61% 的人把中国的经济发展视为一个机遇，68% 的人认为与中国发展贸易关系是一个好的选择。

过去西方主流英文媒体一般是遵循西方的新闻价值理念对中国进行报道，而且多从负面的批评视角报道反映中国社会状况的非事件性的新闻。加拿大的主流媒体也是如此。但是，从 2004 年 10 月底开始，加拿大的各主流媒体如报纸、新闻周刊、专业杂志和广播电视都不约而同地把目光投射到中国，对中国给予了全方位的较为客观、正面的报道。最引人注目的是加拿大三大主流媒体《环球邮报》、《多伦多星报》和《全国邮报》均对中国进行了大篇幅的专题报道，纷纷讲述与中国有关的故事。2004年10月23日，《环球邮报》使用了整个周末版上占绝对多数的内容版面，推出了标题为《中国正在崛起》（*China Rising*）的周末版中国专号，全面报道中国。这次报道的深度和广度，大大超过一般的特别报道，颇有惊天动地的气魄。《全国邮报》于同一天在其头版最显著位置刊登了《中国：苏醒过来的巨人》（*China*：*The Awakening Colossue*）的重头报道，而《温哥华太阳报》则用了三个整版的篇幅来报道中国。另外，加拿大广播公司（CBC）的电视台和广播节目也制作了专题节目和深度报道，并且在上海开办了一家办事处。再者，《加拿大商业》周刊则在11月8日出版制作了中国专辑，内容绝大多数是中国商业或者相关领域的报道，并且全面总结了加拿大在中国的公司经营时要注意遇到的十大教训。

加拿大媒体对中国的关注充分说明了加拿大主流意识形态对中国的认识已经发生了根本性的变化。正如《环球邮报》主编 Edward Greenspon 的一句编后絮语所说："这期报纸会是一个标志性的转折点！我们将从关注一个潜在的超级强国的未来，转到关注现在（的中国）。"那么，加拿大媒体缘何如此异乎寻常地关注中国呢？究其原因，主要是中国的综合国力的增强。随着中国经济持续发展，其政治、经济和军事实力也在逐渐增强。中国这条东方巨龙正在崛起。目前，加拿大各行业正在努力制定策略，以便从全球化的中国所提供的机遇中获益，或者保护它们自己免受中国所带来的竞争压力。比如，加拿大的教育机构正在争先恐后地招收更多的中国学生，并且开展了加拿大和中国高校合作的新项目。

中央党校国际战略研究所副教授、台港澳与国际关系研究室副主任、北京外国问题研究会特邀研究员李磊在2009年2月至2010年4月曾出访加拿大。他在加拿大皇家道路大学（Royal Roads University）做了一次有关中国形象的问卷调查，受访者主要有加拿大官员、学者、企业精英等60余人。结果表明：（1）加拿大人对中国的正面评价居多，主要集中在经济领域，如他们认可中国的"强大"、"全球影响"和"日益崛起"；（2）负面评价主要集中在社会发展与环境保护领域，如环境污染严重、城市与人口的压力过大；（3）去过中国与没有去过中国，对中国形象的评价反差较大。其中，没有去过中国的加拿大人对中国的负面印象居多；（4）加拿大人普遍认可中国不是一个进攻性的民族，但中国可能在不经意间对国际秩序产生重要影响。

由此可知，加拿大人对中国满怀钦佩、渴望和不安之情。"钦佩"是因为加拿大人看到中国在短时间内迅速崛起，在国际舞台上日益占据举足轻重的地位。此外，中国人勤劳聪慧、能忍且韧，在加拿大的政治社会中是一股不可忽视的力量。“渴望”是因为加拿大人希望能更多地了解中国这个神秘的国度，希望加拿大的公司和企业能顺利进入中国市场，能够与中国展开合作。“不安”是因为加拿大人对中国的了解还相当不够，以至于中国的崛起让他们颇感意外，惧怕中国对其产生威胁。

面对中国大量人口外移而造成的中华文化飘散的事实，旅居香港的哲学家唐君毅先生（1909—1978 年）在所著《论中华民族之花果飘零》中使用了“花果飘零”这一优雅的隐喻来对此进行了诗意地描述。事实上，唐君毅认为中国文化的飘零是一个“民族大悲剧”。他甚至建议：中国移民如不是在不得已的情况下，不要加入外国籍。如果他们与其他中国同胞讲英语而不讲中国话，应该感到羞耻。在加拿大人的眼中，中华民族真的是花果飘零吗？当然不是。恰恰相反，中华民族的凝聚力在异国他乡得到了空前的加强。

唐君毅先生认为，在异域的新定居者应该将其灵根植入新的文化脉络。“灵根”就是中国人的“中国性”所在，中国人应该守“中”，无偏无颇。他用“中道”来解释“中国性”，并说：“要做中国人便不要做偏偏倒倒的歪人。”唐君毅把灵根理解为植根于人内心深处的生活价值与自觉的理想，诸如讲究修身、孝道、尊师重道及其他家庭价值与社会价值等。加拿大的华人正是在践履“灵根自植”，华人间团结一致，凝聚力得到了空前的加强。他们成立了全加华人联合会，其宗旨是：促进华裔的团结和合作；集合华裔的资源和力量，借以维护华人在加拿大社会应有的权益；倡导华裔在文化、教育、社会、经济和政治方面的活动，加强其他族裔社区对华裔文化及传统的了解和认识；对加拿大的团结、繁荣以及多元文化社会作出贡献。华人的凝聚力加强主要体现在如下三个方面：（1）反对新种族歧视；（2）保存、继承和传播中华文化；（3）争取正当权益，融入主流社会，参政议政。

1979 年 9 月 30 日，加拿大电视台在全国性的 W5 节目中播放了 12 分钟的短片，片名为《校园大平卖》（*Campus Giveaway*），影片中把华裔学生称为“外国人”，说这些“外国学生”夺去了大学大部分的学额。此事可视为歧视华人的举措，引起了华人社会各界的强烈反应：游行示威、提出抗议。后经过艰苦的斗争，迫使加拿大电视台总裁于 1980 年 10 月向华人公开道歉。1981 年 4 月，游行的临时组织扩大成立“全加拿大华人协进会”（Chinese Canadian National Council for Equality，俗称平权会），其宗旨之一就是要推动华人社团之团结，积极汇入加拿大社会主流。

中华文化是团结华人在异域奋斗的纽带。温哥华中华文化中心的建立是加拿大华人团结合作的结果。华人对家乡的感情不会轻易改变。为了传承中国文化，他们广泛进行宣传工作，通过幻灯、电影、图片、文物展览等多种形式的活动，介绍中华民族伟大文化和成就。他们还在海外创办中文学校、报刊，还开设中医诊所、中国功夫班、舞蹈班等。每逢中国传统佳节，如春节、元宵节、端午节、中秋节，常常举办庆祝活动，引来当地居民甚至是当地政府官员参加。此外，加拿大的唐人街也在保存和发扬中华文化上发挥了举足轻重的作用。美国华人学者陈依范在《美国华人》一书中曾写道："唐人街不仅是少数民族聚居区，它们也是一种持久的民间文化和某种无形的优良传统的宝库。"

加拿大华人主动地参政议政，融入主流社会。1957 年，律师郑天华成为首位当选国会议员的华裔加拿大人，这是加拿大华裔参政史上的里程碑。此后，加拿大政坛开始陆续出现华人身影：1980 年，张金仪被选为安大略省多伦多市议员；1982 年，余宏荣成为首位华裔温哥华市议员；1988 年，林思齐被委任为不列颠哥伦比亚省省都；1993 年，陈卓愉成为进入联邦内阁的第一位华裔；1997 年，梁陈明成为首位华裔女性国会议员；1999 年，伍冰枝成为加拿大第一位华裔总督。除此之外，一些著名的学者也积极地参与到社会活动中，如多伦多大学的秦家懿教授。她是一个坚定地致力于实现普遍人权和妇女权利的斗争者，为实现社会人权平等，争取西方社会少数民族的权利和妇女解放运动等开展了许多社会工作。1990 年秦家懿教授获选为加拿大皇家学院的院士。

总而言之，目前加拿大的华人正灵根自植，努力融入多元文化主义的社会。加拿大的华裔学者对此做了一些哲学上的反思。多伦多大学的沈清松教授指出，人生是一个不断借助外推而扩充存在，并借助内省而达成自觉的过程。换言之，只内省不外推，易流于自我封闭，只外推而不内省，则易流于自我异化。一方面，"外推"是一种走出自我、走向多元他者、从熟悉走向陌生，从自己人走向陌生人的行动。另一方面，人也需要花时间独处，致力自觉和内省，即便是他们自然而然甚至不可避免要与多元他者居存在一起并相互沟通。因此，无论是中国人还是加拿大人，想要更加深入地了解对方，就应该采取外推和内省的方式。

第十二章 中国人眼中的加拿大人

美国人有着伟大、崇高的原则，他们为维护这些原则而进入地狱。加拿大人也有伟大、崇高的原则，他们设法绕过这些原则而升入天堂。

——诺姆·乔姆斯基，哲学家

第一节　规矩、诚信的加拿大人

加拿大著名作家、历史学家约翰·波特曾用“垂直马赛克”的概念来形容加拿大人。与美式“大熔炉”不同，加拿大各民族、各阶层在融入加拿大社会的同时，还可以继续保留自己的传统特色文化。那么，加拿大文化是不是各种文化的简单组合？加拿大人是不是各个民族的简单叠加？加拿大人的定义是什么？他们有着怎样统一的国民性？要简单回答这些问题几乎是不可能的，因为外国移民还在源源不断地涌入，国家人口结构还在持续改变，因此关于加拿大人定义的辩论至今仍在继续。文学批评家诺斯洛普·弗莱说，“从历史角度讲，加拿大人是拒绝独立革命的美国人”；政府议员尤金·福塞说，“我认为我们的身份应该是部分英国人、部分法国人、部分美国人，还有一部分来自形形色色的各类人，他们因为数量太多，所以无法归类”；诗人奥登·诺兰说：“或许，与其说加拿大是一个国家，不如说它是打造国家的一块上好原材料；或许，问题不应该是‘我们是什么样的人?’而是‘我们要把自己塑造成什么样的人?’”加拿大人对自己的国民身份苦苦求索，世界各地人士也对加拿大人的形象苦苦思索，因此有了这艰难的定义——加拿大人！

加拿大人的守规矩、讲诚信是众所周知的，渗透在日常生活的方方面面。他们在没有任何行人和过往车辆的路口苦等红灯；在无人监管的荒山野外绕道而行只因有爱护小草的提示牌；手里一直捏着空牛奶盒或刚剥下的糖果包装纸直到看见垃圾箱……有人赞他们遵纪守法，诚实守信；有人则笑他们“呆板”、“傻气”、“一根筋”。但无可否认的是，加拿大人做事的确不钻营、不投机，凡事规规矩矩按章程来。这一类故事不胜枚举。

比如，加拿大水资源丰富，鱼种繁多，钓鱼是许多人爱好的休闲活动。但政府有严格的钓鱼管理，65 岁以下的人一定要办理钓鱼许可证，否则会被罚款；又比如明文规定了什么样的鱼可以钓，什么样的鱼不能钓，多大的鱼可以自留，多大的鱼要放生。其实除了偶尔会有拿着望远镜的钓鱼管理人员，大部分时候是没人监管的。加拿大人有遵纪守法的好习惯，钓鱼时都随身带一把小秤，拿不准鱼的重量时就称一下，再决定是自留还是放生，免得坏了规矩，这让人惊叹不已！

又比如，加拿大许多美丽的地方都是免费供人们游玩的，但在四大公园之一的班夫公园入口处却有个售票点。若稍加留意，人们就会发现，旁边有一个没工作人员验票的自由通道，专供有票的人使用。但这样一个防君子不防小人的免费入口却几乎没有车辆通行，而在花钱购票的入口处各式车辆却排起了长队。

再比如，不管是什么时间段也不管是在什么路段，不管路况如何也不管有无监管人员，加拿大司机一律按规章驾驶。有一批中国游客在加拿大游玩尼亚拉加大瀑布，乘坐的是黑人司机比尔的长途大巴。在游览完毕准备返回住宿地时已经是晚上了，比尔坚决拒绝了乘客们要“稍微开快点”的请求，以夜间限定时速不慌不忙地行驶，而且按劳动法规定每两小时停车休息一次。这样一路慢行到次日凌晨四点才到达目的地，而比尔的第一句话便是：“因按规定低速行使，耽误了你们宝贵的时间，实在抱歉！”

如此看来，遵守规矩对于加拿大人而言是一种自觉的习惯，而这样的好习惯也使得他们养成了诚实守信的好风尚。

一位中国同胞在加拿大某商场亲眼目睹了这样一个故事：一位老太太在挑

选瓷盆的时候不慎把拿在手中的一个瓷盆滑落，摔缺了一个小口。当时在偌大的卖场里除了有一位收银员外没有其他工作人员，连顾客也没几个，那“哐当”一声根本就没有引起任何人的注意。而这位老太太却拿着摔过的瓷盆碎步来到收银处，向工作人员说明情况之后，主动要求赔偿。而更让人惊讶的是，收银员竟坚持不让，说这种意外是难免的，已经计入成本了，不必赔偿。两人居然礼貌地僵持了近半个小时，最后老太太连声道歉致谢，微笑离开。

其实，不仅顾客讲诚信，加拿大的商家同样讲诚信，不会为了暂时的利益去欺骗顾客。一位中国新移民去超市买鱼，称了一条大鱼，让卖鱼的给收拾干净。谁知那位工作人员手脚麻利地杀鱼、去鳞、取内脏，捣鼓一番后说：“这鱼不是很新鲜了，你另外挑一条吧！”这让他大为感叹：活了大半辈子，这样的待遇是去加拿大之后才第一次碰到！

另一个诚信故事的主人公则是一位年轻的加拿大姑娘，名叫特蕾，跟母亲一起靠失业救济清贫度日。因一个偶然的机会受雇于华人王先生，王先生可怜她们孤儿寡母，偷偷地给了她双倍薪水。特蕾起早贪黑十二分卖力地工作，反而让王先生过意不去。问其原因，特蕾答：“我问清楚了，我的薪水是别人的两倍，我当然得做两个人的事情。”而更让王先生敬佩的是，她得到这份工作后就立即主动去政府取消了自己的失业救济金！这样的诚信在她眼里是再自然不过的事情，根本没什么值得赞叹的！

问题的关键是，在加拿大诚信不单单是一种个人现象，而是一种普遍的集体现象！一位初到加拿大某大学任教的华裔教师发现，每一个系办公室都有各种自动化办公设备，比如电脑、复印件、传真机，甚至还包括纸张，全部免费供师生使用，而且无需任何登记手续，也没有任何人监管。他想，既然加拿大的教材价格昂贵，而且如果对购买的课本不满可在七天内退还，为什么不买来新教材，利用这里免费的复印机和复印纸来复印，然后找个借口退回去呢？观察了很长一段时间，他都没发现任何一个学生这样做。可见，这种诚信思维已经深入人心。

在加拿大，许多交易行为不受合同约束，是典型的“无约交易”或称为“零合同交易”，靠的就是彼此的诚信。中国人王先生在加拿大主要从事二手设备、金属化工材料以及再生材料的交易，每年的流水账高达几百万美元，但从未签过合同，原来在国内养成的研究合同的习惯被逐渐丢开。他在加拿大做的第一笔生意是20吨的高压聚乙烯材料，卖主是一位大个子，名叫迈克。王先生看中迈克的货物，打算交定金、签合同，对方却跟他说：“朋友，记住这一点，跟我做生意，永远没有合同。如果你喜欢我的货就买，咱们钱货两清。”王先生犹豫半天，决定入乡随俗试试看。第二天，王先生起了个大早赶到货场想监督装货，却还是错过了，他心里不禁直打鼓：装货的质量好不好？数量够不够？包装严实不严实？大个子一分钱没收怎敢发货？王先生忐忑地付了款，焦急地等待结果。后来，他的合作伙伴不仅按时收到了货物，而且数量准确，质量上乘，他心里的大石头这才落了地。还有一次，王先生的客户来函反映收到的货物颜色和品种有误差，造成了一定损失。王先生暗想："糟了，我已经给货主付了款，这没凭没据的，想要回差价谈何容易啊！"抱着试试看的想法，他给货主打了个电话，没想到一周后，他不仅收到了差价，而且还有一份诚挚的道歉信！其实，和王先生做生意的其他加拿大人都是如此——零合同买卖，百分之百的诚信。一年下来几百宗生意都是如此，偶尔会有差错，但故意欺诈的现象却从未发生过！

还有一对中国夫妻，常年频繁往返于加拿大和中国，口头雇佣了一位连名字也叫不全的加拿大男子定期为他们家打理庭院，除杂草、上肥、打草根、修草坪、全包，2200加元一个季度。无论他们什么时候回加拿大，自家庭院都干净、整洁，花草树木长势喜人。那位男子专门准备了一个小本子，上面清清楚楚地记录着上门打理庭院的时间和次数，最后一次性结算。后来这对夫妻决定重新布置庭院，把新铺喷淋管道、喷头、加土、增加花木品种的工作全包给那位男子，共计花费8000多加元。那男子把活儿干得漂漂亮亮，却迟迟不来讨要工钱。最后这对夫妻主动打电话过去询问。他解释因近期比较忙，一段时间之后才能抽空过去结账！这真可谓双方诚信，相互放心。

当然，这样严格按规矩办事的结果未必全是让人赞叹不已的诚信故事，不时也有让外来者无法理解，甚至是哭笑不得的事情发生，因为加拿大人太“一根筋”，太爱“管闲事”了。

有一次，一对华人夫妇开车到宜家购买家居用品。由于帮助一位意外脱臼的孩子关节复位，耽误了取车时间，等他们气喘吁吁地赶到停车场时，正赶上一位女警察在开罚单（因为加拿大对泊车有着严格的规定，车辆必须按车位停好，设定时间并投放硬币，如果未能在规定的时间内返回取车将会被罚款），他们赶忙解释事情的来由。那位女警对关节复位的事情表现出极大兴趣，并虚心请教更多这方面的应急知识。于是他们耐心讲解，详细示范，完毕之后满心期待地等待着她的放行。可这位警察在谢过他们之后，一本正经地说：“很抱歉，我已经开罚单了，请您接受罚款！这是规定，我无法改变！”这还真是让人难以接受啊！

另一位在加拿大做访问学者的中国教师讲述了两个关于邻居凯尔的故事。

一次她的电话欠费停机，可有紧急事情需要打个电话，于是敲开邻居凯尔的门请求借用电话，凯尔一口应允了。她长话短说，两三分钟后挂线。正准备表示感谢时，凯尔却走了过来，看看电话然后开口说："三分钟，你应该付我 5 分钱。"我们的中国同胞瞬间石化了，一边掏钱一边恨恨地想："平时我送你的东西哪一个不比 5 分钱要贵。借用电话三分钟还要付钱，真不够朋友！"可后来在加拿大呆的时间久了她逐渐明白，加拿大人把"赠送"与"借用"分得十分清楚。别人赠送的东西可以无偿享用，收下来不会有愧疚之情，可是借用别人的东西则一定得还，而且凡是可用金钱来衡量的东西，大家就直接付钱了事，这是"规矩"。还有一次，这位老师打电话订了一桶"春泉"牌的纯净水，送来的却是"山溪"牌，既然两种水的价格一样，她怕麻烦，懒得换了。这恰巧被凯尔撞见，坚持说不可以这样算了。他振振有词地说："这怎么可以算了？又不是小事！他们犯了错误，理应承担责任。如果你不追究他们的责任，他们不会改变这种马虎的工作态度，以后还会犯类似的错误，对顾客是没有好处的。"在凯尔的坚持下，最后水站经理和送水工一起把一桶"春泉"水送到，并诚恳地道歉，表示以后绝不犯这样的错误了，这事才算了结。加拿大人的这种"一根筋"思维是不是有时让人难以理解呢？

值得一提的是，加拿大人不止是自己"一根筋"地死守规则，他们还执著地监督身边人，让大家一起规规矩矩，让整个社会规规矩矩。中国人有时怨他们爱"管闲事"。这"管闲事"的故事还真的很多，有时还让人啼笑皆非。

一位中国烟民提起自己在加拿大的住宅楼时说，这里什么都好，唯一不足的就是整栋楼一天 24 小时禁烟，想过烟瘾非得到楼下，而且得保持 20 英尺的距离。有一个冬夜醒来，烟瘾犯了，实在不想出门，就打开窗户，再打开厨房的抽油烟机，偷偷地躲在厨房里吸。可没料到两天后他收到一百加币的罚单，因为在房间抽烟犯了规矩。哎，认了吧，隔墙有"眼"啊，谁叫你是在加拿大呢！

在蒙特利尔做了两年访问学者的枫叶讲述了这样一个加拿大人"管闲事"的故事。有一天难得阳光灿烂，两位中国留学生赶紧把被褥搬到阳台上去晾晒，可不一会儿就有两位警察找上门来。原来邻居们认为这影响了整个公寓的环境，于是打电话叫警察给他们"提个醒"。访加学者小崔经历了一件更为荒谬的事情：有一次他在一个中学的校园广场上散步，见四下无人，安静宽敞，于是打开收音机，拉长天线，收听英语广播，并模仿播音员的发音大声练习起来。谁知刚回到自己的小屋，就发现一位全副武装的白人警察守候在其家门口，严肃地追问刚才他在广场上究竟在做什么、说什么。原来又是“多事”的邻居报告说看见他手持对讲机在广场上走动，嘴不停地说，手不停地比划，长达半小时之久，怀疑是间谍活动或不轨分子！年轻的单身妈妈丽达的故事更为惊险。丽达独自抚养两岁多的儿子，由于她乐观随和，深受大家喜爱。可有一天下班回来时她却被警车带走了。原来由于没有给儿子找到合适的幼儿园，又有十分紧急的事情要办，她只好狠心把儿子一个人暂时丢在家里。小孩大声哭闹，让邻居怀疑她虐待儿童，于是打电话叫来了警察！

最让人哭笑不得的算是“在加拿大打老婆”的故事了。一位年轻的华人女子远赴加拿大探望留学的丈夫，却因一件意外的小事在超市门口吵架。丈夫一时失控扇了妻子一个耳光，妻子哭着跑开了，丈夫于是在后面边喊边追。见前面有女人在哭，后面有男人在追，当时就有人打了911。不到两分钟巡警就飞速赶到，当场把丈夫摁到在地，上了手铐。妻子大惊，回来救丈夫。丈夫解释：“她是我老婆。”警察问道：“这有什么区别吗？”丈夫还是被带走了！三天后虽被保释出来，可警方规定，出狱后他必须与妻子保持300米以上的直径距离，否则会被认为有暴力倾向，将再次被捕入狱，并不得再保释。就这样，难得的一次夫妻团聚被“多事”的加拿大人给搅黄了！

加拿大人如此守规矩、讲诚信、死脑筋，究其原因，主要有三点：

其一，加拿大是“法治”国家，法律细致完善，事无巨细都囊括其中，有白纸黑字的法律条文加以规范。举例示之，许多城市禁用塑料购物袋，所有购物场所不得向顾客提供免费的塑料购物袋，违规的商家将被处以大额度的罚款。此外，加拿大是世界上禁烟令执行最严格的国家之一，境内任何公共场所，包括饭店和酒吧，一律禁烟，许多居民住宅区也有明确的禁烟规定，违者罚款，就连在家里吸烟也得经过妻子的同意，否则妻子有权起诉或提出离婚。再者，加拿大人在公共场合不能喝酒（酒吧除外，但酒吧老板要保证客人不能喝醉，否则自己要被罚款），违者罚款。如遇特殊场合需要款待客人比如举办宴会之类的，需要提前申请并获得特别许可证。法律还规定，十二岁以下的儿童不能单独呆在家里，必须要有监护人陪同，否则会被警察带走，而且父母要缴纳重额罚款才能把孩子领回家。就连狗也受加拿大法律保护。人不能打狗，哪怕是自家的宠物狗，否则会吃官司；狗也不能伤人，否则狗主人会受处罚；狗甚至不能大声吠，否则邻居可以报警。正是这样细细密密、无孔不入的法律条款形成一个巨大的监督网络，把加拿大人管束得服服帖帖、规规矩矩的。

其二，加拿大人都有一张社会保险卡，俗称“白卡”，由政府人力资源部核发，是社会对个人信誉进行社会化管理的秘密武器，专门记录不光彩的事情，是伴随人一生的信誉档案。在加拿大出生的人和在加拿大工作居住满一年的移民都可以获得白卡。如遇上学、就业、租房、买房、借贷、出国等重要事情，人们都得出示白卡。一旦上面有不良记录，如打架斗殴、欺诈、偷窃、赖账、逃票、不诚实等，当事人就会失去各种机会，在社会上寸步难行，后果相当严重。一位名牌大学的优秀毕业生，聪明能干，却在求职中屡屡受挫，原因竟是白卡上有过一次逃票记录。无奈之下，他只得靠打零工维持生计。要想求得一份正式的工作，他必须要保持15年的无逃票记录才行！一名印度女子带一个两岁小孩逛商场，小孩在没人留意的情况下拿了一张卡片玩，在出门时被报警器发现，当场被抓。后来任凭这位印度女子怎样解释都没用。就因为这一不良记录，她之后的生活苦不堪言！可以这样说，在加拿大，一个人一旦有了不良的信誉记录，其就业、福利、医保、晋升等连锁性拖累是相当严重的，甚至可能是终身的。有这样惨痛的代价，谁敢“顶风作案”？

其三，加拿大重视对孩子的诚信教育，从娃娃抓起，效果十分显著。从幼儿园开始一直到十二年级，学校都设有学生个性发展课程。老师主要采取案例教学、学生扮演等生动有趣的方法，培养孩子的各种美好品质，专注于培养儿童的软技能，如自信、团结、责任心等，其中就包括诚信教育。到了十二年级，学生们就基本上形成了有效的思维方式，养成了良好的行为习惯。一位中国学者参观加拿大某小学，见墙面上贴着许多关于“Trust”的宣传画，走廊两边的墙壁上也画着大大的“承诺树”（Our Promise Tree）。树上写满了学生的诺言，都是生活中的小事，因为他们认为，做好承诺过的小事才是真正的承诺，说大话只会让承诺成为空话。浸润在这样的教育氛围下，外来移民也很快入乡随俗，重视对孩子的诚信教育。去加拿大帮忙照顾孙子的陈先生对此颇有感触。有一次儿子答应孙子上完钢琴课给买一根雪糕，然而一时疏忽忘记了。孙子回来十分生气，儿子二话不说立即承认错误，并马上驱车买回一根雪糕。这样以身作则的诚信教育给他留下了深刻的印象。另一位老人的孙子爱看动画片，可孩子的爸爸管得严，很少有机会看。老人有一次于心不忍，在孙子做完作业后偷偷破例让他看动画片过过瘾。谁知等爸爸下班回来，孩子却如实向他汇报了情况。老人怪他不会说话，他却反驳道：“老师天天跟我们讲诚信，我们要做诚实的孩子，不说假话不撒谎！”如此看来，加拿大儿童的诚信教育是非常成功的！

第二节　淡定、悠闲的加拿大人

加拿大是一群失败者在共同妥协的基础上建立起来的，从英联邦和平过渡到独立，没有经历流血牺牲的革命或战争。1867 年国家独立时的宪法写道：国家意味着和平、秩序和良好的政府管理。正是这种和平、秩序和良好的政府管理逐渐造就了淡定、平和的加拿大人。

加拿大人的淡定无处不在，比如他们的教育。多数中国父母“望子成龙，望女成凤”，对孩子给予很高的期望，严格要求。然而，加拿大父母就相对淡定许多。他们不期望孩子长大后“成为祖国栋梁”，或“光宗耀祖”，抑或“加官进爵”，只希望孩子健康成长，快乐幸福。家长不会拿自己的孩子跟别人的孩子相比较，因为他们相信每一个孩子都是天使，是不同的。老师们不会公开学生们的成绩，更不会排名次或区别对待尖子生和差等生。每个学生的评语都是好的，每个孩子所表现出来的小进步都会得到鼓励和表扬。比如，一次单词听写，如果孩子们能把十个写对六个，老师就会给出大大的“Good”，华人父母普遍难以接受这种评价，告诫孩子全对才是“Good”，而加拿大父母会很知足、很开心。这种教育的结果是，孩子们对自己充满信心，接受自己，喜欢自己，不攀比，从小就学会了淡定看人生。

加拿大人对物质的态度也较为淡定。他们的商业并不发达，无论是吃穿用，商品谈不上琳琅满目。走在大街上的男女老少，夏天多是 T-shirt 加牛仔，冬天则是滑雪衫和羽绒服，装扮朴素。女人们鲜有浓妆艳抹，也不带华丽的珠宝，甚至连高跟鞋都难得一见，更别提袒胸露乳了，难怪有美国人不时鄙视他们“老土”。他们对吃也十分凑合，快餐汉堡，匆匆解决。曾在温哥华留学的孙先生回忆，他上学的时候，租住在一户本地大叔家里，每天的晚餐几乎是一样的：一坨米饭，一点沙拉，一盘鹿肉。到周末肯德基打折优惠时，大叔会买回套餐，大家就像过节一样，吃得酣畅淋漓，不亦乐乎。在土地广袤的加拿大，小汽车是必不可少的代步工具，普通家庭一般有好几辆换着开，可是大街上的好车、豪车却十分罕见，都是普通的丰田。留学生花约 2 万加元就可以淘到一辆相当不错的丰田了。他们讲究的是实用，而不是面子。

加拿大人对事业、成功的态度也相当淡定。他们认为工作是为了有一份薪水，可以让自己和家人生活得更好。这是幸福生活的必要手段，而不是人生的终极目标。可以做成大事业固然不错，但若要牺牲自己的业余时间和娱乐生活，那就是得不偿失。因此，大部分加拿大人安分守己地干着自己的本职工作，按时上下班，完成该完成的任务，绝不为了图表现而加班或包揽他人的工作，更不会把工作带回家里。下班时间一到，不管手头的事情完成了多少，统统放下。引用陈先生的话，就是“一个字写了一半，下班时间一到，另一半就留到明天了”。按中国人的思维，晚上、周末和节假日正是挣钱的良机，而加拿大人却不这样想，他们更看重的是家庭生活，所有的店铺都关门。他们的工作邮箱和私人邮箱是分开的，不工作的日子绝不查看工作邮箱。

一方面，他们的这种“懒散”、“没事业心”、“没工作热情”跟他们的社会环境密不可分。加拿大是世界上福利待遇最好的国家之一。一份固定的工作足够保障自己的生活了，没必要拼死拼活工作。更何况，他们是全民免费医疗，大病小恙都不需自己掏钱。他们的养老制度完备，从一个人工作交税开始，就会有养老金额度。日积月累几十年下来，到退休时，一般的养老金都能达到几十万甚至上百万加元。此外，养老院不是中国人眼里“孤苦伶仃，无家可归，寄人篱下”的概念，而是设备先进、制度完善、环境优美、各得其乐的老年人的积聚地，有各种健身房、游泳池、专业护士和餐厅。他们还有各种名目的救济补贴，覆盖方方面面，如失业、教育、儿童。水正流曾编写了顺口溜《加拿大十三怪》，其中写道：“提起加拿大第五怪，单身妈妈大家爱，孩子他爹不给钱，政府每月给几百。”这一点就从侧面反映了他们的好福利。有如此完善的福利的支撑，难怪加拿大人会如此淡定地对待工作。

当然，另一方面，加拿大贫富差距小，形成了中间大，两头小的“橄榄型”社会阶层结构——中产阶级队伍极为庞大，有房、有车、有工作、有福利、有保障，而穷人和富人都是社会的极少数。而且，加拿大政府通过收入再分配政策还在继续努力缩小贫富差距，高收入高税收，低收入免税收，税收将富人的部分收入转手分配给了穷人。中国女子小张嫁给了一个加拿大专科医生，年薪21万加元，但他每年交给政府的税收就高达8万加元，足以养活两个低收入家庭。与之相反，穷人不但不用交税，还可以享受许多政府津贴，如住房补贴、医疗保险，孩子有牛奶补贴、免费教育。因此虽然可供支配的钱不多，但基本生活绝对不成问题。再加上富人一贯低调行事，从不张扬，从外表、穿着上难以判断其阶层，社会上仇富心理几乎不存在。即使是普普通通的清洁工人也可以坦诚地公开自己的身份，不用担心被人瞧不起。他们大多有一份平常心，做着一份收入一般的工作，不会抱怨自己的抱负得不到施展，才华得不到认可，也不会处心积虑地考虑事业发展。他们寻找另一半时也重在寻觅合适的那一位，而不是像国内描述的那种“有房、有车的有为青年”。正因为如此，他们内敛、不张扬，看上去温文尔雅。在公共场合，几乎没人大声喧哗、高声交谈，他们多半自己看书读报。即便轻声交谈，也是微笑礼让，“对不起，谢谢，没关系，请”时常挂在嘴上。他们遇事不急不躁，耐心排队，耐心等待红绿灯，耐心等待动物摇摇摆摆过马路。他们的淡定无处不在！

加拿大人的日子是悠闲轻松的，每天下班就往家里赶，跟家人一起吃饭，看租来的影碟，平平常常，却其乐融融。到周末、节假日更是悠闲，遇上好天气，全家老小一起出动，晒太阳、看书报、钓鱼、划船，一派安逸景象。广场上，草坪上，随处可见或坐或躺，懒洋洋地晒太阳的人，晒完正面晒背面。在周末的图书馆里，许多人拿着书本安静地坐在角落里细读慢品，很多孩子也会来，在专门的儿童区域，看彩色图片的卡通书，或听图书馆专门的讲解人员给他们读故事书。大街上许多行驶的轿车里露出一截长杆，许多不知情的人误以为那是收音机的天线，其实不然，那是他们驾车去钓鱼的长鱼竿。在安大略湖畔，许多家庭泛舟湖上，看天鹅优雅地游过，看水面细碎荡漾的波光……犹如纽约曼哈顿的百老汇大街，多伦多金融中心杨格大街是城市的象征，高楼林立，现代摩登，是加拿大的华尔街。而且，街上也有铜牛雕像，不是一个，而是好几个，但这里的铜牛不像华尔街铜牛那样咄咄逼人，怒目圆睁，气势如虹，而是或坐或卧的姿态，面貌安详平和，一副与世无争的模样，这不正是加拿大人淡定祥和气质的写照吗？

加拿大实行的是一周五天工作制，跟我们并没有区别，但他们的生活显然比我们要悠闲。上午上班时间是 9 点到 10 点之间，下午下班时间是 4 点到 5 点之间，加上没有加班的习惯，一周的平均工作时间是 35 ~ 40 个小时。他们的学生课程的安排也相对宽松，中学都不用上早晚自习，每周在校 5 天，上午 9 点到校，因为没有午休习惯，下午三点左右就可以放学了。此外，加拿大每年的节假日竟然多达 124 天。在号称世界狂欢之城的蒙特利尔，每年举行的各种文化活动加上节假日，竟然有 480 个，名目繁多，数不胜数，如国际爵士音乐节、国际电影节、北美 F1 汽车方程式大赛、国际烟火大赛。加拿大地广人稀，冬天漫长，人与人之间的聚集并不方便，因此他们学会了自娱自乐。他们最大的娱乐是冰球，这是加拿大的国球，几乎人人都会，举国上下为之痴迷。全国各地的社区都有免费的冰球场供大家使用。其实不仅提供免费的冰球场，加拿大各地的社区都有免费开放的健身娱乐场地和设施，比如网球场、足球场、游泳池等。他们不仅仅爱好运动，闲暇时也组织参加各种有趣的社区活动。比如多伦多的夏天就有许多露天音乐会，临时搭建起简易的舞台，准备好音响和灯光，歌手在上面倾力演唱，观众都席地而坐，享用着小摊上买来的零食，跟着音乐的节拍晃动着身体，十分轻松愉快！加拿大人热衷于旅游度假，一个家庭，不管有钱没钱，一年总会有一次精心策划的全家旅行。在蒙特利尔做生意的中国人宋先生有这样一次经历：一对加拿大夫妻向他订购了一大笔货物，但当他把订货单传回中国，积极备货，再把提货单传真给对方让他们付余款时，却接连几天没了他们的音讯，办公室电话没人接，手机关机，莫非遇上了骗子？正当他焦头烂额团团转时，收到了对方的邮件，原来他们一时游兴大发，带着一家老小到埃及旅游去了！

这就是加拿大人，生活本身永远比工作赚钱重要！所以，他们总是在玩：春天骑马，夏天冲浪，秋天爬山，冬天滑雪，一年四季都逍遥清闲，美滋滋地过！就连工作，他们也要在舒适的环境、轻松的氛围下做，比如他们即便有重要的会议场合，也会有音乐和歌舞表演在一旁助兴。在加拿大留学并定居的张先生回忆说，有一次大学举行毕业生招聘见面会，人们竟然边吃边聊，旁边还有人吹萨克斯风！他们一贯悠闲的作风可见一斑！

加拿大人想得开，有着“今朝有酒今朝醉”的消费观念，花明天的钱享受今天的生活。别看他们一年一次旅行，许多还是豪华的出境游，别看他们逛超市像逛自家院子，边走边拿，连价格标签都不看就往购物车里扔，别看他们有着独立的两层楼洋房，还外带花草繁茂的庭院，别看他们家家有车，甚至是人手一辆，他们其实就是普通老百姓，可能连2000加元现金都拿不出来，他们的银行账户里也多是空空如也。他们不是有钱人，但他们懂得享受生活，他们不会为了买名牌而省吃俭用去攒钱，但他们会有一分钱花一分钱，甚至是花两分钱，没有钱，借钱也要花。水正流的《加拿大十三怪》里的第八条提到“提起加拿大第八怪，信用卡铺开三角债，越是没钱越敢买，穷人不怕高利贷”，这或许从一个侧面反映了他们的消费观吧。他们很多人的房子和车子，甚至电器都是向银行贷款买来的。只要有一份工作，有着良好的社会信誉记录档案，他们就可以用信用卡借贷，提前享有这一切，但一旦失业，或有不良记录，银行就有可能收走房子、车子，他们将会变得一无所有。即便这样，他们还是照花不误，因为国家社会福利保障制度完善，他们的基本生活不会成为问题。事实上，许多穷人领着政府的福利津贴生活，却照样潇洒挥霍，买烟买酒叫外卖，典型的“月光族”，上半月尽情花销，下半月则勒紧裤带。更有甚者，一辈子不曾工作，全靠政府养活！这也是他们福利过好的明显弊端。中国人舍得投资子女教育，省吃俭用也要把子女送到好的大学甚至到国外留学，而加拿大人却把更多的钱花在休闲娱乐上面，就是寻开心。一到周末节假日，他们就出去消费寻乐子，看电影、喝咖啡、泡酒吧、出门旅行……他们用钱来换满意的生活质量。依他们看，钱就是用来花的，放着不花就是纸！

加拿大生活节奏缓慢，这里的人都慢条斯理，遇事不惊，常挂在嘴边的一句口头禅就是“不要急，慢慢来”。我的一位朋友常年往返于渥太华和广州之间，深受加拿大行事风格的影响，一天到晚重复一句话：“没事，没关系的。”在我们看来，他们似乎有点太懒散了，太慢吞吞了，办事效率非常低下。跟加拿大人非正式约会，要做好等待的准备，他们习惯迟到十分钟左右。一个夸张的例子是一位华人女子回忆小时候陪父亲去医院复查骨折的手臂的经历，据说是挂号后等了整整四个小时医生才露面！回家的路上，她父亲还感叹说：“今天真幸运，只等了四个小时！”真是让人印象深刻的漫长的等待啊！

另外，还有一个小故事充分体现出加拿大人散漫、随遇而安的性格。常年旅居海外的车先生约上两个当地家庭，一行共计七人，分乘两辆车，准备去金斯顿游湖。出发前，当地朋友商量集合地点，既不查地图，又不记笔记，也没有给出标志性建筑之类的参照物，只是简单地口头约定在当地上船的地点碰头。结果先抵达目的地的车先生一行在售票厅附近的草地上等了足足两个小时。游船开出去了好几辆，一同等待的朋友竟没有焦急的表情，甚至也没有上船的意思，两名女士在草地上逗狗玩，她们的丈夫则在一边饶有兴趣地看着。这种慢条斯理、不紧不慢的处世态度正是典型的加拿大性格。尤为值得一提的是，位于温哥华岛南部的城市维多利亚至今没有隧道或桥梁跟大陆联系，只是用渡轮来回送客。这可绝不是因为他们工程建设水平低下不会修桥，他们一来是出于对环境的保护，二来是习惯了慢节奏的生活，有的是等待的耐性。那种大渡轮既运货又拉客，底部有一个多层停车场，能同时装下几百辆汽车。大家得把车一辆辆开进去，然后下车去甲板，到了目的地再去车库把车开出来。可想而知，排队坐轮渡到对岸去有多么耗时，即使不是高峰时节，也至少排一个小时的队。既来之，则安之，加拿大人可是毫无怨言、耐心、甚至是悠闲地排着队，看着风景。慢也是一种乐趣！

第三节　入乡随俗，与加拿大人做朋友

加拿大人身上既保留了殖民者英国人的传统、保守的气质，又逐渐沾染上了邻居美国的现代休闲气息，同时还沿袭着法国先民的浪漫情怀。然而，他们

不是英国人，不是美国人，不是法国人，而是加拿大人！他们虽未形成大一统的文化和国民性，但正在逐渐成形的路上。对加拿大人难以定义，但只要你入乡随俗，跟他们做朋友却并不难。

加拿大人的名在前，姓在后。他们不论年龄辈分，一律直呼姓名，而不会像中国人那样把职位、头衔等放在姓前以示尊敬，如“张经理”、“李主任”、“陈部长”、“王奶奶”、“李婆婆”。这是否从一个侧面反映了他们人人平等的观念呢？或者是他们不够尊敬长辈的表现？他们在做介绍时，一般遵循先少后长，先宾后主的次序。若在朋友众多的场合，他们干脆顺着次序介绍；若是正式场合，通常双方需要站立微笑，并同时递上自己的名片。在加拿大，见面时一般是握手礼。如有手套，要先除去右手的手套；如果是女士，则可不必，女士若不主动伸出手，男士不可强求。亲吻和拥抱只适用于熟悉、亲近的朋友之间。

加拿大是一个礼貌的国度，街头巷尾的人们如目光相遇，一般会微笑示意，或点头说“Hello!”、“Hi!”之类的问候语。人们一直使用礼貌用语，“Thank you!”、“Sorry!”、“Excuse me!”出现频率极高。他们讨厌在公共场合大声喧哗的行为，不高声讲话或争论，那种在中国普遍的争抢着买单，或推搡着拒收礼物的现象被认为是不文明的。在公车上、候机大厅，或任何其他公共场所，人们多半安静地读书看报。即便交谈，也是低声言语。他们倾向于闲言碎语的片段式交谈，不会深入地谈及个人的工作、家庭、收入和感情。当然跟从前相比，他们已经开放许多，对金钱方面的谈论不那么敏感，但对感情问题的回避却仍是“潜规则”之一。他们更愿意谈论天气、娱乐、体育赛事等不切入个人生活的琐碎话题。究其原因，归根结底还是他们对隐私的注重和对独立的强调。当然，还因为这些话题比较安全，不容易引发尴尬甚至矛盾。或许会有人觉得他们比较虚情假意，比如迎面遇见会微笑问候“How are you?”，还没等对方回答，他们已经走过去了。其实他们并不需要你的回答，他们也不在乎，这只是一个问候的象征符号而已，是有声的微笑，就像中国人问“吃了没有？”一样。同样，他们说“See you later!”，也并不是真的要待会再见，只是结束交谈的语言标志而已。入乡随俗，习惯就好！

此外，在公共场合和社交场合，他们有尊敬老人和妇女的传统。上下楼梯，出入电梯或车辆，要让老人和妇女先行，并主动提供帮助，如扶住旋转的大门，开关电梯，进入室内主动帮助他们脱穿外套，拉动座椅协助他们入座等。这是传统的绅士风度的体现。当然，也有老人不愿意被视做老人，或女权主义论妇女不愿意被视为需要帮助的弱者，他们不希望、不欢迎这种善意的帮助，因此要细心观察，区别对待。

加拿大人时间观念强，公事也好，私事也罢，都需要事先预约，甚至去朋友家串门都要预约，不速之客在任何时候都是不受欢迎的。一般情况下，准时赴约或比预定时间稍晚几分钟都是可以接受的，但不可提前到，以免让主人因为措手不及而尴尬。如果是家庭宴会，可以给主人带些小礼物。比较常见的礼物是一束鲜花、一瓶香槟酒或一盒巧克力。比较受欢迎的还有带自己民族特色的小礼品，如中国丝绸手帕或檀香扇子。如果是商务场合，若要赠送礼品，不可太贵重，否则有贿赂之嫌，更不可赠送印有自己公司或单位 Logo 的物品，因为这是一种变相的广告，也是不被人喜欢的。中国人送礼讲究面子，常考虑是否拿得出手，但加拿大人并不看重这一点。他们的礼物多是包装精美的纪念品，接受人应当着赠送者的面打开礼物，并表示感谢，不可接过后随手丢一边，这会让对方有受冷遇的感觉。如果是应约去朋友家里，在没有得到主人邀请的情况下，不要随意走动、参观，主人的卧室、书房、洗手间都是私人空间，不得进入。

中国的饮食文化源远流长，世界闻名。相比之下，加拿大要逊色许多，但仍有着自己独特的饮食文化——“三不”文化，即不设烟酒，不吃热食，不排桌席。对中国人而言，没有烟酒招待的宴席是怠慢失礼的，难以想象。但加拿大有严格的禁烟禁酒令，无论是私人小聚餐，还是政府公司的大宴请，一律不设烟酒。中国餐饮文化里有冷盘、热食之分：冷盘或凉菜是开胃小菜，供饮酒使用，是正餐之前的预热而已；主菜得现炒现上，趁热吃。可是，加拿大人喜好冷食。这里的冷食并不等同于中国的冷盘，并不是凉拌菜，而是主人预先将各式菜肴烧好，用器皿盛妥，摆上餐台，等客人来齐后一般都凉了，所以也叫“冷餐会”、“冷宴”。中国的宴请讲究席位，有九大桌、十大桌，有首席、首位之分，客人按主次高低就座。然而，加拿大的宴请是没有这种讲究的，客人们一律使用一次性餐具，一个个排队来到摆满菜肴的餐台前，自己动手取自己喜欢的食物，然后找地方，或坐或立，享用美食，有点类似于中国的自助餐。但不同的是，他们食用完毕，还得亲自把废弃的一次性餐具和食物残渣扔到指定的垃圾袋里去。当然，也有更为正式的餐会，通常由女主人安排座位，事先在每个座位前摆放客人的姓名卡，客人只需按姓名卡就座。

除了这主要的三点原则外，加拿大人还有其他餐桌上的注意事项，比如他们好喝凉水，不论寒暑冬夏，都直接饮用加冰块的自来水；他们不吃动物内脏、爪子，忌讳有腥味、怪味的食品，比如虾酱、腐乳等；他们不喜欢劝菜，客人按自己喜好选择食物，主人不会殷勤地夹菜、劝菜，如果不喜欢某种食物，直接说谢谢并拒绝；如果已经吃到不喜欢的食物，可以用餐巾捂住嘴，轻轻吐出来，但不要将骨头，果皮等垃圾吐到盘子里和餐桌上；进餐时，只有杯子可以举高到嘴边，而其它食物均用刀叉或手送入口中，切忌将头深深埋在盘子里；而且食物不要大块大块往口里塞，而是用刀叉将它切成小块分食；不要口中含着食物跟人交谈，这是极不礼貌的。宴会结束，客人们稍事逗留交谈，但不宜长久。第二天，客人应该打电话或写感谢信给主人，表示感谢。如果是与朋友一起外出用餐，通常是AA制，各人承担自己的费用。除非是特别高级的餐厅，一般情况下大家都乐意把剩下的食物打包回家，以免浪费。当然，别忘了给服务员小费，如果你对服务还算满意的话。

加拿大人大多穿着随意休闲，以舒服方便为主。在非正式场合多着夹克、圆领衫、便装裤等。但在婚礼、葬礼、教堂、商务会谈等正式场合，他们会着正装，男士着深色西服，打领带，女士穿套裙，化淡妆。在出席婚礼时，新郎和男宾坐在教堂的右手边，新娘和女宾坐在教堂的左手边，新人的亲属、朋友坐在前几排座位上。女士不要过于装扮自己，以免抢了新娘的风头，更不要身着白色礼服，因为那是属于新娘一个人的代表纯洁的颜色。参加葬礼时，不论男女，皆着深色，尤以黑色为佳，女士不宜浓妆艳抹或穿金戴银，以示哀思。见到死者家属，一般拥抱或握手表示慰问，且应买上一束鲜花，并附有一张卡片，用黑色字体写上一些表示哀悼的词句，把花放在死者的墓前，或送到死者的家中。

有趣的是，加拿大有四季乱穿衣的现象。冬天严寒，人们都裹着厚厚的羽绒服，但由于所到之处都有暖气供应，所以里面多半是单衣，甚至是短袖衣、短裤。冬天的厚毛衣是最没有用的，厚不足以御寒，到室内还闷热难耐，所以是没有市场的。冬天的加拿大，你既可以看到裹得严严实实的人们，也可以看到穿着短裤背心的人们。有一点值得注意，加拿大人尤其喜好阳光下的户外活动，这跟他们的严寒气候有关。每到阳光灿烂的夏日，男士们赤膊，女士们穿着泳装或比基尼躺在草地上尽情地晒太阳，初到之人可不要惊诧哦！

相对于人口稠密、习惯拥挤的中国人而言，加拿大人的空间感更强。他们习惯拥有较大的个人空间。人与人面对面交谈时，应保持至少半米的距离；排队时，人与人的前后距离应该有一个肘宽，在某些情况下，比如使用银行自动柜员机时，应该更宽。在公交上也要尽可能保持距离，忌讳碰撞女士。如果你要越过旁人去取东西，或非要从正在交谈的两人中间穿过，一声“Excuse me!”是必须的。如果不小心碰到别人，还得说“Sorry!”，因为你不小心冒犯了别人的私有空间。

加拿大人忌讳数字13；加拿大人不喜欢星期五，视它为灾难的象征；加拿大人不喜欢黑色和紫色；加拿大人不喜欢白色百合花，因为它是葬礼上送给死者和家属的花，是死亡气氛的象征；加拿大人不喜欢老，老年人被称为“senior citizens”，而非“old people”；加拿大人忌打破玻璃制品，或盐罐子；加拿大人在家不吹口哨；加拿大女性不喜欢服务员送擦脸用的毛巾，因为她们有化妆的习惯；加拿大人不喜欢被拿来跟美国比较，更不喜欢被误认为是美国人；加拿大人喜欢枫叶，加拿大被称为“枫叶国”，枫叶是友谊的象征；加拿大人喜欢白雪，视它为吉祥的征兆，喜欢筑雪墙、堆雪人，认为白雪可以防止邪魔的入侵；加拿大人喜欢冰雪运动，比如冰球、滑雪……

加拿大是多元文化国家的典型代表，各种不同文化背景的族群友好、和谐地生活在一起，可以遵循以下基本的交往原则。

（1）谦让与合作。多数加拿大人十分理解谦让与合作的价值。在这样一个复杂的多元社会里，宽容、不计较、求同存异是根本的交往原则。

（2）接纳、忍耐和尊重。接纳外来民族，接纳外来文化，尊重外族的价值观和传统习俗，尽量忍耐不同，避免矛盾冲突，这也是加拿大人与他人交往的重要法则。加拿大法律规定所有种族平等，但现实生活中仍存在种族主义现象，不存在绝对的公平公正。多数加拿大人是公正的，是持接纳、忍耐和尊重的态度的。他们信奉个人主义（Individualism），认为每个人都应该为自己的成功或失败负责，每个人都有权利按自己喜欢的方式生活，只要不影响他人。

因此，入乡随俗，多观察，多了解，尽量按照基本的交往原则行事，跟加拿大人做朋友，你可以的！

参考文献

[1] 展江，张金玺．新闻舆论监督与全球政治文明．北京：社会科学文献出版社，2007.

[2] [美] 新闻自由委员会．一个自由而负责的新闻界．展江，等，译．北京：中国人民大学出版社，2004.

[3] 刘洪滨，倪国江．加拿大海洋事务研究．北京：海洋出版社，2011.

[4] 郑慧．加拿大公共服务改革研究．北京：社会科学文献出版社，2011.

[5] 仇雨临．加拿大社会保障制度的选择及其对中国的启示．北京：经济管理出版社，2003.

[6] 原一川．中国-加拿大民族与文化多元性比较研究．上海：上海交通大学出版社，2012.

[7] 浦东美国经济研究中心，武汉大学美国加拿大经济研究所．后危机时期的全球经济格局与中美经济关系．上海：社会科学院出版社，2011.

[8] 浦东美国经济研究中心，武汉大学美国加拿大经济研究所．后金融危机时期：美国经济走势与中美经贸关系．上海：社会科学院出版社，2012.

[9] 安东尼・吉登斯．超越左与右：激进政治的未来．北京：社会科学文献出版社，2000.

[10] 仇雨临．加拿大社会保障制度的选择及其对中国的启示．北京：经济管理出版社，2003.

[11] [加拿大] R・米什拉．社会政策与福利政策：全球化的视角．郑秉文，译．北京：中国劳动社会保障出版社，2007.

[12] 王昺、姜芃．加拿大文明．福州：福建教育出版社，2008.

[13] 姜芃．加拿大：社会与进步．北京：中国社会科学出版社，1996.

[14] 高鉴国．加拿大文化与现代化．沈阳：辽海出版社，1999.

[15]《寻找加拿大丛书》编辑组．加拿大——文化的碰撞．长春：吉林教育出

版社，1992.
[16] 李世安．世界当代史（第二版）．北京：中国人民大学出版社，2010.
[17] 吴纪先等．加拿大经济．北京：人民出版社，1980.
[18] [丹麦] 哥斯塔·埃斯平-安德森．福利资本主义的三个世界．苗正民，滕玉英，译．北京：商务印书馆，2010.
[19] 黄黎若莲．中国社会主义的社会福利．唐钧等，译．北京：中国社会科学出版社，1995.
[20] 林闽钢．社会保障国际比较．北京：北京科学出版社，2007.
[21] 刘苓玲．老年社会保障制度变迁与路径选择．北京：首都经济贸易大学出版社，2009.
[22] 张秋霞，宋培军，郭平．加拿大养老保障制度．北京：中国社会出版社，2010.
[23] 陈潘，罗伯特·巴拉斯．文化震撼之旅加拿大．孟艳梅，译．北京：旅游教育出版社，2009.
[24] 车耳．如此加拿大．北京：科学出版社，2005.
[25] 李桂山．加拿大社会与文化散论．北京：航空航天大学出版社，2008.
[26] [美] E. A. 罗斯．变化中的中国人．公茂虹，张皓，译．北京：时事出版社，1998.
[27] 冯两努．我在加拿大成功创业-出人头地．北京：红旗出版社，1996.
[28] [美] 何天爵．真正的中国佬．鞠方安，译．北京：光明日报出版社，1998.
[29] 黄昆章，吴金平．加拿大华侨华人史．广州：广东高等教育出版社，2001.
[30] [英] 雷蒙·道森．中国变色龙——对于欧洲中国文明观的分析．常绍明，明毅，译．北京：时事出版社，1999.
[31] 李未醉．加拿大华人社会内部的合作与冲突研究（1923—1999 年）．北京：世界知识出版社，2007.
[32] 唐君毅．说中华民族之花果飘零．中国台北：三民书局，2005.
[33] [美] 亚瑟·亨·史密斯．中国人的性格．李民良，译．西安：陕西师范大学出版社，2010.
[34] [英] 约·罗伯茨．十九世纪西方人眼中的中国．蒋重跃，刘林海，译．北京：时事出版社，1999.
[35] Pierre Berton. *The Last Spike, the Great Railway* 1881—1885. Toronto, 1971.

[36] William Briggs. *North America* //Arnold S. de Beer, John C. Merrill. *Global Journalism: Topical Issues and Media Systems*. Pearson, 2008.

[37] Denis McQuail. *McQuail's Mass Communication Theory*. Sage Publications Ltd, 2000.

图书在版编目(CIP)数据

大国文化心态·加拿大卷/吴斐本册主编.—武汉:武汉大学出版社,2014.5

大国文化心态丛书/杜青钢总主编 刘军平副总主编

ISBN 978-7-307-11657-3

Ⅰ.大… Ⅱ.吴… Ⅲ.加拿大—概况 Ⅳ.K91

中国版本图书馆 CIP 数据核字(2013)第 210486 号

责任编辑:唐 伟 责任校对:鄢春梅 版式设计:马 佳

出版发行:**武汉大学出版社** (430072 武昌 珞珈山)

(电子邮件:cbs22@whu.edu.cn 网址:www.wdp.com.cn)

印刷:武汉中远印务有限公司

开本:720×1000 1/16 印张:17.25 字数:302 千字 插页:1

版次:2014 年 5 月第 1 版 2014 年 5 月第 1 次印刷

ISBN 978-7-307-11657-3 定价:42.00 元